Schlüsseltexte der Psychologie

Herausgegeben von
H. E. Lück, Hagen, Deutschland

Dem Lebenswerk und den Originalschriften der „großen Psychologen" wie Freud, Jung, Watson oder Festinger wird im Psychologiestudium und in der akademischen Psychologie wenig Aufmerksamkeit zuteil. Ziel dieser Reihe ist die Auswahl, Aufbereitung und Kommentierung klassischer Lektüre in einer Form, die für Studierende und Psychologie-Interessierte verständlich und anregend ist. Die Konfrontation mit diesem klassischen Lesestoff und die Beschäftigung mit der Geschichte des eigenen Faches soll neue Perspektiven eröffnen und den Lesern einen breiteren Zugang zur Psychologie ermöglichen.

Herausgegeben von
Helmut E. Lück
FernUniversität in Hagen, Deutschland

Hellmuth Metz-Göckel

Gestalttheorie und kognitive Psychologie

 Springer

Hellmuth Metz-Göckel
Universität Dortmund
Dortmund, Deutschland

Schlüsseltexte der Psychologie
ISBN 978-3-658-12665-0   ISBN 978-3-658-12666-7 (eBook)
DOI 10.1007/978-3-658-12666-7

Die Deutsche Nationalbibliothek verzeichnet diese Publikation in der Deutschen National-
bibliografie; detaillierte bibliografische Daten sind im Internet über http://dnb.d-nb.de abrufbar.

Springer
© Springer Fachmedien Wiesbaden 2016
Das Werk einschließlich aller seiner Teile ist urheberrechtlich geschützt. Jede Verwertung, die
nicht ausdrücklich vom Urheberrechtsgesetz zugelassen ist, bedarf der vorherigen Zustimmung
des Verlags. Das gilt insbesondere für Vervielfältigungen, Bearbeitungen, Übersetzungen,
Mikroverfilmungen und die Einspeicherung und Verarbeitung in elektronischen Systemen.
Die Wiedergabe von Gebrauchsnamen, Handelsnamen, Warenbezeichnungen usw. in diesem
Werk berechtigt auch ohne besondere Kennzeichnung nicht zu der Annahme, dass solche
Namen im Sinne der Warenzeichen- und Markenschutz-Gesetzgebung als frei zu betrachten
wären und daher von jedermann benutzt werden dürften.
Der Verlag, die Autoren und die Herausgeber gehen davon aus, dass die Angaben und Informa-
tionen in diesem Werk zum Zeitpunkt der Veröffentlichung vollständig und korrekt sind.
Weder der Verlag noch die Autoren oder die Herausgeber übernehmen, ausdrücklich oder
implizit, Gewähr für den Inhalt des Werkes, etwaige Fehler oder Äußerungen.

Gedruckt auf säurefreiem und chlorfrei gebleichtem Papier

Springer ist Teil von Springer Nature
Die eingetragene Gesellschaft ist Springer Fachmedien Wiesbaden GmbH

Inhalt

Einführung und Überblick 1
(Metz-Göckel, H.)

I Gestalttheorie

1 Prinzipielle Bemerkungen zur gestalttheoretischen Programmatik . . . 15
(Wertheimer, M., 1922)

2 Was ist Gestalttheorie? 21
(Guss, K., 1977)

3 Zur Geschichte der Gestalttheorie in Deutschland 27
(Metzger, W., 1963)

4 Wieso sehen wir die Welt außerhalb von uns? 37
(Köhler, W., 1929)

5 Gestalteigenschaften 45
(Metzger, W., 1954)

6 Optische Wahrnehmung 55
(Koffka, K. 1931)

7 Prägnanzaspekte 67
(Rausch, E., 1966)

8 Intelligenzprüfungen an Menschenaffen 77
(Köhler, W., 1921)

9 Zwei Jungen spielen Federball 87
(Wertheimer, M., 1945)

10 Gestalttheorie des Ausdrucks 95
(Arnheim, R., 1949)

11 Bezugsphänomene 107
(Rausch, E., 1949)

12 Erziehung: Merkmale der Arbeit am Lebendigen 115
(Metzger, W., 1962)

13 Feldtheorie 123
(Lewin, K., 1940, 1943)

14 Lebensraum 127
(Lewin, K, 1946)

15 Das Behalten von erledigten und unerledigten Handlungen 131
(Zeigarnik, B., 1927)

16 Kunst und Sehen 139
(Arnheim, R., 1954)

II Kognitionspsychologie

17 Ordnungstendenzen im Gedächtnis 1: Clusterbildung 153
(Bousfield, W. A., 1953)

18 Ordnungstendenzen im Gedächtnis 2: Abstraktionen 159
(Bransford, J. D. & Franks, J. J., 1971)

19 Der Schema-Begriff als kognitionspsychologisches Konstrukt 165
(Bartlett, F., 1932)

20 Skripte als Unterform der Schemata 175
(Bower, G. H., Black, J. B. & Turner, T. J., 1979)

21 Perspektive und Erinnerung 183
(Anderson, R. C. & Pichert, J. W., 1977)

22 Entscheidungszeiten als Hinweise auf Gedächtnisprozesse 195
(Meyer, D. E. & Schvaneveldt, R. W., 1971)

Quellennachweise 201

Einführung und Überblick

(Metz-Göckel, H.)

In diesem Band wird die Entwicklung der Gestalttheorie und ihrer Grundlagen anhand von ausgewählten Texten dokumentiert. Außerdem sind einige Beiträge aus der frühen experimentellen Kognitionspsychologie aufgenommen, deren Ergebnisse mit gestalttheoretischen Annahmen in Einklang sind, obwohl das meist nicht erkannt wurde – Alle wiedergegebenen Texte basieren auf den Originalen bzw. späteren Übersetzungen, sind aber jeweils gekürzt.

Die Entwicklung der Gestalttheorie begann mit der ausdrücklichen Verwendung des Gestaltbegriffs durch Christian von Ehrenfels im Jahre 1890. Er wandte ihn beispielhaft auf die Melodie als erlebter Gegebenheit an und hob Übersummativität und Transponierbarkeit als ihre besonderen Gestaltmerkmale hervor.

Übersummativität meint dabei, dass sich die Melodie nicht aus der Summe der einzelnen Töne ergibt, und Transponierbarkeit trägt der Tatsache Rechnung, dass jeder Ton geändert sein kann, z. B. beim Wechsel der Tonhöhen oder der Tonarten oder auch bei verschiedener Präsentation (gesungen, gepfiffen oder durch ein Orchester gespielt), und dass dennoch etwas Charakteristisches erhalten bleibt, und dieses nannte er die ‚Gestaltqualität'. Außerdem postulierte er, dass die der Gestaltqualität zugrundeliegende Gestalt *etwas anderes ist als die Summe der Teile*. Er blieb in seinen Erörterungen aber nicht auf die Melodie beschränkt, sondern erkannte Gestaltqualitäten in allen Sinnesbereichen (beim Raum-, Tast-, Temperaturempfinden und sogar deren Verknüpfungen) wie auch im sonstigen psychischen Geschehen. Die Grundgedanken waren auf dem Hintergrund der damaligen philosophischen und psychologischen Diskussion revolutionär, da erstmalig eine deutlich ganzheitliche im Gegensatz zu einer elementaristischen Konzeption des Seelischen vertreten wurde.

Dies war die Grundlage für eine Reihe von ganzheitspsychologischen Schulen, wobei wohl die sog. Berliner Schule der Gestalttheorie die wichtigste und folgenreichste war (was wir im Folgenden zu zeigen hoffen). Ihre Hauptvertreter waren Max Wertheimer, Wolfgang Köhler, Kurt Koffka und Kurt Lewin, die in den 20er und 30er Jahren gemeinsam am Psychologischen Institut der Universität Berlin tätig waren. Sie folgten nicht in jedem Punkt dem Ansatz von von Ehrenfels. So waren sie der Meinung, dass Gestalt nicht nur etwas Anderes, sondern dass sie *mehr sei als die Summe der Teile*, d. h. dass etwas Neues zur Summe hinzukommt. Außerdem haben sie stärker die Rolle der Teile im Ganzen als von Ehrenfels betont, dass nämlich die Teile durch ihre Einbindung in das Ganze ihren besonderen Charakter erhalten. Ein Ton in der Melodie ist anders, wenn er alleine gehört wird, und die einzelnen Töne haben eine bestimmte Funktion im Ganzen, etwa die Rolle, die ein Leitton hat. Diese Beobachtung lässt sich bei praktisch jeder Teilgegebenheit in einem Ganzen machen, etwa im Gegensatz zu seiner Isolierung. Ein Zeichen wie .. hat isoliert einen anderen Charakter als wenn es in ein Ganzes ☺ integriert ist und dort seine besondere Rolle hat.

Neben dem wichtigen Beitrag von von Ehrenfels gilt ein Aufsatz von Wertheimer (1912, Experimentelle Studien über das Sehen von Bewegung) als der eigentliche Beginn der gestalttheoretischen Entwicklung. Darin zeigte Wertheimer experimentell, dass bei zwei sukzessiv dargebotenen Reizen unter bestimmten Bedingungen nicht mehr zwei Einzelereignisse, sondern eine (stroboskopische oder Schein-)Bewegung wahrgenommen werden kann, die genau genommen keine Reizgrundlage hat. Wertheimer hat dann 1922 und 1923 zwei wichtige Beiträge unter dem Titel ‚Untersuchungen zur Lehre von der Gestalt' veröffentlicht. Der erste stellt die (zukünftige) gestalttheoretische Programmatik dar (Beitrag 1 von Wertheimer 1922). Hier sind bereits in Abhebung von elementaristischen und assoziationistischen Auffassungen des psychischen Geschehens die gestalttheoretischen Grundlagen formuliert: Ganzhaftigkeit und Ganzbedingtheit der Teile im Gegensatz zu einer Betrachtung, die von Stücken oder Elementen und von Und-Summen ausgeht. Besonders betont er, dass bei Strukturierungen und Zusammenhangsbildungen nicht Beliebigkeit, sondern Sachangemessenheit das angemessene Prinzip im seelischen Geschehen ist. Aus assoziationistischer Sicht (und auch im Rahmen großer Teile der späteren Lernpsychologie) lässt sich alles verbinden und verknüpfen, wenn es nur oft genug wiederholt wird. Die Gestalttheoretiker behaupten dagegen mit Recht: wenn sachliche Faktoren eine Rolle spielen, wird alles leichter aufgenommen und auch besser behalten.

Früh haben die Gestalttheoretiker zwischen den physikalischen Bedingungen (der erlebnisjenseitigen oder transphänomenalen Welt) und der erlebten (anschaulichen oder phänomenalen) Wirklichkeit unterschieden. Eines der Argumente bot bereits die erwähnte Untersuchung von Wertheimer (1912), in der er zeigte, dass Phänomene (stroboskopische Bewegungen) auftreten können, die gar keine Reizgrundlage haben. Diese Position heißt ‚kritischer Realismus' (vgl. den Beitrag 2 von Guss 1977) und steht im Gegensatz zum ‚naiven Realismus', der postuliert, dass die Welt so ist, wie wir sie sehen. Tholey (1980) führt ein Beispiel dafür an: „Sieht man z. B. in der Ferne einen Menschen, der sich beim Nähertreten als ein Baumstumpf entpuppt, so müsste man vom Standpunkt des naiven Realisten, welcher nur eine einzige Wirklichkeit kennt, konsequenterweise die Auffassung vertreten, dass sich ein Mensch in einen Baumstumpf verwandelt habe. Vom Standpunkt des kritischen Realisten aus ist nur in der erlebten Wirklichkeit ein Wandel eingetreten, während in der erlebnisjenseitigen Welt ein und derselbe Gegenstand, nämlich ein Baumstumpf, vorgelegen hat." (Tholey 1980, S. 179).

Auf dem Hintergrund dieser erkenntnistheoretischen Position lässt sich auch relativ leicht die Frage beantworten, weshalb wir die Welt außerhalb von uns wahrnehmen, obwohl die entsprechenden physiologischen Prozesse in unserem Kopf ablaufen (vgl. Beitrag 3 von Köhler 1929). Die Lösung besteht darin, dass Wahrnehmungen und Vorstellungen der Umweltbedingungen, ebenso diejenigen des eigenen Körpers – einschließlich des erlebten ‚Ichs' – zur Anschauungswelt gehören, in der Teile als außenliegend, andere als den Körper betreffend, enthalten sind. Diese Wahrnehmungswelt ist mit den verschiedenen Komponenten *gemeinsam* (im sog. psychophysischen Niveau) im Gehirn repräsentiert. Die zugrundeliegenden physischen und physiologischen Prozesse (Reizverarbeitung bis in die Gehirnzentren hinein) nehmen wir dagegen nicht bewusst wahr.

Damit in Zusammenhang steht die Frage, wie sich die physikalischen Wahrnehmungsbedingungen, zu denen wir ja keinen Zugang haben, zu den Phänomenen verhalten. Köhler hat hier als plausible, aber empirisch schwer belegbare Hypothese angenommen, dass diese Beziehung auf Strukturähnlichkeit zwischen den durch die physikalischen Wahrnehmungsbedingungen ausgelösten Hirnprozessen und den Wahrnehmungen beruht. Dieses Verwandtschaftsverhältnis wird als ‚Isomorphie' bezeichnet (vgl. Tholey 1980, S. 180), worunter eine Übereinstimmung bezüglich der dynamischen Strukturen (nicht bezüglich der geometrischen Formen) von Hirn- und Erlebnisprozessen zu verstehen ist. Auf die ‚Isomorphie'-Annahme wird gelegentlich in den Texten eingegangen.

Die weitere Entwicklung erreichte in den 30er Jahren einen Höhepunkt, insbesondere durch viele Beiträge in der – von Gestalttheoretikern gegründeten – Zeitschrift ‚Psychologische Forschung' zur Psychologie der Wahrnehmung, des Gedächtnisses, des Denkens, der Emotionen und der Motivation, letztere besonders durch Kurt Lewin und seine Schülerinnen in der Reihe ‚Beiträge zur Handlungs- und Affektpsychologie'. Als Beispiel ist die Untersuchung von Zeigarnik (1927, Beitrag 15) aufgenommen. Haben Versuchspersonen eine Reihe von Aufgaben zu bearbeiten, und ein Teil davon wird vor Vollendung durch die Versuchsleiterin unterbrochen, so sagt die Lewinsche Theorie voraus, dass die unerledigten Aufgaben gespannte Teilsysteme hinterlassen, die dazu führen, dass gerade diese

Aufgaben besonders gut behalten werden. In umfänglichen Untersuchungsserien hat sich diese Hypothese bestätigt.

Ein wichtiger Artikel von Koffka aus dieser Zeit zur optischen Wahrnehmung ist – stark gekürzt – in die Sammlung aufgenommen (Beitrag 5 von Koffka 1931). Er enthält bereits die wesentlichen Erkenntnisse der Gestalttheoretiker über die Gesetzmäßigkeiten unserer Wahrnehmung, die hier sehr anschaulich anhand von Abbildungen demonstriert werden: die Gestaltfaktoren, die Figur-Grund-Differenzierung, aber auch die Wirkung der Prägnanztendenz.

Die Entwicklung wurde dann aber abrupt durch das Aufkommen des Nationalsozialismus unterbrochen und führte zur Emigration von Wertheimer, Lewin und auch Köhler. Koffka war bereits 1926 in die USA übersiedelt. Die Gestalttheorie konnte sich in den USA aufgrund der dortigen theoretischen Orientierung nur schwer durchsetzen. Man vertrat damals eine ‚objektive' Psychologie (Behaviorismus), die alle mentalen und erlebten Sachverhalte aus der Betrachtung ausklammerte, weil es sich dabei nur um ‚subjektive' Sachverhalte handele, die nicht ‚objektiv' zu erfassen seien. Nur Kurt Lewin war mit seinen gruppendynamischen Ansätzen, der Feldtheorie (Vgl. Beitrag 13 von Lewin 1940 und 1943) und deren Anwendungen auf verschiedene Wissenschaftsbereiche, z. B. Sozial- und Kultur- wie auch Wirtschaftspsychologie (Lück 2011), recht erfolgreich. Die Feldtheorie ist eine konsequente Fortentwicklung gestalttheoretischer Annahmen, die erst in der Emigration in ihrer differenzierten Form ausgearbeitet wurde. Danach ist Verhalten und Erleben (V) abhängig von allen Bedingungen des aktuellen Feldes, das die Person (P) und die (psychologische) Umwelt (U) und deren Interaktionen einschließt: $V = F (P, U)$. Der Feldbegriff ist im Sinne von Einstein als ‚Gesamtheit gleichzeitig bestehender Tatsachen, die gegenseitig voneinander abhängig sind' zu verstehen. Lewin fügt hinzu, dass sie als *dynamisches* Feld aufzufassen ist, da der Zustand jedes Teils des Feldes von jedem anderen beeinflusst sein kann. Das Besondere der gestalttheoretischen Betrachtungsweise ist dabei, dass Vergangenheit und auch die Auffassungen über die Zukunft (aber auch die Vorstellungen und die Fantasie der Person) Bedingungen im *aktuellen* Feld sind. Diese Annahmen werden auch dem Lebensraum-Konstrukt (L) zugrunde gelegt: $V = F (P, U) = F (L)$ (Beitrag 14 von Lewin 1946).

In den USA ist das Buch ‚Productive Thinking' von Max Wertheimer (1945), eine seiner wenigen Publikationen nach der Emigration, entstanden. Darin hat er seine Theorie und die entsprechenden Untersuchungen zum produktiven Problemlösen zusammengefasst. Es wurde dann 1957 wieder ins Deutsche übertragen. Es enthält zahlreiche, z. T. auch sehr konkrete Beispiele über produktive Problemlösungen, die sich von der mechanischen Anwendung von Lösungsmitteln krass unterscheiden. In diesem sehr lesenswerten Buch sind auch viele Beispiele enthalten, die sich im Schulunterricht anwenden lassen. Ein Beispiel ist die Addition einer aufsteigenden Zahlenreihe (1, 2, 3, 4, ... 9, 10). Eine mechanische Lösung bestünde darin, dass man die Zahlen nacheinander aufsummiert, und jede Zahl zu der schon bestehenden Summe hinzuzählt. Das dauert natürlich seine Zeit. Eleganter und produktiver ist die Lösung, die wohl auf Gauss zurückgeht: Bei einer aufsteigenden Zahlenreihe bilden jeweils die erste und die letzte, die zweite und die vorletzte etc. Zahl die gleiche Summe. Diese Tatsache kann man nutzen, indem man diese Teilsumme mit der Menge der Zahlen multipliziert und durch 2 teilt.

In diesem Buch ist auch die wiedergegebene Episode (Beitrag 9 von Wertheimer 1957) von zwei Jungen enthalten, die Federball spielen, und dabei einen Konflikt erleben, ihn aber produktiv lösen. Hier hat Wertheimer die gestalttheoretischen Grundgedanken zum Problemlösen, wie etwa Umzentrierung und Umstrukturierung, anhand eines Anwendungsbeispiels sehr schön veranschaulicht. Diese Veränderungsprozesse geschehen in den beiden phänomenalen Gesamtfeldern der beiden Jungen (die jeweils die Wahrnehmung des anderen Jungen mit einschließt) und führen zu einer neuen Sicht des jeweiligen Spielpartners und des Spiels.

Rudolf Arnheim hat zwischen 1940 und 1980 wichtige gestalttheoretisch orientierte Artikel und Bücher verfasst. Er gehörte zur zweiten Generation von Gestalttheoretikern, die gleichfalls emigrieren mussten. Von ihm stammt einer der wenigen Beiträge zur gestalttheoretischen Ausdruckspsychologie (Beitrag 10 von Arnheim 1949), in dem der Grundgedanke der Isomorphie aufgegriffen und ausgebaut wird. Er hebt zudem hervor, dass – im Gegensatz – zu sonstiger Lehrmeinung auch unbelebte Dinge Ausdruck haben können, und dass Ausdruck unmittelbar und ohne zusätzliche Prozesse, wie Einfühlung oder Projektion, erlebt wird.

Außerdem reüssierte Arnheim in den USA als Kunstpsychologe (Beitrag 16). Hier handelt es sich um die Anwendung der gestalttheoretischen Erkenntnisse (insbesondere zur Wahrnehmung) auf Kunstgestaltung und -rezeption. Er vertritt die Position, dass *jede* Wahrnehmung eines Dinges neben Form- und Farbmerkmalen zugleich physiognomische (also Ausdrucks-)Komponenten enthält. Dabei handelt es sich um die Wesenseigenschaften, die Metzger von den Gefüge- und Beschaffenheitseigenschaften unterschieden hat (vgl. Beitrag 6). Arnheim betont, dass selbst die Wahrnehmungen einfacher Strichzeichnungen solche physiognomischen Eigenschaften haben können, die sich oft als ‚Spannungen' zeigen. Experimentell ließ sich belegen, dass auch Winkel, Rechtecke, Parallelogramme in dieser Weise dynamisch wahrgenommen werden, was sich in bestimmten Verzerrungstendenzen zeigt, die auf Spannungen im jeweils wahrgenommenen Gebilde hinweisen.

In der Nachkriegszeit gab es dann eine Wiederbelebung der Gestalttheorie – besonders in Deutschland (vgl. Beitrag Nr. 3 von Metzger 1963), übrigens aber auch in Italien. Große Bedeutung hatten dabei die beiden in Deutschland verbliebenen Wertheimerschüler Wolfgang Metzger und Edwin Rausch.

Metzger (1954) hat in seinem eminent wichtigen Buch ‚Psychologie' die Grundannahmen der Gestalttheorie zusammengefasst. Darin unterschied er drei Arten von Gestalteigenschaften (Beitrag Nr. 6), nämlich die Struktur oder das Gefüge *(gerade, rund, spitz)*, die Beschaffenheit *(durchsichtig, rau, glänzend)* und das Wesen (die Ausdrucks- oder physiognomischen Eigenschaften wie *feierlich, freundlich, stolz)*. Von Bedeutung ist, dass er in diesem Zusammenhang ein Kriterium für Prägnanz formulierte: Es gibt für jedes Wesen ein Gefüge oder eine Struktur, in denen es sich am besten realisiert; aber nicht jedes Gefüge drückt auch ein Wesen aus.

Rausch hat 1966 einen langen Handbuchartikel über Gestalteigenschaften unter besonderer Berücksichtigung der Prägnanzproblematik verfasst (Beitrag 7). In der gestalttheoretischen Literatur wurden bis dahin zwei Auffassungen von Prägnanz vertreten, so die eben erwähnte von Metzger (1954) im Sinne der Realisierung eines Wesens in einem bestimmten Gefüge, aber auch eine Gleichsetzung mit Einfachheit der Struktur, die immer wieder vorgetragen und diskutiert wurde (vgl. Koffka im obigen Beitrag 5).

Rausch war aber der Meinung, dass das Prägnanzkonstrukt noch weiter aufgefächert werden muss, und zwar nach sieben Aspekten: (1) Einheitlich- oder Deutlichkeit vs. Ungeordnet-, Verschwommenheit, (2) Eigenständigkeit vs. Abgeleitetheit, (3) Integrität vs. Gestörtheit, Beschädigtsein, (4) Einfachheit vs. Komplexität, (5) Gefügefülle, (6) Ausdrucksfülle und (7) Bedeutungsfülle. Diese Prägnanzaspekte können in Kombination und gleichzeitig zur Wirkung kommen. Der Artikel stellt insgesamt eine Antwort auf den häufig in der Literatur geäußerten Vorwurf dar, der Prägnanzbegriff der Gestalttheorie sei zu komplex und nur vage definiert.

Metzger (1962) hat Überlegungen zum Umgang mit dem Lebenden (vgl. Beitrag 12) angestellt, wie sie sich auf dem Hintergrund der Gestalttheorie ergeben. Er betont dabei, dass es einen großen Unterschied macht, ob man ein totes Werkstück bearbeitet, oder ein lebendes Wesen betreut, hegt, pflegt oder auch erzieht. Diesem wohnen nämlich eigene Kräfte inne, die seine Eigenart, seine Entwicklung etc. bestimmen und von der betreuenden Person zu respektieren und zu berücksichtigen sind. Daraus ergibt sich eine Reihe von Prinzipien, die den Umgang mit dem Lebendigen leiten sollten: Wechselseitigkeit des Geschehens, Duldung von Umwegen, und Nicht-Beliebigkeit hinsichtlich des Umgangs, der Arbeitszeiten und der Arbeitsgeschwindigkeit.

Bezugsphänomene sind gute Hinweise auf die Kontext- und Ganzbedingtheit psychischen Geschehens und waren deswegen oft Thema in der gestalttheoretischen Diskussion. Sie sind in unserem Leben alltäglich. Oft wird etwas – manchmal unmerklich – in Bezug auf etwas anderes wahrgenommen, beurteilt etc., wodurch es sogar seinen besonderen Charakter erhalten kann. Von großer Bedeutung ist, dass den meisten Absoluturteilen, die wir ja häufig äußern, ein Bezugssystem zugrunde liegt. Die Aussage ‚*es ist heute warm*‘ basiert auf einer Verteilung, die von ‚*kalt*‘ über ‚*weder kalt noch heiß*‘ und ‚*warm*‘ bis ‚*heiß*‘ reicht. Diese Verteilung ist das klassische Beispiel für ein Bezugssystem, das im Falle der Aussage nicht bewusst sein muss, also meist ‚unscheinbar‘ wirkt. Diese Bezugssysteme können sich auch in Abhängigkeit von bestimmten Erfahrungen ändern. Die Temperatur-Systeme z. B. können je nach Jahreszeit bestimmte Verschiebungen erleiden. ‚Warm‘ im Sommer betrifft eine andere Temperatur als ‚warm‘ im Winter. Einige der Bezugssysteme wirken also ‚implizit‘. In anderen Fällen liegen explizite Bezugnahmen vor, z. B. ‚*die Fläche der Mongolei ist viermal so groß wie diejenige Deutschlands, und hier leben weniger Menschen als in Berlin*‘. Rausch (1949, Beitrag 11) hat eine besondere, explizite Form der Bezugnahme diskutiert. Der Beitrag stellt ein hervorragendes Beispiel für eine feinsinnige, phänomenologische Analyse dar.

Zur Nachkriegsentwicklung zählt auch, dass 1978 die ‚Internationale Gesellschaft für Gestalttheorie und ihre Anwendungen‘ gegründet wurde, und die von ihren Vertretern ins Leben gerufene wissenschaftliche Zeitschrift ‚Gestalt Theory‘ ist dann ab 1979 erschienen. Darin ist die Weiterentwicklung der Gestalttheorie im Grundlagen- und im Anwendungsbereich bis heute dokumentiert. Theoretische Weiterentwicklungen ergaben sich etwa mit Hilfe der neueren Systemtheorie, insbesondere die Synergetik. Von Interesse dürfte auch die Anwendung gestalttheoretischer Prinzipien auf Bereiche wie Erziehung, Sprache, Kultur, Organisationen etc. sein. Außerdem sind viele Beiträge der Psychotherapie in Theorie und Praxis gewidmet.

Im diesem Band der Schlüsseltexte sind sechs grundlegende Beiträge aus der frühen kognitionspsychologischen Forschung aufgenommen. Obwohl wir erwähnt haben, dass sich gestalttheoretische Konzepte in der damaligen Forschungslandschaft in den USA nur schwer durchsetzen konnten, hat man bei diesen und vielen anderen Veröffentlichungen den Eindruck, sie seien durch gestalttheoretische Grundannahmen inspiriert. Diese sind aber meist weder genannt und anscheinend auch nicht erkannt. Dies kann natürlich auch daran liegen, dass in diesen Forschungen die nicht beobachtbaren Prozesse der Informationsverarbeitung stärker in den Fokus gerieten, – man spricht auch von ‚kognitiver Wende‘. Es mag aber auch bedeuten, dass die Gestalttheorie mit ihren Ableitungen auf dem richtigen Weg war.

In einer empirischen Studie konnte Bousfield (1953, Beitrag 17) zeigen, dass Wörter, die vier verschiedenen Kategorien zugeordnet werden konnten, aber in zufälliger Reihenfolge in einer Lernliste vorgegeben waren, bei der Reproduktion überzufällig nach diesen Kategorien gruppiert wiedergegeben wurden. Hier kann die Annahme gemacht werden, dass diese Ordnung bereits im Gedächtnis vorlag.

Ordnungstendenzen anderer Art traten in der Untersuchung von Bransford & Franks (1971, Beitrag 18) zutage. Wenn Sätze (z. B. The ants in the kitchen ate the sweet jelly which was on the table) in ihre Sinneinheiten zerlegt werden (the ants were in the kitchen; the jelly was sweet etc.) und in Einer-, Zweier- oder Dreier-, nicht aber in Viererkombination in einer Lernliste enthalten waren, so zeigt sich, dass sich die Teileinheiten bei der Reproduktion zu ganzen Sinneinheiten zusammenschließen. Oft waren die Versuchsteilnehmer sogar der Meinung die Viererkombinationen, die allein solche kompletten Sinneinheiten darstellten, seien in der ursprünglichen Liste enthalten gewesen, obwohl dies nicht der Fall war.

Zu diesen Ergebnissen (und auch zu denen von Bouisfield, s. o.) passt eine frühe Bemerkung von Max Wertheimer in dem inzwischen klassisch zu nennenden Beitrag ‚Untersuchungen zur Lehre von der Gestalt' (1922): „Das Gedächtnis knüpft sich in erster Linie an Ganzeigenschaften und Strukturzusammenhänge" (Wertheimer 1922, S. 55).

Drei weitere Beiträge befassen sich mit dem Schema-Begriff, der in der gesamten – zumindest frühen – kognitionspsychologischen Forschung eine zentrale Rolle gespielt hat. Schemata stellen mehr oder weniger differenzierte kognitive Strukturen dar, die Abstraktionen aus wiederholten Erfahrungen mit Gegebenheiten unseres Lebens darstellen. Wir haben solche kognitiven Strukturen über ‚Buch Lesen', ‚Flugzeug Fliegen', ‚Vorlesung Besuchen', ‚Gerechtigkeit', aber auch von Merkmalen eines ‚Gesichts', eines ‚Vogels' oder vom ‚älteren Menschen' entwickelt. Aus gestalttheoretischer Sicht handelt es sich dabei um ‚Ganzheiten', die viele psychische Prozesse – wie Wahrnehmung, Lernen, Denken, Motivation, Emotion – zumindest ko-determinieren.

Obwohl der Begriff ‚Schema' bereits vorher bekannt war, wurde er von dem britischen Gedächtnisforscher Bartlett (1932, 1964) beim Versuch die Ergebnisse seiner Gedächtnisexperimente zu erklären, nachhaltig eingeführt und hat die weitere Forschung beeinflusst. Die Versuche und die theoretischen Erklärungsansätze zu ihren Ergebnissen sind in Beitrag 19 in Auszügen dokumentiert. Wichtig war noch die Beobachtung von Bartlett, dass Erinnerung nicht wort- oder bildgetreu erfolgt, sondern als Konstruktionsprozess von anderen Faktoren, insbesondere von Schemata, beeinflusst ist.

Skripte sind eine Unterform der Schemata, die soziale Situationen und Ereignisse beschreiben. Die Bezeichnung rührt daher, dass sie eine gewisse Ähnlichkeit mit Drehbüchern haben, die Rollen und Ereignisse in ihrem Ablauf abbilden. Bower, Black & Turner (1979, Beitrag 20) haben Versuchspersonen auflisten lassen, was Leute gewöhnlich tun, wenn sie ‚ein Seminar besuchen', ‚einen Arzt aufsuchen', ‚in einem Supermarkt einkaufen' etc. Dabei zeigten sich große Übereinstimmungen zwischen den Befragten, nämlich 99 %, wenn man die von mehreren Personen gemachten Angaben zu mehreren Skripten zusammen nimmt. Nur 1 %

der Angaben war einzigartig oder individuell. Die berichteten Untersuchungen belegten auch, dass die Skripte z. T. eine hierarchische Struktur aufweisen und sich aus Teilskripten zusammensetzen. Zum Theaterbesuch gehört z. B. das Skript ‚Theaterkarte kaufen' und dieses kann wiederum aus einer Abfolge von schematischen Handlungen bestehen: Zum Schalter Gehen, Platz Aussuchen, die Karte Verlangen, Bezahlen etc.

Die Fragestellung einer weiteren Untersuchung war gleichfalls schematheoretisch motiviert. In einer einfallsreichen experimentellen Untersuchung haben sich Anderson & Pichert (1978, Beitrag 21) gefragt, ob sich die Wiedergabe einer komplexen Geschichte ändert, wenn sie aus einer anderen Perspektive, also nach einem Schema-Wechsel, erneut wiedergegeben werden soll. Es handelt sich um die Geschichte von zwei Jungen, von denen der eine dem anderen Anwesen und Haus der Eltern zeigt. Dabei kommen Eigenarten der Anlage, des Gebäudes, aber auch, wo sich der Farbfernseher und der Schmuck der Mutter befinden etc. zur Sprache. Die Versuchspersonen hatten dann die Aufgabe, die Geschichte einmal aus der Perspektive eines Hauskäufers, einmal aus der Sicht eines Diebes nachzuerzählen. Der Perspektivwechsel führte wirklich zu veränderten Angaben bei der Reproduktion.

Der letzte Beitrag (Nr. 22, Meyer & Schvaneveldt 1971) ist u. a. wegen seiner nachhaltigen Auswirkung auf die Forschung aufgenommen worden. Die theoretische Frage war dabei, wie man sich die Gedächtnisrepräsentation von Wörtern oder Begriffen vorzustellen hat. Das Untersuchungsparadigma bestand dabei darin, dass Wörter oder Nicht-Wörter (eine aussprechbare Buchstabenkombination ohne Bedeutung) in Zweier-Kombinationen kurzfristig dargeboten wurden, und die Versuchspersonen zu entscheiden hatten, ob es sich jeweils um zwei sinnvolle Wörter handelt oder nicht. Dabei zeigte sich, dass die Antwortzeiten bei zwei sinnvollen Wörtern, die eine semantische Beziehung zu einander haben, am kürzesten waren. Diese Befunde haben die Annahme gestützt, dass im Gedächtnis bestimmte zusammengehörige Bereiche existieren, und dass bei Wörtern aus demselben Bereich die Antwortzeiten signifikant kürzer sind. Dies entspricht der theoretischen Annahme, dass sich die Aktivation innerhalb eines solchen Bereichs schneller ausbreitet, als wenn sie verschiedenen Themenbereiche durchlaufen muss. Eine wichtige Anregung aus der Theorie der Aktivationsausbreitung ergab sich für die weitere Forschung: Bestimmte Gedächtnisbereiche können – etwa durch Stichworte – voraktiviert werden, und ihre Inhalte sind dann im psychischen Prozessieren leichter und schneller zugänglich. Dieses Voraktivieren wird ‚priming' genannt, und wurde und wird in Studien in den verschiedenen Themenbereichen der modernen Psychologie sehr häufig angewandt.

Literatur

Anderson, R.C. & Pichert, J.W. (1978). Recall of previously unrecallable information following a shift in perspective. *Journal of Learning and Verbal Behavior 17*, 1–12.

Arnheim, R. (1978). *Kunst und Sehen. Eine Psychologie des schöpferischen Auges*, Berlin: de Gruyter (Ursprünglich 1954, 1974. *Art and Visual Perception*. University of California Berkeley and Los Angeles).

Arnheim, R, (1980). Die Gestalttheorie des Ausdrucks. In *Zur Psychologie der Kunst*. Hrsg. R. Arnheim, 54–81. Wien: Ullstein (Ursprünglich 1949 *Psychological Review 56*, 156–171).

Bousfield, W.A. (1953). The occurrence of clustering in the recall of randomly arranged associates. *The Journal of General Psychology 49*, 229–240.

Bower, G.H., Black, J.B. & Turner, T.J. (1979). Scripts in memory for text. *Cognitive Psychology 11*, 177–220.

Bartlett, F. (1964). *Remembering*. Cambridge: University Press (Erstauflage 1932).

Bransford, J.D. & Franks, J.J. (1971). The abstraction of linguistic ideas. *Cognitive Psychology 2*, 331–350 (1971).

Guss, K. (1977). Über die gestalttheoretischen Grundlagen der Integrativen Pädagogik. In *Gestalt-Pädagogik. Konzepte der Integrativen Erziehung*, Hrsg. H.G. Petzold & G.I. Brown. 76–87, München: Pfeiffer.

Köhler, W. (1929). Ein altes Scheinproblem. *Die Naturwissenschaften 17*, 395–398.

Köhler, W. (1973). *Intelligenzprüfungen an Menschenaffen*. Berlin: Springer (3. unveränderte Auflage der 2. durchgesehenen Auflage der ‚Intelligenzprüfungen an Anthropoiden I' aus den Abhandlungen der Preuss. Akademie der Wissenschaften, Jahrgang 1917, physikalisch-mathematische Klasse, Nr. 1, 1921).

Koffka, K. (1931). Psychologie der optischen Wahrnehmung. *Handbuch der normalen und pathologischen Physiologie 12*, 1215–1271.

Lewin, K. (1963a). Formalisierung und Fortschritt in der Psychologie. In: K. Lewin, *Feldtheorien in den Sozialwissenschaften*, 47–85. Bern, Stuttgart: Huber (ursprünglich 1940, Formalization and progress in psychology. Studies in topological and vector psychology I. *University of Iowa Studies of Child Welfare 16*, 9–42).

Lewin, K. (1963b). Definition des ‚Feldes zu einer gegebenen Zeit'. In: K. Lewin, *Feldtheorie in den Sozialwissenschaften*, 86–101. Bern, Stuttgart: Huber (ursprünglich 1943, Defining the ‚field at a given time'. *Psychological Review 50*, 292–310).

Lewin, K. (1963c), Verhalten und Entwicklung als eine Funktion der Gesamtsituation. In: K. Lewin, *Feldtheorie in den Sozialwissenschaften*, 271–329. Bern, Stuttgart: Huber (ursprünglich: 1946. Behavior and development as a function oft the total situation. In *Manual of child psychology*. Ed. Carmichael. New York: Wiley).

Lück, H.E. (2011). Anfänge der Wirtschaftspsychologie bei Kurt Lewin. *Gestalt Theory 33*, 91–113.

Metzger, W. (1954⁵) *Psychologie*. Darmstadt: Steinkopff (Kap. 2). (erste Auflage 1941)
Metzger, W. (1962). *Schöpferische Freiheit*. Frankfurt/M: Waldemar Kramer.
Metzger, W. (1963). Zur Geschichte der Gestalttheorie in Deutschland. *Psychologia 6,* 11–21.
Meyer, D. E. & Schvaneveldt, R. W. (1971). Facilitaion in recognizing pairs of words: Evidence of a dependence between retrieval operations. *Journal of Experimental Psychology 90,* 227–234.
Rausch, E. (1966). Das Eigenschaftsproblem in der Gestalttheorie. In *Wahrnehmung und Bewusstsein*. Handbuch der Psychologie, Bd. 1., 1. Halbband. Hrsg. W. Metzger & H. Erke. 866–953. Göttingen: Hogrefe.
Rausch, E. (1949). Variabilität und Konstanz als phänomenologische Kategorien. *Psychologische Forschung 23,* 69–114.
Tholey, P. (1980). Gestaltpsychologie. In: *Handwörterbuch der Psychologie,* hrsg. R. Asanger & G. Wenninger, 178–184. Weinheim: Beltz.
Wertheimer, M. (1912). Experimentelle Studien über das Sehen von Bewegung. *Zeitschrift für Psychologie 61,* 161–265.
Wertheimer, M. (1922). Untersuchungen zur Lehre von der Gestalt I. *Psychologische Forschung 1,* 48–58.
Wertheimer, M. (1923). Untersuchungen zur Lehre von der Gestalt II. *Psychologische Forschung 4,* 301–350.
Wertheimer, M (1964). *Produktives Denken*. Frankfurt am Main: Waldemar Kramer Wertheimer, M. (ursprünglich 1945. *Productive thinking*. New York: Harper, Deutsch 1957, *Produktives Denken*. Frankfurt am Main: Kramer).
Zeigarnik, Bluma (1927). Das Behalten von erledigten und unerledigten Handlungen. *Psychologische Forschung 9,* 3–84.

I Gestalttheorie

Prinzipielle Bemerkungen zur gestalttheoretischen Programmatik

(Wertheimer, M., 1922)

Dass man z. B. bei der Aufgabe wissenschaftlicher Erfassung des Psychischen überall zunächst sauber die „Elemente"' statuieren müsse, die der komplizierten Mannigfaltigkeit der psychischen Vorgänge im Nebeneinander zugrunde liegen und unter Verwendung allgemeiner sie betreffender Gesetzmäßigkeiten aus diesen Elementen dann durch Kombination, durch Und-Verbindung, zur richtigen Beschreibung und Erklärung der komplexen Vorgänge gelange –, das sind Thesen, die leicht als völlig selbstverständlich vorausgesetzt werden. Und: was auf solchem Boden an ernster Wissenschaftlichkeit, sauberer Exaktheit und Drängen zu konkreten Einzelentscheidungen erobert ist, soll nicht verloren gehen.

Aber: es ist in der Wissenschaft gut, auch Prinzipiellstes zu gegebener Zeit ernsthafter und konkreter Prüfung zu unterwerfen; nicht in nur allgemeinen, mehr spekulativen Erwägungen, sondern in konkretem Eindringen; im positiven Vorschreiten zu möglichst adäquater Erfassung des Gegebenen und im Vordringen zu Entscheidungsfragen innerhalb des Tatsächlichen.

Für die oben gemeinte Grundauffassung sind zwei einfach formulierbare Grundthesen charakteristisch:

I. Die Mosaik- oder Bündelthese:
Allem „Komplexen" liegt zunächst, als Grundlage, die Summe nebeneinander gegebener elementarer Inhalte, Bestandstücke (Empfindungen usw.) zugrunde. Man hat es im Grunde mit einer summativen Mannigfaltigkeit von verschiedenartigen Bestandstücken (einem „Bündel") zu tun; alles weitere baut sich auf der Und-Summe der Elemente irgendweiter auf; zu Empfindungen treten etwa „Residuen" früherer Wahrnehmungen; treten Gefühle und allerlei Faktoren, wie „Aufmerksamkeitsvorgänge", Auffassungsvorgänge, Willensprozesse usw.

Auch das Gedächtnis knüpft sich an die Summe der Inhalte.

II. Die Assoziationsthese:
Ist ein Inhalt a mit einem andern b öfter zusammen dagewesen, („in raumzeitlicher Kontiguität"), so besteht die Tendenz, dass das Auftreten von a das Erscheinen von b nach sich ziehe.
(Ist pum-lap[1] öfter dagewesen und kommt nun einmal pum etwa in der Wahrnehmung, so fällt einem lap ein. So ist mein Freund mit seiner Telephonnummer assoziativ „verbunden".)
(Das ist der einfache Sinn des Assoziationsgesetzes; unbeschadet der vielfach verschiedenen Formulierungsweise und Lehren; so ist es in konkreten Untersuchungen fundiert, so wird es in der Arbeit, in der konkreten Argumentation benutzt und so meint man es auch meist bei strenger wissenschaftlicher Verwendung. – Sagt man, wie es gelegentlich geschieht, statt „assoziiert" „einheitlich verknüpft", so verwischt man die Sachlage durch vage Konfundierung [meist ohne ernstliche Folgen].)

In der Assoziation ist eine bloße *Existentialverbindung* gegeben, eine Verbindung nur bezüglich des Auftretens der (irgendwelchen) Inhalte; eine Verkettung, die prinzipiell sachfremder Natur ist; die verketteten Inhalte sind gegeneinander beliebig; ihr inhaltliches Zueinander kommt prinzipiell nicht in Frage; wie sie zueinander stehen, spielt keine Rolle, sie haben keine innere Ingerenz[2] aufeinander. Es führt keine Brücke prinzipiell von einem zum andern als die bloße Existentialverbindung.

Prinzipiell identisch ist beiden Thesen – und darauf soll es hier ankommen – das *Und-Summenhafte*: Der Aufbau aus Stücken, die, das eine und das andere und ein drittes ... zunächst, primär, alles Weitere fundierend gegeben sind.

Was zusammengefügt erscheint, im Zugleich, im Nebeneinander, im Nacheinander, ist prinzipiell beliebig; für das Zusammensein ist der „Inhalt" oder das Zueinander von Inhalten eigentlich irrelevant. Keine sachlichen Momente sind für die Zusammengefügtheit bedingend, sondern inhaltsfremde, „sachäußere" Faktoren, wie z. B. das Oftzusammengewesensein, das simultane Beachten usw.

Nur selten, nur unter bestimmten charakteristischen Bedingungen, nur in sehr geringen Grenzen und überhaupt nur in Annäherung liegt Und-Summenhaftig-

---

1 ‚pum – lap' sind Beispiele für sogenannte sinnfreie Silben, die in der Lern- und Gedächtnispsychologie seit dem 19. Jahrhundert verwendet wurden. Sie bestehen – wie die Beispiele – in der Hauptsache aus ‚Konsonant – Vokal – Konsonant' und sollen Assozationsbildungen bei den Versuchspersonen verhindern, was freilich nie ganz auszuschließen ist (Anmerkung MG).
2 ‚Ingerenz' ist ein heute nicht mehr gebräuchliches Wort; es bedeutet „sich Einmischen" (von lateinisch *ingerere*).

keit wirklich vor; es erweist sich als nicht adäquat, diesen Grenzfall als typische Grundlage des Geschehens aufzufassen.

Nur selten: z. B. manchmal beim Schnupfen; im Zustand vollendeter Torheit; an charakteristischen Stellen innerhalb stockender Denkverläufe; bei Nebeneinandergegebenheit von krass sachlich „Disparatem"; gegeneinander sachlich Irrelevantem, das stückhafte Auffassung erzwingt (bei der Trennung, Abhebung zusammenhangloser Gestalten); unter Versuchsumständen, die durch „Einstellung" auf „Stück-Konstatierung" auf „Gestaltzerfall", auf Verflachung der Eindrücke hinwirken.

In sehr geringen Grenzen: Der „Umfang des Bewusstseins" ist für Stückhaftes außerordentlich gering; er ist dem Grade der Gestaltetheit funktional verbunden (was biologisch recht wichtig ist). Ähnlich bezüglich der Merkbarkeit, der Einprägsamkeit, dem Gedächtnis.

Zur Adäquatheit: Für manche Probleme ist theoretisch summative Auffassung nahliegend; in mancher Beziehung gilt sie, oft in erster Annäherung (deshalb war es im ersten Herangehen der Wissenschaft für manche Probleme sehr tauglich, die stückhafte Auffassung zunächst zugrunde zu legen. Aber es soll vorwärts gegangen werden). Die Frage, ob sie als typische Grundlage aufzufassen sei, wird an bestimmten deskriptiven und funktionalen Tatbeständen prüfbar.

Das Gegebene ist an sich, in verschiedenem Grade „gestaltet": gegeben sind mehr oder weniger durchstrukturierte, mehr oder weniger bestimmte Ganze und Ganzprozesse, mit vielfach sehr konkreten Ganzeigenschaften, mit inneren Gesetzlichkeiten, charakteristischen Ganztendenzen, mit Ganzbedingtheiten für ihre Teile.

„Stücke" sind zu allermeist in konkreter Weise „als Teile" in Ganzvorgängen aufzufassen.

Die empirische Untersuchung zeigt nicht primären Aufbau aus Stücken, sondern Gradstufen von Gegebenheiten „in großen Zügen" (in Hinsicht umfassender Ganzeigenschaften), in verschiedener Ausgeprägtheit, bis zu prägnant durchgestalteter Gegebenheit in Hinsicht aller „Unterganzer" und „Teile" „an ihren Ort im Ganzen". Summatives Nebeneinander zweier Ganzer ist ein Spezialfall. – Konstatierung von „Teilen", stückhafte Auffassung (ob das nun höhere Unterganze sind oder sogenannte „Elemente") ist ein sehr realer, das Gegebene vielfach ändernder Prozess; was „in einem Teil" gegeben ist, ist nicht prinzipiell unabhängig von anderem Gegebenen; Veränderungen von Teilen sind nicht prinzipiell ohne sachliche Ingerenz für die anderen, sondern haben solche oft, von klaren Ganzbedingungen her; es bestehen da gesetzliche funktionale Abhängigkeiten für das Geschehen (aus inneren „Strukturprinzipien"), indem die Teile nicht irgendwelche Stücke in primärer Und-Verbindung sind, sondern prägnant Teile in einem Ganzverlauf.

Was zusammentritt, was „zusammengefasst" erscheint, was „ergänzt" wird, ist nicht prinzipiell sachlich „beliebig" (und nicht prinzipiell von blinden sachfremden, „äußeren" Faktoren bestimmt, wie z. B. stückhafter Gewohnheit), sondern vielfach von konkreten Gestaltgesetzen her bedingt. Es zeigen sich Tendenzen zu bestimmter, „ausgezeichneter Gestalt". Ganzgerichtetheiten, Gesetzmäßigkeiten, bei denen von sachlichen Ganzbedingungen her sich Teile „aus innerer Notwendigkeit bestimmen", „gefordert werden".

Nicht also sind „die Stücke" zunächst als das „prius" anzusetzen, als Fundament in Und-Verbindungen und unter prinzipiell sachfremden Bedingungen ihren Auftretens, sie stehen vielfach als Teile unter sachlichen Bedingtheiten von ihrem Ganzen her, sind von ihnen her „als Teile" zu verstehen.

Einiges im Sinn dieser Thesen sei hier gleich kurz erwähnt:

1. Bei der wissenschaftlichen Behandlung der Wahrnehmung ist hiernach nicht fundierend auszugehen von der „Summe der Einzelreize einerseits und der „Summe" der Empfindungen andererseits in Einzelentsprechung unter sekundärer summativer Hinzufügung weiterer Faktoren, sondern – und das ist schlicht tatsachennäher – von der Reizkonstellation einerseits und dem psychisch tatsächlich Gegebenen in seinem Gestalthaften andererseits. Neben den Faktoren der Reizkonstellation (deren Ganzfaktoren zu berücksichtigen sind) sind gesetzliche subjektive Faktoren bestimmend, welche in wesentlicher Hinsicht charakteristische Ganzbedingungen darstellen.

2. Gänzlich abgesehen von Reizbedingungen und physiologischen Faktoren, rein innerhalb des Psychologischen: das theoretische Vorschreiben „von unten nach oben" wäre nicht prinzipiell das adäquate, sondern vielfach ist der Weg „von oben nach unten" gefordert: das Erfassen bestimmter Ganzeigenschaften, Ganzbedingungen, Struktureigenschaften und von da aus der Weg zu „Teilen" im prägnanten Sinn des Wortes. Es ist ein folgenreicher Unterschied, ob ich sage: es ist *a* da und *b* und *c* ... – Inhalte für sich (etwa jeder durch seinen Reiz bedingt oder von stückhaften Reproduktionsgesetzen her) und diese Und-Gegebenheit der Summe als die Grundlage ansehe, an die eventuell sich Weiteres knüpfen mag – oder ob ich sage: ich habe diese und jene durch konkrete Charaktereigenschaften und Gesetzlichkeiten bestimmte Ganze und Ganzverläufe, aus denen ich durch Zerstückung, durch Realteilung (was man als bloßen Wechsel der Aufmerksamkeit ansah oder als glatt subtraktive Abstraktion u. ähnl.) Teile gewinnen kann, – Derivate –, Unterganze zunächst; von denen ich aber unter diesen neuen Bedingungen dann freilich nicht mit Sicherheit weiß, ob sie auch ebenso als Teile in dem Ganzen waren; ja von denen ich unter Umständen klar feststellen kann, wiefern dieser Vorgang gesetzlich Änderungen bedingt.

3. Besonders folgenreich waren Befunde, die dahin weisen, dass, was sich *natürlicherweise verbindet* (und ebenso, was sich zu trennen sucht), ja, was zu gegebenem Psychischen – etwa als Ergänzung hinzutritt, nicht prinzipiell sachlich

beliebig ist, nicht prinzipiell durch äußere, inhaltsfremde Faktoren bedingt ist (wie Gewohnheit und Erfahrung im rein stückhaften Sinn dieser Worte), sondern durch sachliche Ganzfaktoren, durch konkrete Gestaltgesetzlichkeiten.

Merkvorgänge selbst enthalten wesentlich Gestaltprozesse; das Gedächtnis knüpft sich in erster Linie an Ganzeigenschaften und Strukturzusammenhänge; das Wesentliche der Gedächtnisprozesse (oder auch der „Erfahrung") erschöpft sich nicht in der Anknüpfung an Summe und Folge, nicht in der an Ganze, wofern diese im Grund bloße summative Stückganze sein sollen. Assoziation, Gewohnheit im Sinne inhaltsbeliebiger Existenzialverbindung (das mechanische Gedächtnis überhaupt) ist bloß Grenzfall.

Denkvorgänge, Vorgänge *bei originärer Lösung eines Problems,* Vorgänge beim *Erfassen und Begreifen,* Vorgänge *beim Sehen eines Problems* – lösen sich ab von bloßen Gedächtnisvorgängen, mit denen sie „als Vorstellungsablauf" unrettbar verquickt schienen; lösen sich ab von Vorgängen im Sinn stückhafter Generalisation, stückhaft subtraktiver Abstraktion, Kombination usw.; erweisen sich in ihrem Wesentlichen als *konkret-charakteristische, bestimmte geartete Gestaltprozesse.*

Das wäre, freilich in kurzer Andeutung, eine Reihe von Thesen; es sind in ihnen mehrfach verschiedene, voneinander nicht unbedingt abhängige Behauptungen enthalten. Es kann nun nicht etwa auf theoretische Diskussion in vager Allgemeinheit ankommen; alles kommt darauf an, in vorsichtigster Weise, in wissenschaftlicher Exaktheit, in strenger Tatsachentreue zu konkreten Ergebnissen und zu Entscheidungen vorzudringen. (Wertheimer, M., 1922, 47–56)

Was ist Gestalttheorie? 2

(Guss, K., 1977)

Der folgende Beitrag von Kurt Guss, einem Schüler von Wolfgang Metzger, bietet einen knappen Überblick über die Grundannahmen der Gestalttheorie.

Die Gestalttheorie ist eine psychologische Schule, die sich mit den ganzheitlichen Zusammenhängen menschlichen Erlebens und Verhaltens beschäftigt, und in deren Vordergrund die Frage nach der *Ordnung* seelischen Geschehens steht.

Sie entwickelte sich zu Beginn dieses (des 20.) Jahrhunderts im Zuge der Auseinandersetzung mit den assoziationistischen und elementaristischen Ansätzen der Psychologie. Ihr hervorragendes Interesse galt dabei zunächst den Problemen der Wahrnehmung. Wie sich im Laufe der diesbezüglichen Forschungsarbeit herausstellte, werden die älteren Ansätze der Psychologie den Tatsachen unserer Wahrnehmungswelt nicht gerecht. Wir erleben kein Chaos ungeordneter Einzelreize ('Empfindungen'), die erst nachträglich nach Maßgabe ihres raum-zeitlichen Zueinanders miteinander verbunden ('assoziiert') werden, sondern eine geordnete, strukturierte und organisierte Welt. Nicht Teile, sondern Ganzheiten ('Gestalten') sind die Grundeinheiten unseres Erlebens und Verhaltens – Ganzheiten, die sich während der weiteren ontogenetischen Entwicklung differenzieren, sich auf der anderen Seite aber auch zu umfassenderen Ganzheiten zusammenschließen ('Ausgliederungsannahme' und 'Zusammensetzungsannahme' nach *Metzger*, 1963). Die grundlegende Erkenntnis vom Primat des Ganzen wurde in der griechischen Philosophie und in der fernöstlichen Überlieferung vorbereitet, aber erst 1890 von dem österreichischen Philosophen *Christian von Ehrenfels* expliziert. *Christian von Ehrenfels* hielt zwar noch an dem Begriff 'Element' ausdrücklich fest, postulierte aber Eigenschaften von Gestalten, die aus ihren Teilen nicht abgeleitet werden können. Den Leitsatz „Das Ganze ist mehr als die Summe seiner Teile" veranschaulichte er am Beispiel der Melodie, die als 'Verlaufsgestalt' nicht mehr mit der (additiven) Summe der einzelnen Töne gleichzusetzen ist, sondern wesentlich durch deren Zueinander, deren Struktur bestimmt ist (,Übersummativität'), die bei Übertragung in eine andere Tonart sogar erhalten bleiben kann (,Transponierbarkeit'). Diese überörtlichen Eigenschaften von Gestalten, Übersummativität und Transponierbarkeit, werden seitdem als Gestaltkriterien oder im Andenken an Christian von Ehrenfels als Ehrenfelskriterien bezeichnet. – Die Väter der Gestalttheorie im engeren Sinne sind *Max Wertheimer, Wolfgang Köhler* und *Kurt Koffka*, welche die, nach dem Ort des gemeinsamen Schaffens von Wertheimer und Köhler benannte ,Berliner Schule' der Gestalttheorie, gründeten, der sich später *Kurt Lewin* anschloss. *Wertheimers* (1912, 1922, 1923) Verdienst lag in der Erkenntnis, dass beim Zusammenschluss von Teilen zu Ganzen nicht nur neue Eigenschaften entstehen (,Gestaltqualitäten' nach *Chr. v. Ehrenfels*), dass die Teile darüber hinaus in dem jeweiligen Ganzzusammenhang unter Umständen etwas völlig Neues darstellen. So wird etwa ein und derselbe Tisch in verschiedenen Wahrnehmungszusammenhängen (Möbellager, Wohnung, Stall, Wald) bemerkenswerte Veränderungen erleiden, ähnlich wie ein Mensch durch Eintritt in eine neue soziale Gruppe (Berufswechsel, Ehe, Bande) durchgreifende seelische Veränderungen durchmachen kann – Tatsachen, die allen assoziationistischen und elementaristischen Erklärungsversuchen hohnlachen. – *Wolfgang Köhler* ging der Frage nach, ob die (phänomenalen) Gestalten ein physikalisches Gegenstück haben, eine Frage, die er 1920 theoretisch bejaht. Er ist seitdem der Psychophysiker der Gestalttheorie. – Diese knappe Übersicht ist abzurunden durch den Hinweis auf die Arbeiten von *Kurt Koffka* zur Allgemeinen Psychologie und zur Entwicklungspsychologie (1922, 1966), *Kurt Lewin* zur Sozial-, Affekt- und Willenspsychologie (1926, 1972) und schließlich *Wolfgang Metzger* zur Wahrnehmungspsychologie und zu verschiedenen Problemen der Pädagogischen Psychologie (1962, 1967, 1971, 1975); *Metzger* ist ebenfalls eine umfassende Gesamtdarstellung der Gestalttheorie zu verdanken (1963). Über den neuesten Stand der Gestalttheorie informiert der Sammelband von *Ertel, Kemmler* und *Stadler* (1975).

Von Gestalten wird in zweierlei Bedeutung des Wortes gesprochen: in einer gegenständlichen („Ich sehe zwei verdächtige Gestalten") und einer eigenschaftlichen („Sie ist von zarter Gestalt"). Die Gestalttheorie beschäftigt sich dementsprechend einmal mit den überörtlichen Ganzheiten als solchen und zweitens mit deren Aufbau, Gefüge, Struktur, eben mit deren Gestalt. In beiden Fällen sind Sachverhalte gemeint, die man nicht als bloße Und-Summe der Elemente begreifen kann. Die Gestalteigenschaften (,Gestaltqualitäten') lassen sich aufteilen in Wesens- und Ausdruckseigenschaften (anheimelnd, hässlich), in Eigenschaften der Struktur und des Gefüges (symmetrisch, verzerrt) und in solche des Materials (glatt, blass). Es zählen zu ihnen auch die dynamischen Gestalteigenschaften oder Richtungseigenschaften (vgl. Guss, 1977), welche die Kräfteverhältnisse innerhalb der jeweiligen Gestalt bezeichnen (bewegt, spannungsvoll). Letztere schließen die pädagogisch und therapeutisch hochbedeutsamen Kategorien ‚Wert' und ‚Sinn' ein. Unter *Gestaltfaktoren* (Gestaltgesetze) sind die Gesetzmäßigkeiten zu verstehen, nach denen sich die Teile zu Ganzheiten zusammenschließen; von ihrem Wirken wird sich der unbefangene Beobachter beim Anblick des Sternhimmels anschaulich überzeugen können. Der Begriff Gestalttendenz, der hier schließlich noch anzuführen ist, bezeichnet den Umstand, dass beim Zusammenschluss von Teilen zu Ganzen von mehreren möglichen Ordnungen der jeweils prägnantesten (‚ausgezeichneten') der Vorzug gegeben wird. Insofern sind Gestaltgesetze immer Prägnanzgesetze. Das Erreichen eines solchen ausgezeichneten Endzustandes wird dabei nicht unbedingt durch starre Festlegungen und Leitungen gewährleistet. Prägnante Ordnungen können dem freigeordneten Kräftespiel der Gestalt entspringen. Als Beispiel für Gestalten in diesem dynamischen Sinne mag der Wassertropfen dienen, der aus eigenen Kräften entsteht und (innerhalb gewisser Grenzen) Störungen aus eigenen Kräften auszugleichen vermag. Dem Tropfen als Gestalt kann man die Kugel als feste Form gegenüberstellen.

Der Kritische Realismus (vgl. *Bischof,* 1966; *Schneider,* 1967) ist die erkenntnistheoretische Grundlage oder die meta-Theorie der Gestalttheorie und hat sich auf der anderen Seite aber in wesentlichen Teilen und in manchen gedanklichen Verästelungen gerade dank der gestalttheoretischen Forschung und der dabei auftretenden Begründungsprobleme entwickelt. Ohne diesen – keineswegs leicht verständlichen – erkenntnistheoretischen Ansatz bleiben zahlreiche Phänomene namentlich des psychologisch-pädagogischen Bereichs unbegreiflich, hängen gewissermaßen im luftleeren Raum, was in der Wissenschaftsgeschichte zu mancherlei Kuriositäten geführt hat (z. B. die Philosophie des ‚Als Ob', Vaihinger, 1927). Die Zielsetzung dieses Beitrages gebietet, kritisch-realistisches Denken zumindest in seinen Grundzügen vorzustellen, um seinen Ansatz auch für die Integrative Pädagogik fruchtbar zu machen; denn wenn sie die Gestalttheorie zu einer ihrer wichtigsten theoretischen Quellen macht, übernimmt sie damit deren metatheoretische Implikationen.

Im Kern beinhaltet der Kritische Realismus die auf den ersten Blick überflüssig erscheinende, bei eingehenderer Betrachtung aber zwingende Aufspaltung der Wirklichkeit in zwei Bereiche oder Aspekte; den phänomenalen (anschaulichen) und den physikalischen (erlebnisjenseitigen). Die Wahrnehmung des vor mir stehenden Tintenfläschchens beispielsweise hat einen Doppelaspekt; einmal die physikalische Reizgrundlage (Lichtwellen bestimmter Intensität, Länge etc.), die ich als solche nicht erlebe, und zweitens das Phänomen Tintenfläschchen, also das, was ich sehe (erlebe). Die Beziehungen zwischen diesen beiden Wirklichkeitsebenen sind dabei keineswegs eindeutig. Zwar zeigen physikalische und phänomenale Wirklichkeit gewisse strukturelle Ähnlichkeiten, Übereinstimmungen,

Gestaltverwandtschaften ('Isomorphie-Theorem' nach *Köhler*, 1920), doch lassen sie oft genug exakte Entsprechungen vermissen. Dessen ungeachtet gebührt beiden Wirklichkeiten die gleiche Aufmerksamkeit und der gleiche wissenschaftliche Ernst bei ihrer Erforschung, dies auch dann, wenn man bei Tatbeständen unserer phänomenalen Welt vergeblich nach physikalischen Gegenstücken, Grundlagen und Ursachen sucht und sich solche auch nur schwer vorstellen kann. Zwischenmenschliche Phänomene wie Zuneigung, Liebe, Sympathie, Kameradschaft, Mitleid, Verantwortung, Gefühle der Zugehörigkeit und der seelischen Verbundenheit sind im phänomenalen Sinne *wirklich*, völlig unabhängig davon, dass die Annahme entsprechender physikalischer Anziehungs- und Abstoßungskräfte eher verwegen anmutet. Die zentralnervösen Regionen, auf denen sich Individuum und Umwelt, die Beziehung des Ich zur gegenständlichen und sozialen Umwelt 'abbilden', auf denen sich die physikochemischen Prozesse abspielen, die sich zu unseren anschauliche Person-Umwelt-Bezügen umsetzen, hat *Köhler* (1920) das 'psychophysische Niveau' getauft.

Es ist hier nicht der Platz, die Entstehungsgeschichte des Kritischen Realismus aufzurollen und die gedanklichen Engpässe zu schildern, aus denen er herausgeholfen hat. Dem besseren Verständnis des Kritischen Realismus wird es aber dienen, einige Worte zur Leistungsfähigkeit dieses Ansatzes zu sagen.

Aus dem kritisch realistischen Ansatz ergeben sich einige Begriffsverdoppelungen, die unentbehrlich sind, wenn man psychologisch-pädagogisch bedeutsame Sachverhalte angemessen beschreiben und erklären will. Neben anderem ist es die Unterscheidung der physikalischen und der phänomenalen Bedeutungen der Begriffe 'Reiz' und 'Reaktion' (vgl. Metzger, 1963, S, 295 f). Vermengt man diese grundverschiedenen Sachverhalte, dann zahlt man für die solchermaßen erkaufte begriffliche Sparsamkeit einen hohen Preis: die zu erklärenden Phänomen werden auf einen nebensächlichen, unter Umständen sogar irreführenden Teilgesichtspunkt verkürzt. (Beispiel: Nach *Watson* ist das Denken nichts anderes als eine nach innen verlegte Kehlkopfreaktion; nach *Freud* ist Liebe nichts anderes als die Reizung gewisser Sinneszellen.) Es führt weiter auf Abwege und zu absurden Schlussfolgerungen, wenn man erzieherische Belohnungen und Bestrafungen einfach mit gespendeter Lust bzw. zugefügter Unlust gleichsetzt, statt diese quasiphysikalischen Kategorien von Belohnungen und Bestrafungen im phänomenalen Sinn, als dem, was Lust oder Unlust erst zum Erziehungsmittel werden lässt, klar abzusetzen (vgl. hierzu *Guss*, 1975a). (Guss, K., 1977, 76–80)

Literatur

Bischof, N. (1966). Erkenntnistheoretische Grundlagenprobleme der Wahrnehmungspsychologie. In: W. Metzger & H. Erke (Hrsg.). Wahrnehmung und Bewusstsein, Hdb. D. Psychol., Bd. I/1, 21–78. Göttingen

Ehrenfels, Chr. v., (1890). Über ‚Gestaltqualitäten'. Vierteljahreschrift für Wissenschaftliche Philosophie, 3, 249–291

Ertel, S., Kemmler, L., Stadler, M. (1975) Gestalttheorie in der modernen Psychologie. Darmstadt

Guss, K. (1975a) Psychologie als Erziehungswissenschaft. Eine theorienkritische Untersuchung des Themas Lohn und Strafe. Stuttgart

— (1975b). Erziehung und Erziehungsmittel. In: K. Guss (Hrsg.) Gestalttheorie und Erziehung. Darmstadt

— (1977). Einführung in die Gestalttheorie, In: K. Guss (Hrsg.) Gestalttheorie und Fachdidaktik. Darmstadt

Köhler, W. (1920) Die physischen Gestalten in Ruhe und stationären Zustand. Braunschweig

Koffka, K. (1922). Perception; an introduction to the Gestalt-Theorie. Psychological Bulletin, 19.

— (1921). Die Grundlagen der psychischen Entwicklung. Darmstadt

Lewin, K. (1926). Vorsatz, Wille und Bedürfnis. Psychologische Forschung, 7, 330–385

— (1972, erstm. 1951). Feldtheorie in den Sozialwissenschaften. Bern, Stuttgart

Schneider, F. (1967). Kennen und Erkennen. Bonn

Vaihinger, H. (1927). Die Philosophie des als ob, Leipzig

Watson, J. B. (1968, erstm. 1930). Behaviorismus. Köln, Berlin

Wertheimer, M. (1912). Experimentelle Studien über das Sehen von Bewegungen, Z. f. Psychol., 61

— (1922, 1923). Untersuchungen zur Lehre von der Gestalt. Psychologische Forschung, 1 + 4

Zur Geschichte der Gestalttheorie in Deutschland   3

(Metzger, W., 1963)

Im Jahre 1890 erschien in einer Vierteljahresschrift für wissenschaftliche Philosophie aus der Feder von Christian von Ehrenfels eine Abhandlung; „Über Gestaltqualitäten". Ihr Verfasser war damals Dozent in Wien, später Professor der Philosophie in Prag. – Die Abhandlung von von Ehrenfels griff auf eine unerwartet neue Weise ein Problem an, das damals die bedeutenderen unter den Psychologen beunruhigt: das Problem des Verhältnisses zwischen den psychischen Ganzen und ihren Teilen oder Elementen. Fast gleichzeitig (...) wurden zwei weitere Versuche gemacht, das Problem zu meistern.

Der eine ist enthalten in Wilhelm Wundts Begriff der „Schöpferischen Synthese", der andere in der kühnen, wenn auch schon kurz zuvor bei William James anklingenden These von Hans Cornelius, dass die Entwicklung des Bewusstseins nicht aus einem allmählichen Aufbau immer komplexerer Ganzer aus einer ursprünglichen Mannigfaltigkeit einfachster Elemente bestehen, sondern vielmehr aus einem allmählichen Abbau anfänglich höchst umfassender Ganzheiten, wobei das sogenannte seelische Element ein letztes und vielfach gar nicht erreichtes Endprodukt dieses Differenzierungs- und Ausgliederungsvorganges sein sollte. Hierin ist eine damals wesentlich neue Erkenntnis enthalten: die Erkenntnis nämlich, dass die Entstehung von Ganzen im Bewusstsein keine auf sie gerichtete besondere Tätigkeit des Subjekts erfordere, dass diese von ihm vielmehr „fertig vorgefunden" werden.

Der Gedanke von Cornelius ließ sich zwar nicht ohne erhebliche Einschränkungen durchführen, denn es zeigte sich immer wieder, dass die Ganzen, die das unentwickelte Bewusstsein kennzeichnen, verhältnismäßig einfache und unkomplizierte Ganz sind, und dass die Entwicklung von ihnen aus sich nicht nur durch Ausgliederung bzw. Differenzierung und Erweiterung vollzieht. Trotzdem hat der von Cornelius gegebene Anstoß bis heute fortgewirkt, und hat sich besonders in der „Leipziger Schule" bei Felix Krüger und seinen Mitarbeitern und Schülern,

u. a. Friedrich Sander Hans Volkelt, Klemm, Wellek, Rudert, Undeutsch, daneben Götz Martius, Heinrich Wittmann und Heinz Werner als höchst fruchtbar erwiesen.

Der Wundtsche Begriff der „Schöpferischen Synthese" ist zwar in den folgenden Jahren vielfach mit Ehrfurcht zitiert worden, hat aber sonst keine merkbaren Wirkungen ausgeübt – wenn man nicht den Ehrenfelsschen Begriff der Gestaltqualität selbst als seine logischen Fortentwicklung betrachten will. Denn wenn Wundt die Synthese im Psychischen als „schöpferische" bezeichnete, so wollte er damit nichts anderes zum Ausdruck bringen, als dass man an komplexen seelischen Ganzen Eigenschaften vorfindet, die man bei genauester Kenntnis der Elemente oder Bestandteile, aus denen sie entstanden sind, niemals erwarten würde, und die er Komplexqualitäten nannte.

Genau dasselbe meint auch v. Ehrenfels, wenn er von Gestaltqualitäten spricht, aber zugleich entfallen in seinem Begriff einige störende und sachlich nicht geforderte Bestimmungen, die Wundt dem seinigen beigelegt hatte. Erstens enthält sich von Ehrenfels völlig der genetischen Frage; seine Befunde sind unabhängig von der Art und Weise, wie die fraglichen Ganzen zustande gekommen sind. Zweitens entfällt bei ihm von vorherein die zahllosen bekannten Tatsachen widersprechende Meinung Wundts, Ganzeigenschaften träten nur dort in Erscheinung, wo die konstituierenden Bestandteile in dem Ganzen „verschwinden" oder wenigstens undifferenzierbar werden, wie etwa die den einzelnen Teilschwingungen entsprechenden Töne der Farbe eines Klanges.

Christian von Ehrenfels berührt schon in seiner grundlegenden Schrift eine Fülle von Problemen, die sich im Zusammenhang mit seiner Entdeckung der Gestaltqualitäten stellten. Diese offenen Probleme aufgegriffen und zu überraschenden, revolutionierenden Lösungen geführt zu haben, ist Max Wertheimers bleibendes Verdienst.

Wertheimer, 1880 in Prag geboren, war nicht er erste Gelehrte seiner Familie. Der berühmteste seiner Vorfahren war Rabbi Samson Wertheimer von Worms, der seit 1684 als Kaiserlicher Oberfaktor, d. h. als Finanzsachverständiger, am Hof der Kaiser Leopold und Josef in Wien tätig war und sich durch eine Neuausgabe des babylonischen Talmud einen Namen machte. Max Wertheimers Vater hatte in Prag eine private Handelsschule. Er selbst hatte eine Zeitlang zwischen der Laufbahn eines Musikers und der eines Gelehrten geschwankt und spielte noch im Jahre 1931 dem Schreiber eine gewaltige vierstimmige Fuge vor, die in jener Zeit entstanden war. Auch seine ersten wissenschaftlichen Studien galten nicht der Psychologie, sondern der Rechtswissenschaft.

Unter den von v. Ehrenfels angeschlagenen Themen beschäftige ihn schon früh die Frage nach der Ausbildung und Abgrenzung der Gestalten, der Träger der Gestaltqualitäten. Die Überlegungen und Versuche zu dieser Frage fanden ihren Niederschlag aber erst in der berühmten „Punktarbeit", der zweiten der Untersuchungen zur Lehre von der Gestalt aus dem Jahre 1923. Sein entscheidender Schritt über den Lehrer hinaus, durch welchen die Lehre von den Gestaltqualitäten erst zur Gestalttheorie im eigentlichen Sinne wurde, waren die im Zusammenhang damit erfolgte Entdeckung des natürlichen Ganzen und des natürlichen Teils und die Entdeckung des Prägnanzprinzips, nach welchem die natürlichen Teile sich ausbilden, weiter die Entdeckung der unmittelbaren wechselseitigen Abhängigkeit der Teile eines Ganzen, mit anderen Worten: der außerörtlichen, translokalen Bedingtheit der Beschaffenheit der Teile, und vor allem die Entdeckung der Rolle oder Funktion des Teils in einem Ganzen und ihre entscheidende Bedeutung nicht nur für das Auffassen des unmittelbar Gegebenen, sondern vor allem auch für das Denken.

Einige eindrucksvolle Beispiele für den Funktionswandel von Teilbeständen in wechselnden Gesamtkonstellationen sind aus diesen Arbeiten in späteren denkpsychologischen Erörterungen übernommen worden. Das grundsätzlich Neue gegen Ehrenfels lässt sich mit kurzen Worten etwa so kennzeichnen: Kommt nach der Meinung von v. Ehrenfels bei der Ausbildung eines Ganzen aus einfachen Teilen etwas Neues hinzu, hinzu zu den Eigenschaften, die an diesen Teilen auch außerhalb des fraglichen Verbandes zu beobachten sind, und die sie nach der von ihm zunächst nicht bezweifelten allgemeinen Auffassung seiner Zeit unverändert in das Ganze einbringen, so unterscheidet sich die Gestalt von der Summe ihrer Teile nach Wertheimer nicht mehr nur durch dieses hinzukommende Neue, sondern innerhalb des Ganzen ist gewissermaßen alles neu. Jeder Teil ist modifiziert durch seine neue Einbettung, und jeder Teil hat neue, wesentliche Eigenschaften, die er außerhalb des Ganzen als Einzelinhalt gar nicht haben konnte, falls er überhaupt noch als natürlicher Teil ausgegliedert ist.

Zum ersten klassischen Beispiel dieses völlig Neuen bei komplexer Reizung wurde die stroboskopische Scheinbewegung: im günstigsten Fall ergibt sich dabei, anstelle eines aus dem Gebilde A und dem Gebilde B zusammengesetzten Paares mit allen möglichen Beziehungen und hinzukommenden Ganzqualitäten dieses aus A und B zusammengesetzten Ganzen, ein einziges von der Stelle A nach der Stelle B sich bewegendes Gebilde X, ja im Grenzfall sogar ein objektloses Sich-Bewegen von der Stelle A nach der Stelle B.

Darum besteht die Ansicht zu Recht, dass sich die Gestalttheorie als solche in den Untersuchungen über das Sehen von Bewegungen aus dem Jahre 1912 zum ersten Male der Öffentlichkeit vorstellte, obwohl in der kurz zuvor erschienenen Arbeit über das Denken der Naturvölker schon wesentliche Ergebnisse über die Bedeutung von Ganzheitsbildungen, Strukturen und Strukturfunktionen von Teiltatbeständen im Denken, speziell im Umgang mit Mengen, enthalten waren.

Fast zugleich, spätestens unmittelbar anschließend, entstanden dann die beiden erst zehn Jahre später erschienenen Untersuchungen von Wilhelm Fuchs über Durchsichtigkeit und farbige Angleichung, in denen die Wechselwirkungen zwischen den Teilen von Ganzen und die Entstehung sehr bestimmter neuer Ganzeigenschaften unter definierbaren Bedingungen beispielhaft demonstriert wurden. In beiden Arbeiten ist die Klaue des Löwen unverkennbar. Es ist Wertheimers unverkennbare Art, Probleme anzugreifen, die auch in späteren Schüler- und Freundesarbeiten immer wieder hervortritt.

In der Bewegungsarbeit wird nun auch eine unvermeidliche weitere Gedankenrichtung deutlich, eine Gedankenrichtung, die den damaligen Lesern dieser Arbeit am stärksten in die Augen gefallen zu sein scheint.

Es wurde nämlich die Frage unausweichlich, welche Eigenschaften das Nervensystem und die sich in ihm abspielenden Erregungsvorgänge besitzen müssen, um allen diesen zunächst aus reiner Phänomenologie von Wahrnehmungsgegebenheiten abgeleiteten Forderungen zu entsprechen und ob solche Eigenschaft des Nervensystems physiologisch überhaupt denkbar seien. Diese Frage ist klar gestellt in dem zunächst etwas irreführen als „physiologischer Kurzschluss" und später einfach als „physiologische Querfunktion" (lateral interaction) bezeichneten Ansatz, und sie musste nach den damaligen nervphysiologischen Kenntnissen schlicht verneint werden.

Denn es gab nach diesen für das Geschehen im Nervensystem nur zwei Möglichkeiten: entweder die Leitung in festliegenden, gut isolierten Bahnen, oder das Versagen dieser Isolierung, das nur diffuse Irradiation in unzugehörige Bereiche, also im Endeffekt nur ungeordnete, chaotische Zustände zur Folge haben kann.

Etwa in das Jahr 1910 ist ein Ereignis zu datieren, das wohl ohne besondere Absicht dann zur Bildung einer Schule führte. War die neue Psychologie bisher im Wesentlichen das Gedankengut eines einsamen Denkers gewesen, so fanden nun im Frankfurter Institut Gespräche mit Wolfgang Köhler und Kurt Koffka, wohl auch mit Adhemar Gelb und Goldstein statt, in denen der zündende Funke übersprang und der Grund zu der Freundschaft und der Zusammenarbeit gelegt wurde, die bis zu Wertheimers vorzeitigem Tod im Jahre 1943 fortdauerte. Es entstand das, was später, als Köhler und Wertheimer gemeinsam am Psychologischen Institut der Universität Berlin tätig waren, „Berliner Schule" genannt wurde.

Von den Veröffentlichungen der folgenden Jahre können nur einige der hervorstechendsten genannt werden.

Die ersten, entscheidenden Beiträge der neugewonnenen Mitarbeiter waren kritischen Auseinandersetzungen mit gängigen Lehren gewidmet, in denen die Summe der Sinneserregungen gewissermaßen als Denksportaufgabe für den urteilenden menschlichen Geist betrachtet wurde, der diese nie beobachtbare Erregungssumme nach überphysiologischen Prinzipien bearbeiten und auswerten sollte. Die anschauliche Welt, das unmittelbar Gegebene, soll das Ergebnis solcher geistigen Bearbeitungsvorgänge sein, ganz im Gegensatz zum Augenschein, nach welchem wir diese Welt eben nicht aktiv gestalten, sondern gestaltet vorfinden.

Es handelt sich um Köhlers scharfsinnige und heute, nach Einbruch der Informationstheorie, aufs neue aktuelle Auseinandersetzung mit der experimentell vor allem von Benussi vertretenen „Produktionstheorie" Alexius Meinongs (1915).

Der erste Weltkrieg unterbrach diese Entwicklung zum Glück nicht vollständig. Während Wertheimer mit von Hornbostel zusammen in Berlin u. a. für die praktischen Zwecke militärischer Ortung aufgrund seiner Zeitdifferenzierungstheorie der Schallrichtungswahrnehmung ein dem Scherenfernrohr analoges Hörgerät zur genaueren Feststellung der Richtung von Abschüssen entwickelte, konnte Köhler vier Jahre unfreiwilliger Klausur auf Teneriffa ungestört ausnutzen, um theoretisch und experimentell vorwärts zu dringen. Am bekanntesten wurden von seinen Ergebnisse die Intelligenzprüfungen an Menschenaffen, in denen er zeigen konnte, dass diesen Tieren unter einfachen Bedingungen Problemlösungen möglich sind, die offenbar auf eine Weise zustande kommen, die ganz den Wertheimerschen Vermutungen über die Natur produktiver Denkvorgänge entspricht.

Die Arbeit Köhlers, die zu den wenigen klassischen Werken der Psychologie gehört, enthält eine überlegene Auseinandersetzung mit der Lerntheorie von Thorndike; sie anerkennt, dass das Lernen im Sinne des natürlichen Erwerbs von Erfahrungen zwar vielfach durch blindes Probieren und Festhalten an der erfolgreichen Verhaltensweisen (trial and error) erfolgt, ja, dass es in gewissen Situationen gar keine andere Möglichkeit des Lernens gibt; aber sie zeigt zugleich, dass das Erfolgslernen nicht die einzig mögliche, sondern eine unter mehreren Formen des Lernens ist und dass neben ihm das von Köhler bei den Schimpansen gefundene und gesicherte „einsichtige Lernen" eine bedeutsame Rolle spielt.

In den fast gleichzeitig erschienenen Akademie-Abhandlungen „Nachweis einfacher Strukturfunktionen" und „Optische Untersuchungen am Schimpansen und am Haushuhn" konnte Köhler zeigen, dass die von Wertheimer entdeckte Rolle der Teile auch bei diesen Tieren von Bedeutung ist, also kein Privileg des Menschen darstellt, und dass vor allem die angenäherte Konstanz gewisser Eigenschaften der Wahrnehmungsdinge auch bei Tieren in vollem Maße besteht, denen nicht entfernt etwas ähnliches wie die menschliche Urteilsfähigkeit zugesprochen werden kann. Dadurch war der Helmholtzschen Urteilstheorie die wichtigste Stütze entzogen. Köhlers Befunde an Größen und Helligkeiten wurden später von Katz und Revesz an farbigen Beleuchtungen in vollem Maße bestätigt.

Zugleich oder unmittelbar anschließend entstand das grundlegende theoretische Werk über „Die physischen Gestalten", 1920 erschienen, in welchem die von Wertheimer 1912 gestellte Frage, ob Hirnvorgänge von der Art, wie sie in der Gestalttheorie von den Phänomenen her gefordert waren, physikalisch und physiologisch denkbar seien, nach umfassenden Untersuchungen und Erwägungen, die in einer völligen Beherrschung der damaligen, von Max Planck vertretenen Physik ihre Grundlagen hatten, bejaht wurde. Seit dieser Arbeit blieb Köhler der Psychophysiker der Gestalttheorie, worauf wir später nochmals zurückkommen.

Der erste Weltkrieg war vorbei, Köhler war 1922 als Nachfolger von Carl Stumpf nach Berlin berufen worden, und es begann das unvergessliche Jahrzehnt, in dem am Berliner Psychologischen Institut im alten kaiserlichen Schloss, das inzwischen der Spitzhacke der neuen Machthaber zum Opfer gefallen ist, Köhler und Wertheimer mit Kurt Lewin und E. M. von Hornbostel zusammenarbeiteten und wieder aus aller Welt die jungen Psychologen zusammenströmten, um unter ihrer Leitung zu arbeiten, ähnlich wie sie in den Jahrzehnten vor und nach 1900 in das Wundtsche Institut nach Leipzig geströmt waren.

Die „Psychologische Forschung" wurde gegründet, und neben zahlreichen, z. T. höchst bedeutsamen Einzelarbeiten begannen in ihr die großen Reihen von Untersuchungen aus den verschiedenen Mitarbeiterkreisen zu erscheinen: Neben Wertheimers „Untersuchungen zur Lehre von der Gestalt" die Fortsetzung der von Koffka herausgegebenen Reihe „Beiträge zur Psychologie der Gestalt" sowie die Fortsetzung der großen Reihe „Psychologische Analysen hirnpathologischer Fälle", in der A. Gelb und K. Goldstein mit ihren Schülern und Mitarbeitern die Veränderungen des Erlebens und Verhaltens einer Anzahl von Hirnverletzten des ersten Weltkrieges mit den begrifflichen und methodischen Mitteln der Gestalttheorie zu beschreiben und zu klären unternahmen; seit 1926 dann endlich die große Reihe von Kurt Lewin und seinen Schülern „Untersuchungen zur Handlungs- und Affektpsychologie".

Eine Reihe wichtiger Sammelreferate erschien außerdem in dem von A. Bethe herausgegebenen Handbuch der normalen und pathologischen Physiologie; hier sind besonders die beiden Beiträge von von Hornbostels „Zur Psychologie der Gehörserscheinungen" und über „Räumliches Hören", Koffkas Beiträge über Gestalt- und Bewegungswahrnehmung sowie Gelbs Beitrag zum Problem der Farbenkonstanz zu nennen. Koffka war inzwischen auf den Lehrstuhl in Gießen berufen worden, wanderte aber schon 1926 nach den Vereinigten Staaten von Nordamerika aus und brachte erst dort seine bedeutendsten Beiträge zum Abschluss. Es sei nur das große zusammenfassende Werk „Principles of Gestalt Psychology" genannt mit seiner breit ausgebauten Theorie des Gedächtnisses, außerdem die scharfsinnige Abhandlung zur Theorie der Farbkonstanz, in welcher so wie alles, was man heute als central tendency Harry Helson zuschreibt, schon klar gesagt ist.

Die zwanziger Jahre brachten von Wertheimer und seinen nächsten Mitarbeitern in der Wahrnehmungslehre die schon erwähnte grundlegende Arbeit über die Gruppierungs- und Gliederungsfaktoren in der zweiten Untersuchung zur Lehre von der Gestalt, dazu ihre scharfsinnige Verteidigung gegen die G. E. Müllersche

Auffassungstheorie und gegen R. Rignano durch Wolfgang Köhler, außerdem als beachtlichen Beitrag zur Kenntnis der innergestaltlichen Wechselwirkungen die Arbeit „Gestalt und Kontrast" von Benary. Als Beitrag zur Kenntnis der Bedeutung der Teilfunktionen über das Bewegungssehen sind die Untersuchungen von Josef Ternus über phänomenale Identität zu nennen, daneben als erster Beitrag zur Frage der Rolle der Prägnanztendenzen beim räumlichen Sehen des Einzelauges die Arbeit von Koppermann über die Bedingungen der dreidimensionalen Auffassung zweidimensionaler Zeichnungen. Der Übergang zur Ausdruckslehre wurde fast zeitgleich an drei verschiedenen Stellen vollzogen, und zwar in den Wertheimer angeregten und geleiteten Untersuchungen zur Ausdruckslehre von Arnheim, im 8. Kapitel der „Psychologischen Probleme" von Köhler, die schon in den zwanziger Jahren in englischer Sprach erschienen waren, und in der Untersuchung Lewins über „Kindlichen Ausdruck", die als Anhang zu William Sterns „Psychologie der frühen Kindheit" gedruckt wurde.

Wertheimer selbst konzentrierte sich mehr und mehr auf die Lehre vom produktiven Denken. Er hielt in Berlin regelmäßig Vorlesungen über dieses Thema. Im Druck erschien freilich zunächst nur die grundlegende Untersuchung über „Schlussprozesse im produktiven Denken" (1920); 1933, kurz vor der Auswanderung, die kurze, aber inhaltsreiche Untersuchung über den Unterschied zwischen Einzelinhalt und Teil im 129. Bd. der „Zeitschrift für Psychologie".

Erst nach seinem Tod in den Vereinigten Staaten erschien die Zusammenfassung wenigstens eines Teiles seiner Ergebnisse in dem Werk „Productive Thinking". Zur Willens- und Persönlichkeitslehre liegt von ihm außer zerstreuten Bemerkungen nichts vor, dagegen wieder ein sehr beachtlicher grundlegender Beitrag zur Sozialpsychologie, die zwar von H. Schulte unterzeichnet ist, dessen gedankliche Herkunft von Wertheimer aber in der ganzen Diktion unverkennbar ist, „Versuch einer Theorie der paranoischen Eigenbeziehung und Wahnbildung" lautete der Titel. Dieser Ansatz einer Gestalttheorie der Wir-Gruppe bringt Wertheimer ganz in die Nähe von Alfred Adler, den er stets mit Achtung und Wohlwollen zitierte, während er Freud und seinen Schülern, und zwar ausdrücklich vor allem wegen ihrer wissenschaftlich nicht verantwortbaren Vernachlässigung des Verifikationsproblems, mit äußerster Reserve gegenüberstand. Wertheimer wurde 1929 nach Frankfurt berufen, wohin ihm der Schreiber 1931 folgte.

Köhler begann in den zwanziger Jahren seine Untersuchungen zur Theorie des Spurenfeldes, angefangen mit der – später von O. von Lauenstein fortgeführten – Arbeit über den Sukzessivvergleich. Von den späteren Arbeiten auf diesem Gebiet sind vor allem die mit H. von Restorff gemeinsam durchgeführten zu nennen. Daneben ging die Klärung grundsätzlicher Fragen zur Psychophysik weiter. Als erste Station ist hier das Sammelreferat „Gestaltprobleme und Anfänge einer Gestalttheorie" von 1925 zu nennen, in dem vor allem das Postulat der Freizügigkeit des Geschehens im Nervensystem, die Unterscheidung zwischen maschinell und dynamisch geordnetem Geschehen und das Problem der Erreichung ausgezeichneter Endzustände auf nicht vorgezeichneten, je nach Art und Lage des Ausgangszustandes wechselnden Wegen samt den biologischen Anwendungen, weiter erörtert wurde. Die hier begonnene Auseinandersetzung mit dem Neovitalismus Hans Drieschs wurde fortgesetzt in zwei Abhandlungen über das Problem der Regulation und über die Boltzmannsche Theorie des zweiten Hauptsatzes, die gegen Ende der zwanziger Jahre erschien. Zugleich folgte in dem Aufsatz „Ein altes Scheinproblem", in den „Naturwissenschaften" erschienen, die Klärung des Verhältnisses zwischen physikalischer und Wahrnehmungswelt in einer Weise, die den unglücklichen Begriff der Projektion des Wahrgenommenen, der schon seit Schopenhauer in der Erkenntnistheorie und Wahrnehmungslehre herumspukte, als überflüssig erwies.

Die berühmt gewordenen Untersuchungen zur Psychophysik der figuralen Nachwirkungen und die ersten Hypothesen zur Psychophysik des Wertens und Strebens erschienen erst nach der Emigration. Sie gehören daher nicht mehr in eine Geschichte der Gestalttheorie in Deutschland. Dagegen erschien noch in den zwanziger Jahren aus Köhlers Feder die erste zusammenfassende Darstellung der Gestalttheorie aufgrund von zehn in Amerika gehaltenen Vorträgen, und dem Titel „Gestalt Psychology", später, 1933, deutsch als „Psychologische Probleme".

Der dritte im Bunde, Kurt Lewin, ein Schüler Stumpfs, hatte sich zunächst mehr mit Wissenschaftslehre und Erkenntnistheorie („Der Begriff der Genidentität") beschäftigt. Doch ist schon seine früheste Veröffentlichung „Kriegslandschaft" ein hervorragender phänomenologischer Beitrag zur Frage der Bedürfnisbedingtheit der Wahrnehmung, der erst viel später in Amerika wieder, und zwar auf ärmeren phänomenologischen Grundlagen, aufgegriffen wurde.

Der Anschluss Lewins erfolgte in den zwanziger Jahren ganz allmählich, beginnend mit seiner Untersuchung über „Das Problem der Willensmessung". Mit der Widerlegung der Achschen Theorie der Vornahmehandlung, wobei die neue Unterscheidung zwischen Triebgewohnheit und Ausführungsgewohnheit eingeführt wurde, und mit der experimentellen Begründung und Sicherung einer neuen dynamischen Theorie erst der Vornahmehandlung, dann der Handlung überhaupt, für welche ein System gespannter, z. T. kommunizierender Spannungssysteme vorausgesetzt wurde. Lewin legte seinen Ansatz zuerst in zwei später unter dem Titel „Vorsatz, Wille und Bedürfnis" zusammengefassten Abhandlungen dar und baute ihn dann in einer Reihe z. T. weltberühmt gewordener Schülerarbeiten weiter aus.

Wir greifen mehr oder weniger willkürlich die Arbeiten von Zeigarnik über das Gedächtnis für vollendete und unvollendete Handlungen, von Ovsiankina über das Vergessen einer Vornahme, von Hoppe über Erfolg und Misserfolg, von Jucknat über das Anspruchsniveau, von Karsten über psychische Sättigung, von

Schwarz über Rückfälligkeit bei Umgewöhnung, von Dembo über den Ärger, von Birenbaum und Lissner über Ersatzhandlungen, heraus. Von Lewin selbst ist die klassische Untersuchung über die psychologische Situation bei Lohn und Strafe zu nennen, in welcher der Übergang zur Analyse der Struktur des Handlungsfeldes erfolgte.

Von hier aus kam Lewin zu der grundlegenden und folgenreichen Unterscheidung der Augenblickssituation und der Lebenssituation und folgerichtig weiter zu den bekannten, noch umstrittenen Entwürfen einer topologischen und einer hodologischen Psychologie, die freilich erst nach der Emigration ausgebaut und veröffentlich und dort um eine Fülle sozialpsychologischer Ansätze und Untersuchungen erweitert wurde, die in den USA zur Bildung einer höchst aktiven sozialpsychologischen Schule führten.

Unter den Studenten des Berliner Instituts befand sich Anfang der dreißiger Jahre eine ganze Reihe von jungen Forschern, von denen man eine kompetente Weiterführung des begonnenen Werkes erhoffen konnte. Außer dem im Krieg gefallenen O. von Lauenstein ist hier besonders Karl Duncker zu nennen mit seiner grundlegenden Untersuchung über „Induzierte Bewegung", in der zum ersten Mal die von Wertheimer schon 1912 in dem Anhang zu seiner Bewegungsarbeit betonte Bedeutung der Bezugssysteme in ihren ganzen Tragweite erfasst war, und mit seiner Monographie „Zur Psychologie produktiven Denkens". Nachdem er, zweifellos infolge der politischen Wirren, in den USA vorzeitig aus dem Leben geschieden war, fanden sich bei ihm noch drei grundlegende phänomenologische Untersuchungen vor: Über die Phänomenologie des realen Objekts, über den Hedonismus und über ethische Relativität, die ihn als bedeutendsten aus der Schülergeneration bestätigen.

Abgesehen von Richard Meili der in Bern, seiner Heimat, Begabungs- und Entwicklungsforschung betreibt, kamen auch fast sämtliche übrigen jungen „Berliner" erst in Amerika zum Zuge, darunter Rudolf Arnheim (Art and visual perception), Fritz Heider (The psychology of interpersonal relations), Hans Wallach (vor allem durch die großen, mit Köhler gemeinsam durchgeführten Untersuchungen über „Figurale Nachwirkungen" bekannt), Tamara Dembo und Ovsiankina, die sich dort ebenfalls durch eine Reihe z. T. noch mit Kurt Lewin zusammen durchgeführter Spezialuntersuchungen einen Namen machten.

In Deutschland blieb wenig zurück; außer Margarete Eberhardt, die später eigene Wege ging, sind von den Berlinern der zwanziger Jahre eigentlich nur zwei zu nennen: Zum Ersten Kurt Gottschaldt, der nach seiner großen Untersuchung über die Wirkungslosigkeit gehäufter Erfahrung für die Gliederung des Sehfelds und seinen Arbeiten über den Aufbau des kindlichen Handelns in den dreißiger Jahren vor allem durch seine Zwillingsuntersuchungen bekannt wurde, seit 1945 in unermüdlicher Arbeit das „Institut für Psychologie" der Humboldt-Universität

Berlin zum größten und besteingerichteten Institut Europas auf- und ausgebaut, und während der fünfziger Jahre in der von ihm neugegründeten „Zeitschrift für Psychologie" eine Fülle wertvoller Untersuchungen aus den verschiedensten Gebieten der Psychologie veröffentlich hatte, aber im Jahre 1962 Mitteldeutschland verließ und seitdem in Göttingen tätig ist; und zweitens ich selbst, der um die Wende der dreißiger Jahre mit der Übertragung der Wertheimerschen Gestaltgesetze auf Geschehenseinheiten, mit der Anwendung des Prägnanzprinzips auf die einäugige Tiefenwahrnehmung und mit der Psychophysik der Größenwahrnehmung beschäftigt war, 1931 Wertheimer nach Frankfurt folgte, später, als infolge der neuen politischen Lage das Experimentieren kaum noch möglich war, erst den Ertrag der Gestalttheorie für die psychologische Optik in seinen „Gesetzen des Sehens" (1953) und dann die Grundbegriffe und Grundannahmen diese Lehre in seiner „Psychologie" zusammenzufassen versuchte und es schließlich unternahm, aus Köhlers Lehre von den ausgezeichneten Endzuständen eine Theorie und Didaktik des schöpferischen Verhaltens zu entwickeln.

Aus der nächsten Generation sind vor allem zu nennen: Edwin Rausch, ein Frankfurter Schüler Wertheimers, mit seinen scharfsinnigen Untersuchungen zum Begriff der Summativität und weiteren bedeutenden wahrnehmungspsychologischen Arbeiten, ferner Wilhelm Witte, der in Tübingen u. a. mit einer Reihe von Untersuchungen zur Lehre von den Bezugssystemen beschäftig war und seit 1964 den zweiten Lehrstuhl für Psychologie in Münster innehat.

Besonders freut sich der Anhänger über die Freundschaft und das Verständnis bedeutender Gelehrter aus Nachbarländern, so u. a. des großen Michotte in Löwen, Gunnar Johansson in Uppsala und einer Gruppe höchst aktiver jüngerer italienischer Gelehrter, darunter F. Metelli in Padua, G. Kanisza in Triest und R. Canestrari in Bologna, samt der Schar ihrer Schüler, die vornehmlich, aber nicht ausschließlich, mit psychologischer Optik beschäftigt sind. Nicht weniger bedeutsam als das Verständnis der geographischen Nachbarn ist das der wissenschaftlichen Nachbarn, vor allem der Physiologen. In diesem Zusammenhang ist aus dem deutschen Sprachbereich vor alle der große Albrecht Bethe und sein ebenso bedeutender, leider 1963 vorzeitig verstorbener Schüler E. von Holst zu nennen, mit denen das wissenschaftliche Gespräch stets höchst fruchtbar und ertragreich gewesen ist, ferner Coghill, Lashley, von Bertalanffy und von Bekesy.

Zu den Geisteswissenschaften war das Verhältnis wegen alter, spezifisch deutscher und schwer bekämpfbarer Vorurteile gegen eine experimentierende Wissenschaft vom Menschen jahrzehntelang wenig befriedigend, doch scheint das Eis gerade jetzt zu schmelzen, und es sind in Münster, wo der Schreiber seit zwanzig Jahren tätig ist, im Jahre 1962 besonders von Seiten der Sprach- und Literaturwissenschaft, leider noch nicht von Seiten der Pädagogik, erfreuliche Kontakte aufgenommen worden, die hoffentlich nicht mehr abreißen. (Metzger, W., 1963, 11–21)

Wieso sehen wir die Welt außerhalb von uns? 4

(Köhler, W., 1929)

Köhler (1929) greift ein altes – schon vorher diskutiertes – Problem auf: Wieso sehen wir die Welt draußen, obwohl doch die Wahrnehmung auf Prozessen in unserem Kopf basiert? Auf dem Hintergrund des von der Gestalttheorie vertretenen kritischen Realismus (s. Beitrag 2 von Guss) erweist sich dieses Problem als Scheinproblem. Diese erkenntnistheoretische Richtung trennt scharf zwischen der phänomenalen (anschaulichen) und transphänomenalen (physischen) Welt, die uns nicht zugänglich ist. Das gilt etwa auch für die physiologischen (und physischen) Prozesse in unserem Körper. Phänomenal sind dagegen die Außenwelt, aber auch die Wahrnehmung des Körpers und etwa auch dessen Bewegungen, und beide – einschließlich der Verknüpfungen zwischen ihnen – haben ihre gemeinsame Repräsentation im Gehirn. Sowohl die physiologischen Prozesse zum Gehirn hin wie auch diejenigen innerhalb des Gehirns werden von uns nicht wahrgenommen, dagegen ihre anschaulichen Auswirkungen, und diese schließen das Ich und seine Umgebung mit ein.

Wieso haben wir die Dinge der anschaulichen Welt vor uns, außerhalb von uns, da doch heute jedermann weiß, dass sie von Prozessen in unserem Inneren, im Zentralnervensystem, bedingt sind?
 Ein Psychologe wird in der Regel die einfache Auflösung dieses sonderbaren Problems sofort angeben können. Aber dass sie allgemein bekannt wäre, darf man nicht behaupten. Nicht nur ein Philosoph wie SCHOPENHAUER übernimmt die verkehrten Voraussetzungen jener Frage ohne Kritik und muss dann die kühnsten Annahmen machen, um sie zu beantworten. Viele der größten Physiologen, unter ihnen sogar HELMHOLTZ, haben an dieser Stelle keine volle Klarheit gefunden.
 An die Abfolge physischer Vorgänge zwischen Ding und Sinnesorgan schließen sich weitere Hergänge an, die durch Nerven und Nervenzellen bis in be-

stimmte Hirnregionen fortgepflanzt werden; und irgendwo in diesen Regionen kommen Prozesse zustande, an deren Stattfinden die Anschauung überhaupt und damit auch das Vorhandensein von Anschauungsdingen gebunden ist. So wird ein physisches Ding, welches das Tageslicht anders reflektiert als seine Umgebung, der Ursprung einer langen Reihe sich sukzessive bestimmender Fortpflanzungs- und Umsetzungsvorgänge durch recht verschiedene Medien hindurch, bis am Ende ein Prozesskomplex zustande kommt, den man als den physiologischen Träger des entsprechenden anschaulichen „Sehdinges" bezeichnen kann. Da es offenbar unsinnig wäre, den Ausgangspunkt und eine so späte oder entfernte Phase dieser Wirkungsreihe miteinander zu identifizieren, so lässt diese geläufige Überlegung wohl Ähnlichkeiten irgendeines Grades zwischen dem Anschauungsding und seinem Partner in der physikalischen Umwelt zu; aber beide stellen jedenfalls mindestens so verschiedene Existenzen dar, wie es das physikalische Ding und der an ganz anderer Raumstelle verlaufende Hirnprozess sind, von welchem das Vorhandensein des Anschauungsdinges unmittelbar abhängt.

Wenn ich einen Schuss auf eine Scheibe abgebe, so wird niemand behaupten, man dürfe das Loch in der Scheibe mit dem Revolver identifizieren, von dem das Geschoss ausging. Genau ebenso wenig kann natürlich das Anschauungsding mit dem physikalischen Ding identifiziert werden, von welchem die betreffenden Reize ausgegangen sind. Unter gar keinen Umstanden hat das Anschauungsding etwas an der Stelle des physikalischen Raumes zu tun, wo sich das „zugehörige" physikalische Ding befindet.

Wenn es überhaupt an irgendeinem Punkt des physikalischen Raumes untergebracht werden soll, dann gehört es offenbar noch am ersten an die Stelle im Hirn, wo der unmittelbar zugehörige physiologische Prozess abläuft. Man sieht bei SCHOPENHAUER, bei HELMHOLTZ, bei dem oben angeführten Mediziner und bei jedem, für den jenes Paradoxon besteht, auf den ersten Blick, dass sie gerade eine solche Lokalisation von Anschauungsdingen und anschaulichen Beschaffenheiten für die natürliche halten würden. Statt dessen aber haben wir die Anschauungsdinge ohne Zweifel vor uns, außerhalb von uns.

Es liegt nahe genug zu sagen, dass Bestandteile der anschaulichen Welt prinzipiell an keinem Ort der physikalischen Körperwelt lokalisiert gedacht werden dürfen, da anschauliche und physische Lokalisation inkommensurable Daten seien. Deshalb komme auch Lokalisation eines Anschauungsdinges im Innern des Gehirns nicht in Betracht.

Man muss sich jedoch die Beantwortung unserer Frage nicht zu leicht machen. Eine solche rein negative These löst das nun vorliegende Problem gewiss nicht auf. Denn dieses wird ja darin gefunden, dass die anschaulichen Dinge in einer bestimmten Lage doch gerade relativ zu unserem Körper, nur nicht in ihm, sondern außerhalb von ihm lokalisiert sind. So scheint die einfachste Erfahrung dem eben angeführten erkenntnistheoretischen Argument zu widersprechen. In der Tat findet man deshalb bei Biologen und sogar Philosophen die Annahme, dass das anschauliche Ding auf irgendeine Art („Projektionszwang") wieder aus dem Körper hinaus in den physikalischen Außenraum und womöglich gerade an den Ort seines physikalischen Partners zurückverlegt werde. So phantastisch eine solche Vorstellung auch sein mag – man ist leider gewohnt, auf psychologischem Gebiet allerhand Hypothesen zuzulassen, wie sie in ähnlicher Verworrenheit auf rein naturwissenschaftlichem Gebiet niemand dulden würde. Auch fehlt es wohl nicht an solchen, die in einer so abenteuerlichen Leistung die Überlegenheit des Geistes über die beschränktere Natur ausgedrückt finden würden.

Zu dem erkenntnistheoretischen Satz von der Inkommensurabilität physikalischer und anschaulicher Lokalisation aber ist folgendes zu sagen. Angenommen, er sei absolut korrekt und die Anschauungsgesamtheit einer Person einfach deshalb im physikalischen Weltganzen nicht irgendwo bestimmt lokalisierbar, weil keinerlei direkte Feststellung über das Lokalisationsverhältnis von Anschauungsdaten und physischen Daten auch nur erdacht werden könne, dann folgt gerade daraus, dass wir uns die Anschauungsgesamtheit eines Menschen nach Belieben dort in der physischen Welt denken dürfen, wo uns das unser Vorstellen in irgendeiner Hinsicht erleichtern könnte. So ein Vorgehen wird bei konsequenter Durchführung niemals eine Unstimmigkeit ergeben können, gerade weil wir es in der Tat stets mit Relativlokalisation entweder physischer Daten oder anschaulicher Gegebenheiten je unter sich, hier aber mit Lokalisation der einen relativ zu den anderen zu tun bekommen sollen. Nun ist nach unserer Grundauffassung die Anschauungsgesamtheit einer Person streng gewissen Prozessen im Zentralnervensystem dieser Person zugeordnet. Es wird also unsere Betrachtung und Ausdrucksweise einfacher gestalten, wenn wir im Folgenden nicht neben Lokalisationsverhältnissen im physischen Raum die räumlichen Verhältnisse der anschaulichen Welt als Angelegenheiten ganz für sich behandeln, sondern uns die Anschauungsgesamtheit und ihre Teilgebiete mit denjenigen Hirnprozessen zur Deckung gebracht denken, die ihnen sicherlich wenigstens zugeordnet sind.

Der Anschauungsraum weist überall Beispiele des „Außereinander" auf. Neben meinem Buch, liegt der Bleistift, noch weiter von beiden steht das Anschauungsding Tintenfass da. Das kommt uns ganz natürlich vor. Der einzige Gedanke, der zur Auflösung jener sonderbaren Problemlage erforderlich ist, besteht nun darin, dass „mein Körper", vor dem und außerhalb von dem die Anschauungsdinge wahrgenommen werden, selbst ein solches Anschauungsding neben anderen im gleichen anschaulichen Raume ist, und dass er auf keinen Fall mit dem Organismus als dem physikalischen Objekt identifiziert werden darf, welches von den Naturwissenschaften, Anatomie und Physiologie untersucht wird. Da man im Anfang, solange diese Unterscheidung noch nicht selbstverständlich ist und damit das Scheinproblem verschwindet, notwendig ein wenig von ihr verwirrt wird, so möge der Sachverhalt stufenweise erläutert werden: Wenn ich meine eigene Hand neben Bleistift und Tintenfass halte, so reflektiert die Hand Licht und dieses reizt mein Auge, genau wie das bei den zwei anderen Objekten der Fall ist. In jenem Hirnfeld, das die physiologischen Korrelate unserer Anschauung (und nach unserer Konvention auch diese Anschauung selbst) enthält, spielen sich also nicht nur zwei Prozessgesamtheiten ab, die den Außendingen Bleistift und Tintenfass entsprechen, sondern noch eine dritte von generell durchaus gleicher Beschaffenheit, mit welcher das Auftreten des Anschauungsdinges Hand verbunden ist. Niemand wundert sich darüber, dass das Anschauungsding Bleistift außerhalb des anschaulichen Dinges Tintenfass liegt.

Aber genau ebensowenig kann man erstaunt darüber sein, dass die Hand als ein drittes Anschauungsding neben beiden und sie wieder außerhalb der Hand erscheinen.

Wie ich aber da am Schreibtisch sitze, ist außer meiner Hand im etwas mehr peripheren Sehfeld auch ein gutes Stück von beiden Armen und von meinem Oberkörper sichtbar. Offenbar sind da Arme und Oberkörper Anschauungsdinge genau so gut wie die Hand, oder auch wie Bleistift und Tintenfass; sie sind genau auf dieselbe Art wie diese physikalisch-physiologisch durch retinale Abbildung und im Nervensystem daran anschließende Prozesse entstanden, folglich auch denselben Regeln der Relativlokalisation unterworfen wie jene Objekte.

Wenn es also verständliche Gründe dafür gibt, dass diese unter den Umständen unseres Beispiels außerhalb voneinander erscheinen, so liegen genau dieselben Gründe für ein Außereinander ihrer Gesamtheit und meines Körpers als eines Anschauungsdinges vor.

Um diese Sachlage noch etwas konkreter vorstellen zu können, führen wir eine Annahme ein, die sicherlich so nicht ganz zutrifft und nachher korrigiert werden muss: Wir wollen voraussetzen, dass dem anschaulichen Nebeneinander zweier Dinge wie Bleistift und Tintenfass und ihrem konkreten anschaulichen Abstand einfach das Nebeneinander und der bestimmte Abstand der ihnen zugehörigen Hirnprozesse entspricht, kurz dass der Anschauungsraum und die räumliche Verteilung der unmittelbar zugehörigen Prozesse im Hirnfeld einander gewissermaßen geometrisch ähnlich oder dass sie sogar kongruent sind. Dann ergibt die Betrachtung des eben besprochenen Beispiels, dass sich jeweils an einer bestimmten Stelle des physikalischen Hirnfeldes der Prozesskomplex für meinen Körper als Anschauungsding abspielt, dass rings um ihn die Prozesse für andere anschauliche Dinge stattfinden, und dass, wegen der gegenseitigen geometrischen Beziehungen dieser Prozesse, im Anschauungsraum überall Anschauungsdinge nebeneinander und dabei sie alle außerhalb eines (für mich) besonders wichtigen von ihnen liegen müssen, das ich „meinen Körper" nenne.

(Aber) wenn wir sagen, irgendein Ding stehe vor „uns", so ist eben, was wir mit „Uns" bezeichnen, *nicht* der Organismus im physikalisch-physiologischen Sinn, sondern ein Anschauungsding neben anderen, das dieselbe Art Relativlokalisation ihnen gegen über aufweisen muss wie sie unter sich. Dabei hängen beide, die anderen anschaulichen Gegenstände wie das „Ich" funktionell von bestimmten Prozessen im eigenen *physikalischen* Körper, und ebenso hängen von der Verteilung dieser Prozesse alle anschaulichen Relativlokalisationen ab.

(Üblicherweise erhalten wir Sinnesdaten über Anschauungsdinge auch über Tast-, Hörsinn etc. Sehr früh in der menschlichen Entwicklung findet deren Integration statt) und damit fügen sich die übrigen anschaulichen Daten dem einen Anschauungszusammenhang ein, der oben zunächst in seiner optischen Erstreckung vor dem optisch gegebenen Körper-Ich beschrieben wurde. Deshalb können wir uns auch die sensorischen Prozesse nicht-optischer Provenienz jeweils an denjenigen Stellen des oben betrachteten Hirnfelds stattfindend vorstellen, wo sich die zugehörigen optischen Prozesskomplexe abspielen.

Eine ganz entsprechende Erweiterung aber ist sogleich auch hinsichtlich der anschaulichen Konstitution unseres Körper-Ichs vorzunehmen. Für dieses und seine wechselnden Zustände sind Sinnesdaten aus haptischer Provenienz sogar zweifellos wichtiger als seine optische Erscheinung, die ja für uns selbst stets eine recht unvollkommene bleibt. Wie unsere anschauliche Umwelt sich durch Betasten bereichert, dabei aber eine in hohem Maße korrekte Zusammenordnung von optischen Anschauungsdingen und Tastgegebenheiten in einem Anschauungsraum gewahrt bleibt, so gliedert sich, was wir von uns selbst durch Berührung spüren, im Groben richtig mit dem Sehding „eigener Körper" an und ein. In dieselbe Region des anschaulichen Raumes wird, wieder hinreichend passend, eine Fülle von Daten eingezeichnet, die es im Wesentlichen nur für den eigenen anschaulichen Körper und seine Glieder gibt, und über deren physiologische Fundierung in Sinnesorganen der Haut, der Muskeln, Gelenke usw. wir bisher nicht ganz vollständig unterrichtet sind. Es versteht sich von selbst, dass als eine der wichtigsten Gruppen von anschaulichen Daten diejenige nicht vergessen werden darf, die Änderung und Bewegung des anschaulichen Körpers und seiner Glieder betrifft.

Die Anstrengung, welche ich eben in meinem rechten Arm spüre, indem ich die Faust balle, ist in dem Gebilde lokalisiert, das ich sehend meinen rechten Arm nenne, u. s. f. Wiederum wird auch die hirnphysiologische Konsequenz zu ziehen sein, dass die Daten aller dieser verschiedenen Sinnesorgane zur Bestimmung eines *einzigen* in sich geschlossenen Prozesskomplexes führen, dessen anschauliches Korrelat eben „ich" heißt. Deshalb wird hirnphysiologisch wie anschaulichphänomenologisch durch die „sensorische Heterogenität" des anschaulichen Ich sowie der anschaulichen Umwelt gewiss nichts an dem Tatbestand geändert, dass das eine von Bestandteilen des anderen *umgeben* ist und keinerlei Grund besteht, weshalb die anschauliche Umwelt im anschaulichen Ich auftreten sollte.

Die neuere Wahrnehmungspsychologie hat wohl zwingend erwiesen, dass als physiologische Grundlage der anschaulichen Raumordnung nur Prozessausbreitung in funktionellem Zusammenhang, sowie Abstufungen und Gliederungen in einem solchen Zusammenhang in Betracht kommen. Die physiologische Theorie des Anschauungsraumes müsste danach dynamischen, nicht geometrischen Charakter haben. Die Symmetrieeigenschaften einer gesehenen Kreislinie z. B. würden nicht auf den nur geometrischen Beziehungen zwischen den Orten unabhängiger Einzelprozesse beruhen, sondern darauf, dass in einem ausgedehnten Prozessganzen, das dem gesehenen Kreis zugrunde liegt, entsprechende Symmetrie des Funktionszusammenhanges besteht.

Vielleicht am wichtigsten aber (wird der gleiche Gesichtspunkt) für das Verständnis des Aufbaues des anschaulichen Ich aus genetisch so sehr verschiedenartigem sensorischem Material sein. Wieder wird man ernstlich nicht daran denken können, dass in dem betreffenden Hirngebiet die zugehörige Prozessmannigfaltigkeit jeweils eine Art geometrische Kopie des anschaulichen Körpers darstellt, weil es eben auf die funktionellen Koordinaten ankommt, und diese auf die mannigfachste Weise „verzerrt" und ungleichmäßig im Gehirnraum liegen können. An der Relativlokalisation von anschaulichem Ich und anschaulicher Umgebung wird durch diese Korrektur des maßgebenden Koordinatensystems nicht das mindeste geändert, Das „Außerhalb" und der wechselnde Abstand von anschaulichen Dingen relativ zum anschaulichen Körper ist nur wieder funktionell, als eine Abstufung im ausgedehnten Prozesszusammenhang begründet zu denken, welcher den rein geometrischen Verteilungen nur im Gröbsten gemäß sein werden.

Hiernach schwindet wohl jeder Rest von Paradoxie aus der Lokalisation unserer anschaulichen Umwelt rings um uns. Was als anschauliche Relativlokalisation überhaupt vorkommen kann, bestimmt sich nach funktionellen Nachbarschaften und Abständen innerhalb der zugrunde liegenden nervösen Prozessverteilungen. Dass diese als Gesamtheit im Innern der Gehirnhäute und des Schädels liegen, geht auf keine Art in jene Funktionszusammenhänge ein, kann also unmöglich in unserer Anschauung zum Andruck kommen, deren Räumlichkeit ja nur auf jenen funktionellen Zusammenhängen beruht. Erst wenn man während seiner Überlegungen von einer Art Koordinatensystem in ein ganz anderes gerät, kann man hier noch Schwierigkeiten finden. Wenn das anschauliche Ich auf einem Prozesskomplex, die anschauliche Umwelt auf anderen solchen Komplexen beruht, und die anschauliche Relativlokalisation beider einem funktionellen Außereinander entspricht (wie es genauso dem Außereinander verschiedener anschaulicher Umweltdinge zugrunde liegt), dann geht die Rechnung ohne Rest auf.

(Es gibt Zusammenhänge von und Beziehungen zwischen Dingen der anschaulichen Umgebung.) Wenn nun das anschauliche Ich dem gleichen Feldzusammenhang angehört, in welchem Dinge der anschaulichen Umwelt einen solchen Einfluss aufeinander auszuüben vermögen, dann wird man erwarten dürfen, dass dieselbe Einwirkung, die z. B. der Mond von den ziehenden Wolken erfährt, unter geeigneten Umständen auch von starken Bewegungen der anschaulichen Umgebung auf das anschauliche Ich ausgeübt wird. Nun ist es ja bekannt und sogar ein beliebter Jahrmarktsscherz geworden, dass auffällige Drehungen der sichtbaren Umgebung gesetzmäßig zu Gegendrehungen des anschaulichen Ich führen, während doch der physische Organismus, etwa auf einem Stuhle, dauernd ruht. Die Einordnung des Prozesskomplexes, der dem anschaulichen Ich zugrunde liegt, in den allgemeinen Feldzusammenhang der Prozesse für alles Anschauliche überhaupt macht diese Erscheinung im Prinzip durchaus verständlich.

Man lernt aus einem so einfachen Beispiel besonders eindringlich, dass der anschauliche Raum und der ihm zugrunde liegende physiologische Feldzusammenhang Eigenschaften aufweisen, die im physikalischen Raum nicht ebenso vorhanden sind. Insbesondere gibt es im Hirnfeld dynamische Beziehungen zwischen dem Prozesskomplex des Ich und den Umgebungsprozessen, denen keine analogen Wirkungszusammenhänge zwischen dem physischen Organismus und seiner physikalischen Umgebung entsprechen. Ist man aber so weit gelangt, so muss man konsequenterweise alsbald außerordentlich viel weiter gehen. Denn aus Kontinuitätsgründen wird nun auch jede eigene Verhaltensweise, in der man auf einen Umgebungsbestandteil gerichtet ist, als der Ausdruck eines vektoriellen Zustandes oder Geschehens zwischen dem jeweiligen Prozesskomplex des Ich und dem betreffenden Umgebungsprozess aufgefasst werden müssen. Je nach der aktuellen Beschaffenheit beider, von der ja solch ein vektorieller Zustand jedesmal bestimmt ist, werden dabei sehr verschiedene Gerichtetheiten auftreten können. Psychologische Daten wie „Aufmerken auf", „Sich angezogen oder abgestoßen fühlen von", „Zaudern vor etwas" usw., welche im Erlebnisraum von einem Anschauungsding zum Ich oder umgekehrt gerichtet auftreten, müssen, will man folgerichtig vorgehen, dem entworfenen Schema einer Entsprechung von anschaulicher Ordnung und Funktionalzusammenhang im Hirnfeld eingegliedert werden. Eine konkretere Durchführung dieses Gedankens ist jedoch kaum möglich, ohne dass man dabei sogleich auch auf die mnemischen (= gedächtnismäßigen) Erscheinungen eingeht, und würde deshalb zu weit von unserem Gegenstand fortführen. (Köhler, W., 1929, 395–398)

Gestalteigenschaften 5

(Metzger, W., 1954)

Metzger hat drei Arten von Gestalteigenschaften unterschieden. Ausgangspunkt der folgenden Darstellung ist u. a. die Frage, welche Gesamt-Eigenschaften man komplexen Einheiten zusprechen kann. Historisch läuft dies auf die Unterscheidung zwischen Komplexqualitäten und Gestaltqualitäten hinaus. Komplexe sind Ganze mit verschwommener, unklarer Strukturierung. Implizit ist dabei eine Handhabe gegeben, zu entscheiden, ob und wann man von einer Gestalt sprechen kann oder lediglich nur von einem Komplex?

Die Gestaltqualität (Gestalttheorie der Eigenschaften, Erster Teil)

Die entscheidenden Schritte in der Lösung dieser Frage – welche Ganzqualitäten anzunehmen sind – folgten um 1890 (v. EHRENFELS 1890).

Erstens fällt die Voraussetzung des Untergehens der Bestandteile und ihrer Eigenschaften im Ganzen; auch an anschaulich mehr oder weniger reich gegliederten räumlichen und zeitlichen Gebilden; an Gestalten, Melodien und Vorgängen wird das Bestehen von eigenständigen – nicht aus dem Spurenschatz hinzugefügten – Ganzeigenschaften nachgewiesen, den Namen „Gestaltqualitäten" oder (nach ihrem Entdecker) „EHRENFELS-Qualitäten" erhalten.

Zweitens wird die Grundlage dieser Ganzeigenschaften in dem *Aufbau* (dem „System der Beziehungen" zwischen den Bestandteilen) der betreffenden Gebilde oder – falls sie, wie die Klänge, anschaulich ungegliedert sind – der zugrunde liegenden Reizmannigfaltigkeit gefunden. Damit ist wenigstens grundsätzlich das Problem der Transponierbarkeit, und zwar gleich für sämtliche fraglichen Fälle gelöst; was gelegentlich dahin missverstanden wurde, dass nur transponierbare Gebilde Gestalten genannt werden sollten.

Zugleich wird das Anwendungsgebiet erweitert durch den Hinweis auf die unmittelbare Ähnlichkeit von Gestaltqualitäten völlig verschiedener Sinnes- und Sachgebiete: musikalisches Crescendo – anbrechender Tag – steigende Erwartung. Hierdurch wird zum ersten Male ein Verständnis dafür ermöglicht, wiefern eine Übereinstimmung oder ein Widerspruch des Stils nicht nur innerhalb derselben Kunstart, sondern ebenso beim Vergleich der verschiedensten Künste, etwa der Bildkunst und der Tonkunst – übrigens auch schon beim Vergleich der verschiedenen Wesensäußerungen eins Menschen, vom Körperbau über das Mienenspiel, die Umgangsformen und die Handschrift bis zum Verlauf der Schicksalslinie – unmittelbar anschaulich erlebt werden kann und nicht jedesmal erst durch wissenschaftliche Analyse erschlossen zu werden braucht.

Überhaupt wird zum ersten Male recht klar, welche ungeheure und grundlegende Bedeutung den umfassenderen Ganzheiten und ihren Eigenschaften im Vergleich mit den Elementen und deren Eigenschaften und einfachen Verbindungen in sämtlichen Gebieten des Seelenlebens zukommt, d. h. der anschauliche Vorrang oder „phänomenale Primat" des Ganzen. Ein Hinweis findet sich schon früh: Gesichter merkt man sich leichter als Nasen und Lieder leichter als Tonschritte; aber er wird nun ergänzt: Tonschritte und Klangfarben merkt man sich immer noch außerordentlich viel leichter als einzelne Töne (absolute Tonhöhen), für die die meisten, auch musikalische Menschen, überhaupt kein Gedächtnis haben.

Inzwischen wurde die Frage, ob es anschaulich antreffbare Gestaltqualitäten gibt, sehr einfach, und zwar in den verschiedensten experimentellen Einzeluntersuchen, durch den Nachweis beantwortet, dass zahlreiche handgreifliche und unbestreitbare, außerdem psychologisch und biologisch höchst wichtige Eigenschaften der Wahrnehmung auf ganz bestimmten Strukturverhältnissen beruhen, also zu der Klasse der Gestalteigenschaften gehören; so unter vielem anderen der Figurcharakter und der Grundcharakter, die Form, die Durchsichtigkeit, der Oberflächencharakter und der Beleuchtungscharakter von Farben und Helligkeiten. (Metzger, W. 1954, 59–60)

Die drei Arten von Gestalt-Eigenschaften

Über die Ordnung und Benennung der Gestalt-Eigenschaft ist man sich noch nicht einig. Häufig erscheinen unter diesem Namen auch die nachher zu besprechenden Teileigenschaften. Außerdem gehen meist zwei Gesichtspunkte der Benennung durcheinander: die Frage nach der Art des *Trägers* der Eigenschaft und die Frage nach ihrer eigenen Natur.

Nach der Natur der *Eigenschaft selbst* können drei Arten von Gestalt-Eigenschaften begrifflich klar unterschieden werden, wenn es auch im jeweils vorliegenden Fall nicht immer leicht ist, die Zuordnung zu vollziehen.

Erstens: Die *Struktur* oder das *Gefüge* (die „Tektonik"). Hierunter fallen alle Eigenschaften der Anordnung oder des Aufbaues; Raumform oder Figuralstruktur, Helligkeits- und Farbprofil einschließlich der Gliederung und Gewichtsverteilung: Rhythmus, Melodie; Verlaufsstruktur bei Bewegungen und Veränderungen.

- *Beispiele: gerade, rund, eckig, elliptisch, geschlossen, symmetrisch, spitz, wellig, zackig; legato, staccato, glissando, crescendo; stetig, unstetig; das Wachsen, Schrumpfen, Steigen, Fallen, Strömen, Springen, kurz jede Art von Übergang.*

Eine besonders bedeutsame und für sich heraushebbare Unterklasse sind die *dynamischen* Strukturen: Die Gerichtetheit, die Verteilung, das „Gefüge" von Spannung, Anziehung, Abstoßung, Druck, Drang, Antrieb, einschließlich ihrer Änderungen in der Zeit: ihres Entstehens, Wandels und Vergehens.

Zweitens: Die *Ganzqualität* oder *-beschaffenheit*. Hierunter fallen alle stofflichen Eigenschaften, das „Material", sofern es sich nicht um „einfache", d. h. gefüge-unabhängige Sinnesqualitäten handelt:

- *Beispiele: durchsichtig, leuchtend, rauh, glatt, glänzend, seidig, dinghaft, scheinhaft (Licht und Schatten); weich, hart, zäh, federnd; schrill, hohl (bei Klängen).*

Drittens: Das „*Wesen*" in dem erweiterten Sinn, indem es in der neueren Ausdruckslehre nicht nur auf Lebendes, sondern auch auf alles überhaupt Antreffbare angewandt und dem Gefüge und der Beschaffenheit als „gegenständlichen Daten" gegenübergestellt wird. Unter die Wesenseigenschaften fallen alle physiognomischen (gesichthaften) oder Ausdruckseigenschaften: Charakter, Ethos, Habitus, Stimmung, „Gefühlswert" u. dgl.

- *Beispiele: feierlich, freundlich, stolz, finster, friedlich, wuchtig, zierlich; männlich, weiblich, kindlich, greisenhaft; polternd, krachend, klirrend, heulend usw.*

Eine besonders eindrucksvolle Unterart bilden die gefühlsartigen Erlebnisse.
Tatsächlich sind die Wesenseigenschaften dasjenige an dem anschaulich Gegebenen, das allein fähig ist, auf uns Eindruck zu machen, unser eigenes Wesen unmittelbar zu berühren. Obgleich auch die Bezeichnung „subjektiv" hier nahe liegt, ist doch dringend von ihrem Gebrauch abzuraten. Denn die Wesenseigenschaften

sind weder im örtlichen noch im ursächlichen Sinn subjektiv; sie werden *weder* als Eigenschaften oder Zustände des eigenen Ich erlebt, wie die Gefühle (die etwa von ihnen *veranlasst* sind), – *noch* hängt es, wenn man von besonderen Bedingungen absieht, bei gegebenen Sachverhältnissen von der Auffassung des beeindruckten Menschen ab, ob ihm dieses oder jenes Wesen gegenübersteht.

(Viertens) An Wahrnehmungsgestalten – und nur an solchen – als Sachverhalten, zu deren Natur es gehört, für ein Subjekt da zu sein, unterscheiden wir noch eine weitere Gruppe von Eigenschaften, die ein unmittelbarer Ausfluss ihres Wesens in seinem Verhältnis zum Wesen des angesprochenen Subjekts sind, aber logisch von den eigentlichen Wesenseigenschaften scharf abgehoben werden müssen, wenn auch im Einzelfall über die Zuordnung Zweifel bestehen können. Es handelt sich um Eigenschaften wie

- *anziehend, abstoßend, reizend, eklig, gefällig, erhebend, bedrückend, widerwärtig, erregend, beruhigend, erfreulich, langweilig, ermunternd, interessant, anstößig, schrecklich, beängstigend, fürchterlich, ermutigend, appetitlich u. a. m.*

Diese vierte Gruppe von Eigenschaften, die nun wirklich das schon eben gerührte Verhältnis zwischen dem Wahrnehmungsgegenstand und dem Wahrnehmenden – und genauer seine eigentümliche *Wirkung* auf diesen – betreffen, nennen wir Anmutungsweisen.

Das gegenseitige Verhältnis der Wesens- und der Gefügeeigenschaften, der ganzbedingten Beschaffenheiten und der Sinnesqualitäten

Beschaffenheit und Güte. Für jede Ganzbeschaffenheit lassen sich bestimmte Gefügeeigenschaften auffinden, die verwirklicht sein müssen, damit jene Beschaffenheit unmittelbar anschaulich angetroffen und nicht bloß vorgestellt oder erschlossen wird.

Wesen und Gefüge; Prägnanz. Ebenso gibt es für jedes Wesen, sofern es sich überhaupt in Gefügen äußert, ein ganz bestimmtes Gefüge, in dem es sich am reinsten und zwingendsten verwirklicht; dieses nennt man „ausgezeichnet" oder „prägnant".

Hier liegt einer der Ansatzpunkte für die Kunsttheorie: Die Werke des wahren Künstlers werden, auch wenn sie Naturdinge darstellen, in der Richtung auf Prägnanz in diesem Sinn von ihren „Vorbildern" abweichen, oder richtiger, über sie hinausgehen; – was seiner Natur nach etwas ganz anderes ist als die „Idealisierung" oder „Stilisierung".

Es handelt sich bei dem Verhältnis zwischen Struktur und Wesen nicht um den willkürlichen und daher auflösbaren Zusammenhang des „Bedeutens" eines Sinnbilds, einer Metapher oder Allegorie; eine Struktur „bedeutet" nicht ihr Wesen, sondern wo sie ist, da ist das Wesen auch; es ist nicht dahinter, sondern darin. Freilich ist die Unterscheidung auch nicht immer leicht.

GOETHE (Farbenlehre) beschreibt unter dem Namen der sinnlich-sittlichen Wirkung wirklich das Wesen der Farben, wie es sich demjenigen auftut, der sie rein und unbefangen auf sich wirken lässt. Wenn einem Künstler der neueren Zeit aus dem Ring der bunten Farben das Wesen des Tages- und des Jahreslaufes herausleuchtet, so wird man ihm dieses Erlebnis auch nicht wegstreiten, obwohl man sich nicht auf ganz sicherem Boden fühlt wie bei GOETHE. Wenn er aber dann das Wesen der einzelnen Farben zu ergründen vermeint, indem er nicht diese selbst, sondern die zugeordneten Jahreszeiten betrachtet, befindet er sich eindeutig auf dem Boden der bloßen Allegorie ...

Wenn auch jedem Wesen ein ganz bestimmtes Gefüge unlösbar zugeordnet ist, so bestehen doch zwischen den verschiedenen Menschen große Unterschiede der Empfänglichkeit für die eine oder die andere der so gekoppelten Arten von Ganzeigenschaften. Bei dem einen können die Gefügeeigenschaften völlig das Feld beherrschen, während er – bis auf gewisse Spuren in den Restbereichen menschlicher Gesichter, Mienen und Gebärden – für Wesenseigenschaften so gut wie blind ist. Für andere ist eine gesteigerte Empfindlichkeit gerade für Wesenseigenschaften kennzeichnend. Eine Übersteigerung dieser Eindringlichkeit ist ein erstes Anzeichen bestimmter schizophrener Erkrankungen; sie macht sich noch vor dem Auftreten von Wahnerlebnissen bemerkbar. Es ist wahrscheinlich kein Zufall, dass gerade in diesem Stadium besondere – und keineswegs krankhafte – künstlerische Leistungen möglich sind.

Weitere Erörterungen der Prägnanz. Mit dem Obigen ist schon gesagt, dass die beiden bisherigen Sätze über den Zusammenhang von Gefüge, Beschaffenheit und Wesen sich nicht umkehren lassen. Es gibt nicht zu jedem möglichen Gefüge und auch nicht zu jeder möglichen Beschaffenheit ein besonderes Wesen. Bildet man Reihen von verwandten Gefügen oder Beschaffenheiten, die nach ihrer Ähnlichkeit geordnet sind, so sind einzelne Glieder dieser Reihen ausgezeichnet: eben diejenigen, die ein Wesen rein verkörpern. In ihrer Nachbarschaft finden sich solche, die dasselbe Wesen weniger gut, unvollkommen, endlich schlecht verkörpern, „nicht (ganz) richtig" sind. Hier trifft der Inhalt eines Scherzwortes tatsächlich zu: die schlechte Gestalt sieht der ausgezeichneten ähnlich, aber nicht umgekehrt. Man spricht hier von „Prägnanzstufen" und ihren Bereichen. Im Grenzgebiet

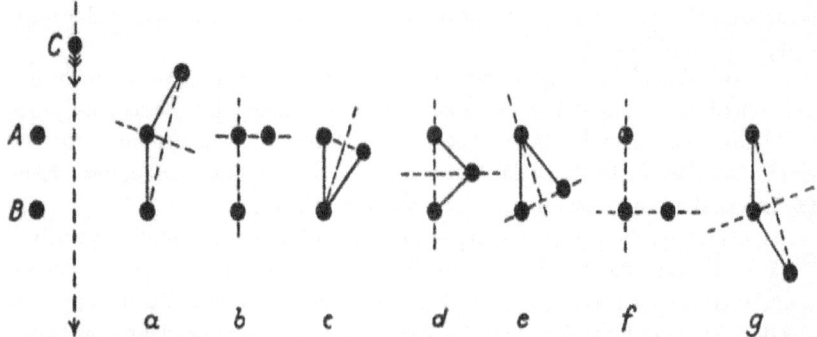

Abb. 3. An zwei festen Punkten A, B wird ein dritter, C, von oben nach unten vorbeigeschoben. Es ergeben sich die Prägnanzstufen a—g (nach *Wertheimer* 1923).

zweier Prägnanzbereiche finden sich flaue, „nichtssagende" oder zwiespältige Gefüge oder Beschaffenheiten. Beispiel dieser Zwiespältigkeit sei die erstaunlichen Veränderungen genannt, die das Aussehen eines knabenhaften Mädchengesichts erleidet in dem Augenblick, wo wir erfahren, dass es in Wirklichkeit ein mädchenhaftes Knabengesicht ist. Ein Beispiel für Prägnanzstufen an einfachsten Gefügen bietet Abb. 3, ferner die stetige Reihe der Tonschritte über einem gegebenen Ton.

Der für Wesenseigenschaften Feinfühlige unterscheidet sich von dem weniger Empfindlichen in zweifacher Hinsicht. Erstens empfindet er besser, ob eine Prägnanzstufe erreicht ist oder nicht, beispielsweise die „reine" Quint beim Stimmen der Geige, während der andere sich mit gröberen Annäherungen begnügt; d. h. die Bereiche der einzelnen Prägnanzstufen sind für ihn enger und schärfer zentriert. Zweitens besitzt er ein reicheres System von Prägnanzstufen, mit neuen Stufen als Verkörperungen besonderer Wesenheiten in Bereichen, die für den Stumpfen nur nichtssagende Zwischenbereiche sind. Man vergleiche das System der Prägnanzstufen von Tiergestalten bei einem Zoologen, von Mienen bei einem Menschenkenner, von Farben oder Richtungen des Raumes bei einem Maler mit den entsprechenden Systemen eines Kindes.

„*Gestaltqualität*" und „*Komplexqualität*". Gewisse Ganzbeschaffenheiten und Wesenseigenschaften können anschaulich gegenwärtig sein, ohne dass das zugehörige Gefüge selbst anschaulich gegeben ist; es genügt in diesen Fällen, dass es in der Reiz- bzw. Erregungsgrundlage verwirklicht ist. In diesem Fall spricht man vielfach von „Komplexqualität", obwohl der Sprachgebrauch nicht ganz eindeutig ist.

Ganz ohne Gefügeeigenschaften ist auch der „Komplex" im Sinne dieses Sprachgebrauchs nicht: Er ist mindestens „einförmig", „verschwommen", „ungegliedert", zugleich meist „begrenzt" und „abgehoben"; aber diese Anordnungseigenschaften sind so vielen verschiedenartigen Komplexen gemeinsam, dass sie nicht kennzeichnend sind; und das ist entscheidend.

Zwischen den Ganzeigenschaften einförmiger und gegliederter Gebilde besteht aber keine scharfe Grenze. Gewisse Änderungen in den Reizbedingungen (Maßstabsveränderungen, Änderungen der Darbietungszeit, Übergang vom Tasten zum Sehen) oder im Aufmerksamkeitsverhalten des Betrachters können u. U. einen vorher diffusen Komplex in ein auch anschaulich klar durchgestaltetes Gebilde verwandeln und umgekehrt.

Wesenseigenschaften von einfachen Sinnesqualitäten. Nicht nur in Gefügen und ganzbedingten stofflichen Beschaffenheiten, sondern auch in jeder einfachen Sinnesqualität kann sich, wie jeder Künstler und jeder Ausdruckskundige weiß, ein Wesen verkörpern. Wie schon oben angedeutet, findet sich auch hier der Gegensatz der Prägnanzstufen und der Zwischenbereiche. Im einfachsten System der Farben, beim malerisch ungeübten Menschen, sind es z. B. die sechs Hauptfarben; schwarz, weiß, rot, gelb, grün, blau, – wichtig ist nun, dass ein und dasselbe Wesen etwa „Wärme", sich außer in verschiedenen einfachen Sinnesqualitäten (also in der Temperaturempfindung „warm" und der Farbe gelbrot) auch in bestimmten Gefügen äußern kann (etwa in der Raumform des bürgerlichen Barock oder in der Verhaltensstruktur der „menschlichen Wärme"). Worin diese Wesensübereinstimmung zwischen bestimmten Gestalten und bestimmten Sinnesqualitäten und auch zwischen den Qualitäten verschiedener Sinne begründet ist, wissen wir noch nicht.

Wesenseigenschaft und erworbener Bedeutungsgehalt. Wenn wir behaupten, dass es echte Wesenseigenschaften gibt, die unmittelbar zu einem bestimmten Material oder Gefüge gehören und nicht nachträglich anderswoher hinzugekommen sind, so bestreiten wir nicht, dass es außerdem auch zahllose Fälle von „unechten" Wesenseigenschaften gibt, die nachträglich, infolge äußeren, d. i. mehr oder weniger zufälligen Zusammentreffens in einem oft feststellbaren bestimmten Zeitpunkt, von dem in Frage stehenden Wahrnehmungsgebilde erworben wurden, dass es also den Vorgang der „Assimilation" im WUNDTschen Sinne tatsächlich gibt. Hierher gehört beispielsweise vielfach der Bedeutungsgehalt von Wörtern und insbesondere der Gefühlswert von Eigennamen, namentlich dort, wo er nachweislich nicht mit ihrer Lautgestalt, sondern mit dem Charakter eines bestimmten Trägers dieses Namens zusammenhängt, mit dem man einmal zu tun hatte, oder der in der Überlieferung eine Rolle spielt.

Der methodische Vorrang der Gefügeeigenschaften. Für die wissenschaftliche *Behandlung* dieser Tatbestände ist ausschlaggebend, dass nur Gefügeeigenschaften aufgezeichnet und mitgeteilt werden können, während man Qualitäten, Beschaffenheiten und besonders Wesenseigenschaften nur aufweisen, aber niemanden zur Anerkennung ihrer Gegenwart zwingen kann, der nicht dafür empfänglich ist. Der Weg der Forschung geht also, wie der Weg der künstlerischen Schöpfung, vom Wesen und der Beschaffenheit zum zugehörigen Gefüge – und nicht umgekehrt.

Gefühle als Wesenseigenschaften. In den Gefühlen erleben wir unmittelbar das Wesen der wechselnden Ichzustände an uns selbst und an anderen. Sie sind also nicht eine besondere Art von seelischen „Elementen", sondern von Ganzeigenschaften, von Gestaltqualitäten. Wenn um die Jahrhundertwende, als dieser Gedanke zum ersten Mal gefasst wurde, die Gefühle „Gestaltqualitäten des *Gesamtbewusstseins*" genannt wurden, so ist heute nicht mehr mit Sicherheit festzustellen, ob damit *wirklich* die Gesamtheit des im Augenblick anschaulich Erlebten, also einschließlich der Außenwelt, gemeint war; in diesem Fall wäre der Satz sachlich falsch; denn die Gefühle im eigentlichen Sinne des allgemeinen Sprachgebrauchs sind auf die höheren Lebewesen, also auf sehr bestimmte begrenzte Bereiche innerhalb der anschaulichen Welt beschränkt, und es können darum sehr wohl zur gleichen Zeit mehrere *verschiedene* Gefühle unabhängig voneinander im Erleben verwirklicht sein: neben den eigenen die von allerlei Menschen, die sich wiederum untereinander keineswegs zu gleichen brauchen. Es ist daher anzunehmen, dass mit dem Ausdruck „Gesamtbewusstsein" nach früherem Brauch nur das eigene Innenerleben gemeint war. – Es gibt auch Gestaltqualitäten des „Gesamtbewusstseins" im heute gebräuchlichen Sinne, wobei das Außenwelterleben mit umfasst wird; diese aber nennen wir in Übereinstimmung mit dem allgemeine Sprachgebrauch nicht Gefühle, sondern „Stimmungen", wohl auch „Atmosphäre", „Luft" oder dgl.

Für die Untersuchung der Gefühle und der gefühlsartigen Erscheinungen im weiteren Sinne ergeben sich aus dem methodischen Vorrang der Gefügeeigenschaften klar zwei Aufgaben, die in der neueren Ausdruckslehre erfolgreich in Angriff genommen sind. Die erste ist, zu prüfen, welchen Bereichen des Bewusstseins sie im gegebenen Fall wirklich zugeordnet sind: ob es sich um das Gesamtbewusstsein (im heuten Sinne) oder um den Ichbereich, oder u. U. auch über das Ich hinausgehende Teilbereiche der anschaulichen Welt handelt. Die Aufgabe ist nicht einfach; viele gefühlsartige Zustände können trotz ihrer klaren Zuordnung zum eigenen Ich (oder einem begegnenden Wesen) noch einen bestimmten weiteren Bereich von Gegenständen oder Wesen der Umwelt umfassen.

Die zweite Aufgabe ist, für jedes Gefühl das dazugehörige, räumlich, zeitliche und dynamische Gefüge des betreffenden Bereichs aufzusuchen, was mit Notwendigkeit zugleich zu einem tieferen Verständnis des Ausdrucks der Gefühle und ihres Zusammenhangs mit dem Willensleben führt.

Abschließend sei nochmals auf ein häufiges Missverständnis hingewiesen: Wenn die Gefühle zu den Gestaltqualitäten gehören, so bedeutet dies keineswegs zugleich, dass alle Gestaltqualitäten eigentlich Gefühle seien. (Metzger, W., 1954, 62–72)

Optische Wahrnehmung 6

(Koffka, K. 1931)

Unter einer optischen Wahrnehmung haben wir ganz allgemein eine Reaktion eines Individuums auf eine Außenweltsituation zu verstehen, die einerseits sich in einem bestimmten Gebiet des nervösen Zentralorgans, Sinnesorgan und zugehöriger Hirnsektor, abspielt, ohne auf diese Gebiet beschränkt zu sein, und die andererseits sich darin äußert, dass dem Individuum eine Umwelt erscheint. Diese zweite Seite erscheint uns als das Spezifische gerade dieser Reaktionen, sie liefert uns das Hauptmaterial für unsere Forschung. (Koffka, K., 1931, 1215)

Einfachste Zuordnungsverhältnisse

Wir beginnen mit den für die Forschung einfachsten Reizverhältnissen und betrachten die Abb. 361–363, Die beiden ersten bestehen aus je zwei, die dritte aus drei Punkten. Alle drei sehen verschieden aus, und zwar entsprechen den drei Reizkomplexen Wahrnehmungen, deren Verschiedenheit über die Reizfiguren hinausgeht. In Abb. 361 sehen wir ein ‚Punktepaar', in Abb. 362 dagegen zunächst zwei Punkte, die nichts miteinander zu tun haben, einen und noch einen, ein Eindruck, der leicht in den einer ‚Distanz' umschlägt; in Abb. 364 endlich ein Dreieck, d.h. eine geschlossene Figur. Abb. 363 ist geometrisch gleich Abb. 361 plus einem Punkt darüber, phänomenal etwas ganz anderes. 361 und 363, gegenüber 362, zeigen uns: diskreten Reizgebilden kann ein zusammenhängendes, ja ein geschlosse-

Abb. 361.   Abb. 362.    Abb. 363.    Abb. 364.

nes Wahrnehmungsgebilde entsprechen. In Abb. 363 sieht man nicht drei Punkte, sondern ein Gebilde genau der gleichen Art wie in Abb. 364. Dass dies kein Spiel mit Worten ist, sondern einen sehr realen Unterschied bedeutet, das wird im weiteren Verlauf deutlich werden. Hier sei schon auf folgendes hingewiesen: Die zwei Punkte der Abb. 361 entsprechen genau den zwei unteren der Abb. 363, aber sie sehen anders aus; während sie gegenseitig aneinanderhängen, ist von diesen jeder ebenso wie an den anderen an den dritten oberen gebunden. Wenn man in Abb. 363 den oberen Punkt abwechselnd auf- und abdeckt, so sieht man diese schrägen ‚Vektoren' verschwinden und neu entstehen.

Diese einfachen Beobachtungen lehren uns schon folgendes: In vielen Fällen, mindestens, besteht zwischen Wahrnehmung und Reizkomplex nicht eine punktförmige Zuordnung, vielmehr entsprechen unseren einfachen Reizkonstellationen Wahrnehmungsphänomene mit Eigenschaften, die den Reizen nicht zukommen, die aber doch in Abhängigkeit von den geometrischen Reizeigenschaften stehen – Vergrößerung des Abstandes zwischen zwei Punkten schwächt ihren phänomenalen Zusammenhang, Hinzufügung eines Punktes verwandelt ihren figuralen Charakter, ja es kann einer Menge von isolierten Reizpunkten eine geschlossene Wahrnehmungsfigur entsprechen.

Betrachten wir Abb. 365 und 366. Die erste erscheint uns recht verworren, die zweite klar und einfach. Hätten wir sie tachistoskopisch (ca. 1/10 Sek.) exponiert,

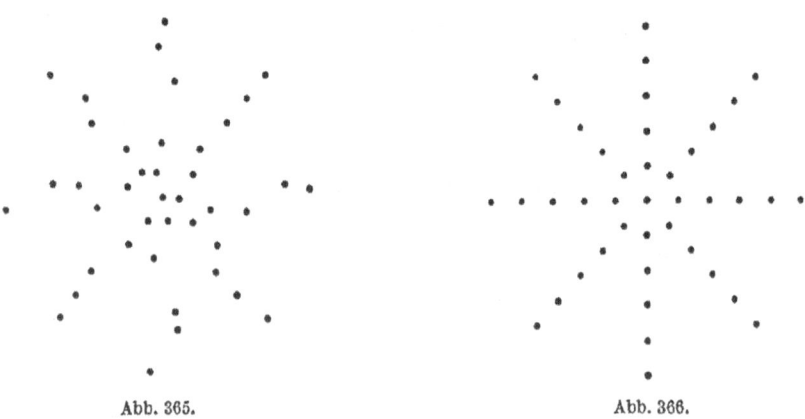

Abb. 365. Abb. 366.

so würde der Beobachter die zweite recht gut haben nachzeichnen können, die erste ganz und gar nicht. Dabei ist Abb. 365 so entstanden, dass eine Anzahl von Punkten, nicht alle, ein wenig verschoben worden sind. Wir erhalten also das weitere Resultat: Gewisse Reizanordnungen ergeben klare und reproduzierbare, andere unklare und nicht oder nur mangelhaft und falsch reproduzierbare Phänomene. Der Unterschied der Reizkonfigurationen ist durch Worte wie ‚Einfachheit', ‚Regelmäßigkeit', ‚Symmetrie' mehr angedeutet als streng definiert, doch muss diese Kennzeichnung vorläufig genügen.

Ausgezeichnete Gestalten

Wenn ein nicht zu kleiner, möglichst regelloser Haufen von Punkten oder Strichen geboten wird, was passiert? Da gibt es drei Möglichkeiten: a) man sieht ein ‚Wirrwarr', ein reines Chaos ohne irgendwelche Formung; b) in einem solchen Wirrwarr erscheinen einzelne Figuren, Winkel. Dreiecke, Vierecke Bögen usw.; c) das Ganze erscheint im Umriss einiger maßen geformt.

Regelmäßige Reizkomplexe: Wir betrachten die Abb. 368a–g. Wir sehen Vier-, Fünf-, Sechseck, dann kommen zwei Figuren, die zwischen polygonalem und kreisförmigem Eindruck schwanken, dann zwei Kreise. Die Figuren sind so gezeichnet, dass bei konstantem Abstand zwischen zwei Nachbarpunkten die Anzahl der Punkte jeweils um eins wächst, wobei stets sämtliche Punkte auf den Ecken regulärer Polygone liegen. Dass wir nicht Punkthaufen, sondern geschlos-

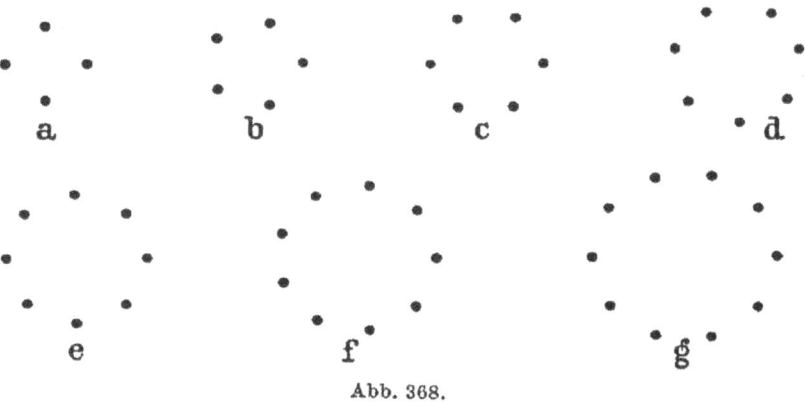

Abb. 368.

sene Figuren sehen, überrascht uns nicht mehr; neu ist aber, dass wir auf diese Weise nicht beliebige Figuren erzeugen können, sondern dass der polygonale Eindruck verschwindet und dem kreisförmigen Platz macht, sobald wir mehr als acht Punkte darbieten.

Abb. 369 imponiert uns beim ersten Eindruck auch als guter Kreis, erst beim näheren Hinsehen erscheint sie als „„nicht ganz richtiger Kreis", d.h. sie erweckt

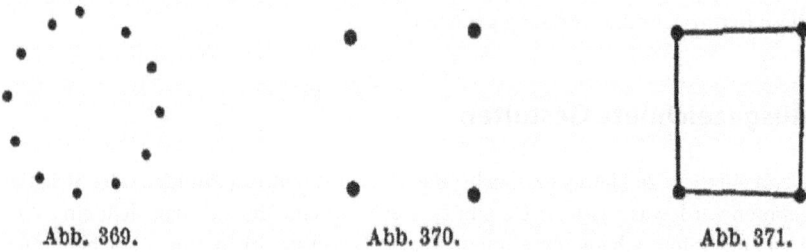

Abb. 369.   Abb. 370.   Abb. 371.

nach wie vor den Kreiseindruck, nur mit dem Beigeschmack des Unvollkommenen. Analog sieht man in Abb. 370 ein „nicht ganz richtiges Quadrat". In Abb. 371, in der die Eckpunkte genauso sitzen wie in Abb. 370 ist der Quadrateindruck viel schlechter, ja er kann hier völlig verschwinden.

Wir sehen also: Es gibt phänomenal ausgezeichnete Gestalten; sie sind formal besonders einfach und kommen umso leichter zustande, je mehr die Wirkung der Reize abgeschwächt ist. Wir könnten daraus schließen, dass diese Tendenz zur möglichsten Einfachheit eine allgemeine Eigenschaft unserer Wahrnehmungsprozesse sei, wenn nicht sofort der Einwand erhoben würde, die von uns berichteten Tatsachen beruhten auf Erfahrung, es handle sich gar nicht um reine Reizwirkung, sondern um Assimilation.

Die Erfahrungshypothese müsste erklären, warum wir Punktanordnungen wie die der Abb. 368–370 als geschlossene Figuren sehen. Vertreter werden darauf hinweisen, dass wir oft solche einfache geschlossene Figuren gesehen haben und jetzt reproduktiv die Vorstellungsbilder solcher zum sinnlich gegebenen Material hinzufügen. Dann bleibt aber noch zu erklären, wodurch diese Vorstellungsbilder reproduziert werden. Durch Berührungsassoziation können Teile das Ganze reproduzieren, die Punkte also die Figuren.

Reproduktion durch Ähnlichkeit? Vier Punkte haben aber gar keine Ähnlichkeit mit einem Quadrat, nur das durch sie begrenzte Gebiet. Damit Ähnlichkeit da ist, muss also der zu erklärende Effekt schon vorhanden sein.

Aber stärker als theoretische Gründe wirken empirische Tatsachen. Es handelt sich darum, die Bildung geformter Wahrnehmungsprozesse zu erklären. Der Empirismus behauptet: nicht die psychophysischen Prozesse an sich, so wie sie ursprünglich erfolgen, tragen zur Entstehung dieser Formen bei. Diese verdanken vielmehr ihre Existenz rein der Erfahrung. Demgegenüber steht die These: Das psychophysische Geschehen unterliegt autonomen Formgesetzen. Nur so kann der Zirkel vermieden werden, zudem jede rein empiristische Theorie führt, ja nur so ist auch ein Einfluss der Erfahrung auf die Wahrnehmung zu verstehen.

Wie lässt sich zwischen den zwei Ansichten experimentell entscheiden? Einfach so, dass wir Erfahrungsfaktoren gegen autonome Faktoren ansetzen und zusehen, welche sich als wirksame erweisen.

Auf diesem Gedanken fußend hat GOTSCHALDT systematische Versuche angestellt. Eine Anzahl von einfachen Figuren wurde mehrfach zur guten Einprägung vorgeführt, und zwar eine Gruppe von Vpn. 3mal, einer anderen 520mal. Danach wurden den Vpn. andere Figuren gezeigt mit der einfachen Instruktion, diese neuen Figuren zu beschreiben. Die Prüffiguren enthielten geometrisch eine der vorher eingeprägten Figuren, und nach der Erfahrungshypothese müsste, zumindest in einer sehr großen Anzahl von Fällen, die alte Figur in der neuen gesehen werden.

Das Resultat der Versuche steht in konträrem Gegensatz zur Erfahrungshypothese. In den Versuchen mit nur 3 Wiederholungen der Einprägfigur, die mit 3 Vpn[1] in insgesamt 92 Fällen ausgeführt wurden, sprang die eingeprägte aus der Prüffigur nur in einem einzigen Fall heraus, den Experimenten mit 520 Einprägungen, ausgeführt an 8 Vpn. in insgesamt 242 Fällen sprang die alte Figur in 4 Fällen heraus. In einigen Fällen fanden die Vpn. die Einprägfigur nachträglich oder vermuteten ihr Vorhandensein. Aber das Resultat ändert sich nicht, wenn man nur die Fälle zählt, in denen die Vpn. nichts sahen als die Prüffigur in ihrer natürlichen Fassung. Die Zahlen hierfür sind für 3 Wiederholungen 91.3 %, für 520 Wiederholungen 93.8 %.

Die Erfahrungshypothese konnte – auch in anderen Versuchen – keine der von uns gestellten Fragen befriedigend beantworten, sie kann also (auch) nicht die Vereinfachungstendenz erklären. Diese Tendenz zur ‚Einfachheit und Geschlossenheit' muss also eine Eigenschaft der Prozesse sein, die in unserem Nervensystem ablaufen, wenn unsere Sinnesorgane gereizt werden. (Koffka, K., 1931, 1221–1226)

Gestaltbildungsgesetze

Wir können die Frage der Gestaltentstehung noch unter einem anderen Gesichtspunkt stellen (WERTHEIMER). Durch eine Mannigfaltigkeit diskreter Reize ist eine Gesamtbedingung für die Wahrnehmung gesetzt. Die Reize sind, geometrisch betrachtet, alle gleichartig, jeder steht zu jedem in einer bestimmten geo-

---

1 ‚Vpn' steht für Versuchspersonen, ‚Vp' für Versuchsperson

metrischen Beziehung. Ganz anders im Wahrnehmungsgebilde. Hier gibt es zusammengehörige und nicht-zusammengehörige Teile in Abhängigkeit von der Gesamtgestalt und ihrer Gliederung. „Gibt es Prinzipien für die Art so resultierenden ‚Zusammengefasstheit' und ‚Geteiltheit'? Welche?" Abb. 379a u. b zeigen, was gemeint ist und zugleich das erste der hier wirksamen Prinzipien: „Die Zu-

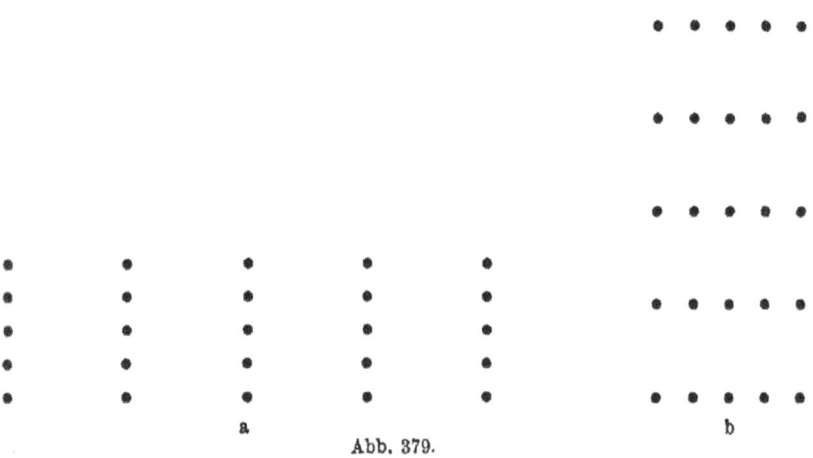

Abb. 379.

sammengefasstheit resultiert – ceteris paribus – im Sinne des kleinsten Abstandes (Faktor der Nähe)." Man sieht in der Tat in 379a fünf vertikale und in 379b fünf horizontale Linien; ist es zum mindesten sehr schwer, das Umgekehrte zu sehen.

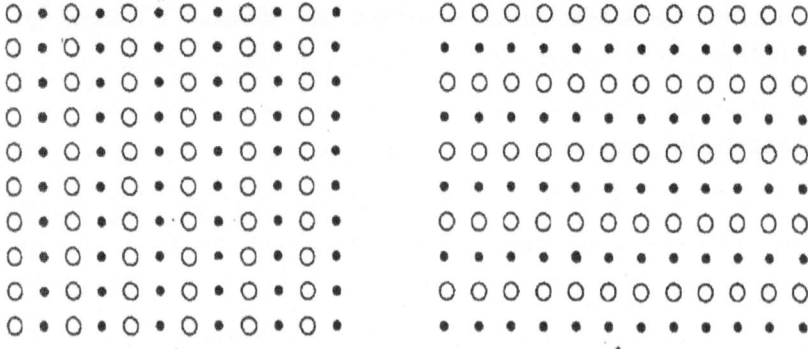

Abb. 380.

Ein zweites Prinzip verdeutlichen die Abb. 380a und b; in a sieht man wieder vertikale, in b horizontale Linien. Hier sind die Abstände in beiden Richtungen gleich, dafür gibt es aber zwei Arten von Punkten, und es zeigt sich als bestimmend der *Faktor der Gleichheit,* diejenigen Gruppierungen resultieren, bzw. sind bevorzugt, in der gleiche Teile zusammengehören.

Man kann die Faktoren der Nähe und der Gleichheit gleichzeitig ansetzen, entweder so, dass sie im gleichen oder dass sie im entgegensetzten Sinne wirken, wie das Beispiel der Abb. 381a–c zeigt.

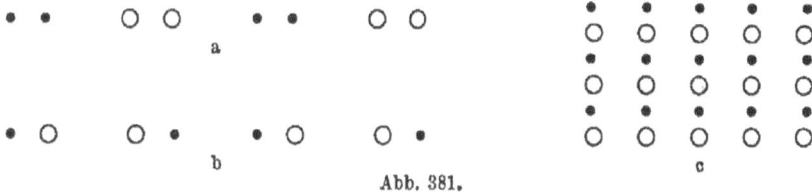

Abb. 381.

Ein weiteres Prinzip enthüllen die Abb. 382 und 383. In der ersten sieht man drei nebeneinander liegende gerade Strecken in schräger Richtung, in der zweiten Halbkreis und Strich, während der Faktor der Nähe andere Fassungen begünstigt. Was hier die Gruppierung bestimmt, ist die *„kurvengerechte Fortsetzung",* es kommt auf das „innere Zusammengehören", auf das „Resultieren in guter Gestalt" an.

Abb. 382.   Abb. 383.

Zur guten Gestalt gehört auch Geschlossenheit; so finden wir denn auch den Faktor der Geschlossenheit bei unseren Gruppierungen wirksam. Man sieht in der Abb. 384 die zwei geschlossenen Gebilde A B und C D, nicht die Kurven A D und B C. Man kann wieder die „gute Kurve" gegen die Geschlossenheit ansetzen. In Abb. 385 siegt die gute Kurve, die drei geschlossenen Figuren sind nicht die natürliche Gruppierung, Umgekehrt sieht man in Abb. 386 das Überwiegen der Gechlossenheit. Während in 386a die zwei sich durchkreuzenden Kurven a b

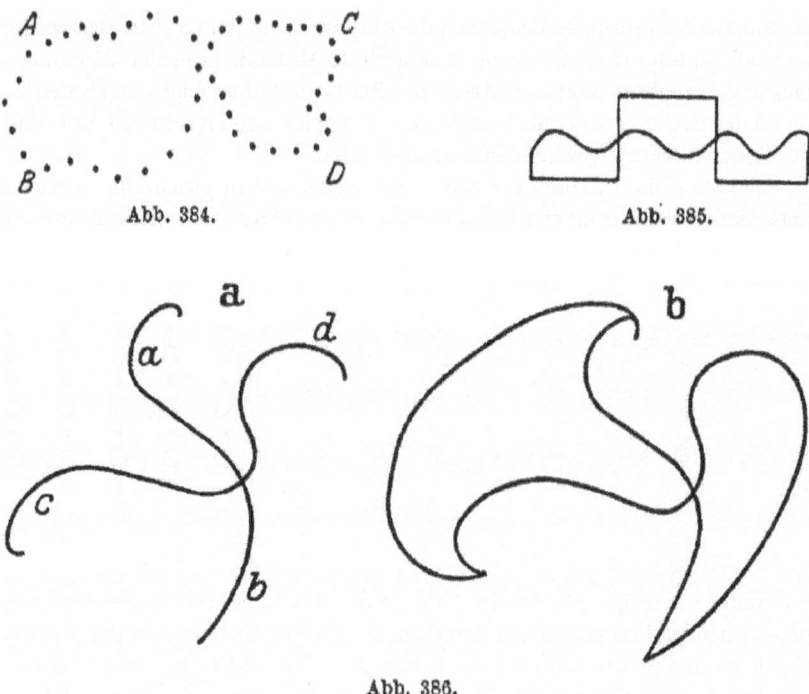

Abb. 384.   Abb. 385.

Abb. 386.

oder c d gegeben sind, sieht man in 386b die zwei geschlossenen Figuren, die sich in einem Punkt berühren.

Die zwei letzten Tendenzen gehen klarerweise vom *Ganzen* der entstehenden Gestalt aus, während man die beiden ersten als Stücktendenzen, nur von Teil zu Teil wirkend, ansehen könnte. Das liegt aber an unserer Darstellung, die den Tatbestand vereinfacht. In Wirklichkeit hängt auch bei den Faktoren der Nähe und Gleichheit die Bestimmung der einzelnen Gruppen an der Eigenschaft des Ganzen. (Koffka, K., 1931, 1233–1235)

Figur und Grund

Seit den Untersuchungen von RUBIN[2] ist über den Unterschied von Figur und Grund sehr viel gearbeitet worden. Nicht nur wissen wir jetzt, dass es sich in Figur und Grund um Prozesse handelt, die phänomenal wie funktional voneinander stark verschieden sind, wir können auch schon eine Anzahl solcher Verschiedenheiten aufzeigen. Dass es nicht als bloßes Aufmerksamkeitsrelief zu beschreiben ist, sei dadurch sichergestellt, wenn auch ein Zusammenhang mit der Aufmerksamkeit in doppelter Richtung besteht: auf der einen Seite zieht die Figur das Schwergewicht auf sich – doch kann man künstlich den Grund, für nicht zu lange Zeit bevorzugen –, auf der anderen werden solche Stellen, die aufmerksamkeitsbetont sind, ceteris paribus leichter zur Figur. Der Unterschied der zwei Gegebenheiten ist so groß, dass derselbe objektive Gegenstand nicht wiedererkannt wird, wenn er bei Wiedersehen in Bezug auf das Verhältnis Figur-Grund umgekehrt erscheint, wenn also die Feldteile, die beim ersten Sehen Figur waren, jetzt Grund sind, und umgekehrt. Das hat RUBIN in eigenen Versuchsreihen nachgewiesen, der aufmerksame Beobachter kann das aber auch in der Alltagserfahrung bestätigen.

Worin bestehen nun die Unterschiede? Betrachten wir Abb. 388. Wir können entweder ein krumm- oder geradlinig schraffiertes Kreuz sehen. Dabei wird deut-

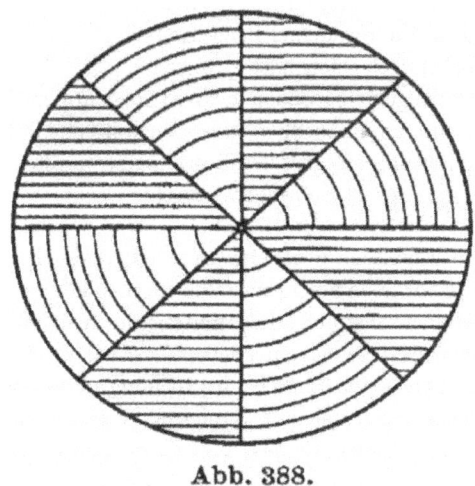

Abb. 388.

---

2   Rubin, E. (1921). *Visuell wahrgenommene Figuren*. Kopenhagen: Gyldendal.

lich, dass die Kontur *nur* die Figur, nicht den Grund begrenzt. Sieht man das geradlinig schraffierte Kreuz, und streng nur dieses, so liegt es auf einem Grund von konzentrischen *Voll*kreisen. Lassen wir das Gebilde umspringen, so sind die Bögen, die jetzt die Kreuzarme schraffieren, an ihren Enden scharf abgeschnitten. Und das Entsprechende gilt für die anderen Felder.

Mit dieser einseitigen Grenzfunktion des Konturs hängt es zusammen, dass der Grund viel einfacher gestaltet ist, als die Figur. Gegenüber dem Grund besitzt die Figur ferner die größere Eindringlichkeit, sie, nicht der Grund, bestimmt unsere Reaktion, sie haftet viel besser im Gedächtnis. Zwischen den Eigenschaften der Eindringlichkeit und der reicheren Gestaltung besteht ein noch nicht untersuchter Zusammenhang. (Koffka, K., 1931, 1236–1237)

Das Gesetz der Prägnanz

Während die Nahreize, eine bloß geometrische Mannigfaltigkeit bilden, jedes Flächendifferential der die Netzhaut treffenden Strahlung ein unabhängiges Ereignis darstellt, sind die diesem Helligkeits- und Farbmosaik entsprechenden optischen Wahrnehmungen geformte dynamische Strukturen. Unser anfangs gestelltes Problem spitzt sich demnach in die Frage zu, nach welchem allgemeinen Gesetz auf Grund solchen Reizmosaiks die dynamischen Gebilde entstehen. Wir haben oben ein Gesetz der Einfachheit abgeleitet, das wir jetzt so aussprechen können: das optische Feld, das auf Grund irgendeiner Reizverteilung entsteht, ist stets so beschaffen, dass es maximal einfach geformt ist.

So wichtig dieser allgemeine Gedanke ist, so vorsichtig müssen wir indessen damit sein, gerade unserem Einfachheitsgesetz die führende Rolle zuzuschreiben. Abgesehen davon, dass unser Begriff der Einfachheit trotz aller funktionalen Kriterien noch recht unbestimmt ist, hindert uns eine Gruppe von entscheidenden Tatsachen an einem so raschen Vorgehen. Betrachten wir nochmals Abb. 388, so ist theoretisch zum mindesten noch eine ganz andere Erscheinungsweise möglich als die zwei, die wir oben beschrieben haben; man könnte dort acht einfach nebeneinander geordnete Sektoren sehen, und dies ist in einem bestimmten Sinn eine einfachere Form als diejenigen, bei denen dies Gebilde in zwei Teile, Grund und Figur gegliedert erscheint. Tatsächlich tritt unter bestimmten Bedingungen diese einfachere Form im Nachbild auf. Vergleichen wir die Figur-Grundform mit der undifferenzierten, so finden wir, dass diese Form einfacher ist als jene, dass sie ferner an Prägnanz hinter der *Figur* in der differenzierten Form zurückbleibt, dass sie aber dem Grund dieser Figur an Einfachheit unterlegen ist. Beim Übergang von der undifferenzierten zur differenzierten Form würden als Teile einfache, das Ganze aber differenzierter und damit prägnanter, stabiler, überschaubarer und somit *in einem anderen Sinne* auch einfacher werden. Diese doppelte Veränderungsrichtung ist nun eine sehr allgemeine Tatsache, die sich auch auf dem Gebiet rein figuraler Formung ohne Rücksicht auf den Grund wiederfindet. Wir haben also zu unterscheiden zwischen „nivellierender" und „präzisierender' Einfachheit, wobei zu bedenken ist, dass sich dieser Unterschied nicht absolut, sondern nur im gegebenen Fall von den „Randbedingungen" aus bestimmen lässt. Wollen wir unser Einfachheitsgesetz als allgemeinstes Formgesetz festhalten, so müssen wir jedenfalls diese doppelte Bedeutung des Begriffs „Einfachheit" in Rechnung stellen. WERTHEIMER, der zuerst ein solches Gesetz aufgestellt hat, hat es in diesem Doppelsinn gemeint. Er sprach von maximaler „Prägnanz", und es ist wohl angebracht, für unser allgemeines Gesetz den Namen „Prägnanzgesetz" zu gebrauchen. (Koffka, K., 1931, 1243–1244)

Prägnanzaspekte   7

(Rausch, E., 1966)

Der Handbuchartikel von Rausch (1966) nimmt, was Ausführlichkeit und Differenziertheit angeht, eine Sonderstellung in der gestalttheoretischen Literatur ein. An keiner Stelle ist das Präganzkonzept so eindringlich behandelt.

Er stellt fest, dass Prägnanz bis dahin in zumindest zwei Bedeutungen aufgefasst wurde, nämlich Einfachheit der Wahrnehmungsstruktur und als optimale Realisierung eines Wesens in einem Gefüge (s. Beitrag 5 von Koffka 1931 und Beitrag 6 von Metzger 1954), sieht aber noch mehr Ansätze für weitere Differenzierungen. Das führte ihn dazu, das Konzept nach sieben Aspekten aufzufächern. Dies ist auch eine Antwort auf die oft beklagte begriffliche Unschärfe, mit der dieser in der Gestalttheorie zentrale Begriff bisher diskutiert wurde.

Einleitung. Bei der hohen Komplexität des Prägnanzbegriffs ist eine weitere Differenzierung geboten. Dabei wird man so vorzugehen haben, dass „Aspekte" des allgemeinen Begriffs ermittelt werden, die ihn zusammengenommen konstituieren. Die mehrwertige Verwendung des Terminus „Prägnanz", wie sie in der Literatur angetroffen wird, muss dann so verstanden werden, dass es sich dabei im Grund um Aussagen unter dem einen oder anderen Aspekt handelt (zu dessen spezifischer Benennung es nicht gekommen ist). Andererseits werden im folgenden gerade die aspektcharakteristischen Namen zu verwenden sein, während der allgemeine Terminus zunächst möglichst zurückgedrängt werden soll.

1. Die Gesetzmäßigkeit (p_1). In II § 1 ist als (phänomenologische) Graduierungsdimension der Begriffe „Gestalt" und „Gestaltqualität" die „Deutlichkeit" verwendet worden: „Ein Komplex ist umso mehr Gestalt…, je deutlicher die ihm zugehörige Komplexqualität ist; eine Komplexqualität ist um so mehr Gestaltqualität …, je deutlicher sie ist." Statt „mehr oder weniger deutlich" wurden auch „mehr oder weniger ausgeprägt", „mehr oder weniger sinnfällig" gebraucht. Während „Deutlichkeit" dort von der (Komplex- bzw. Gestalt-)*Qualität* prädiziert wurde, kann dieser Terminus nun auch als (graduierbares) Attribut der Gestalt selbst aufgefasst werden, genauer: er meint dann die Deutlichkeit der *Einheit* des betreffenden Komplexes. Die Deutlichkeit kann – wie bei der Gestaltqualität, so auch bei der Gestalt – bis zum Verschwinden gering sein; zwischen Gestalten hohen Deutlichkeitsgrades und Fällen des Verschwindens der Gestalt (im Sinne ihres „In-der-Umgebung-Aufgehens") gibt es Fälle des „Verschwimmens". Man kann den hier gemeinten Aspekt auch den des *Einheitlichkeitsgrades* nennen. Die mehr oder weniger große Deutlichkeit einer Gestalteinheit entspricht der mehr oder weniger großen Deutlichkeit der Existenz einer Gestaltqualität, kürzer: Das *Einheits*problem der *Gestalt* entspricht dem Existenzproblem der Gestalt*qualität*. In beiden Fragestellungen wird von den konkreten Bestimmungen – die jene Einheit stiften bzw. jene Existenz bewirken – zunächst abgesehen: Bei „Einheit" wie bei „Existenz" handelt es sich nur um das formale Ergebnis. (Während dieses faktisch durch die einzelnen Merkmale bestimmt ist, bildet es andererseits das logische Subjekt – und damit die *Voraussetzung* – für konkretere Aussagen, wie sie bei Verwendung der übrigen Prägnanzaspekte und im Gefolge von Bezugssystemeinflüssen anfallen.)

a) Das Problem der für jene Deutlichkeit vor allem maßgebenden Gliederungsverhältnisse – die ihrerseits bekanntlich durch eine Reihe von Faktoren bestimmt werden – braucht hier nicht näher erörtert werden. Nur dies: Zu dem Einheitlichkeitsgrad (eines in sich zusammenhängenden Gebildes) stellt ein Zwei- oder Mehrheitlichkeitsgrad (zweier bzw. mehrerer in sich zusammenhängender Gebilde) nicht nur keinen Gegensatz, sondern sogar die korrelative Ergänzung dar. Denn immer handelt es sich um das Organisationsproblem, das sich auf Zusammenhang und Trennung zugleich bezieht, und zwar sowohl bei der Ausgliederung aus dem Feld als auch bei der Binnengliederung des Ausgegliederten.

b) Eine einheitsstiftende Eigenschaft eines Komplexes, wie sie soeben gemeint war, kann allgemein als anschauliche *Gesetzmäßigkeit* angesprochen werden, als eine den gesamten Komplex betreffende unmittelbar gegebene Ordnung. Als Gegenstück hat die anschauliche *Zufälligkeit* des in Rede stehenden Zusammen zu gelten. Für die beiden Begriffe bestehen analoge Verhältnisse wie für Deutlichkeit und Verschwommenheit (der Einheit): Die mit ihnen gegebene Dichotomie ist die Vergröberung eines Kontinuums, und zwar des Kontinuums „mehr oder weniger gesetzmäßig (geordnet)"; andererseits spiegelt sie einen natürlichen Unterschied des Erlebens wider.

Die unter a) und b) genannten Kontinuen (Einheitlichkeit und Gesetzmäßigkeit) bestimmten strenggenommen zusammen den hier in Rede stehenden Prägnanzapsekt: Die beiden charakteristischen Gesichtspunkte sind nicht unabhängig voneinander; die (anschauliche) Gesetzmäßigkeit des Zusammen ist maßgebend oder mitbestimmend für seine (anschauliche) Einheitlichkeit. Andererseits legt gerade dieses Verhältnis es nahe, die soeben (unter b) eingeführte Variable „Gesetzmäßigkeitsgrad" als für den ersten Prägnanzaspekt eigentlich Maßgebende anzusprechen. Daher möge das Symbol p_1 („erster Prägnanzaspekt" eben diesen Gesetzmäßigkeitsgrad bezeichnen. Ferner möge p_1 auch dann verwendet werden, wenn von der oben genannten Dichotomie Gebrauch gemacht wird. Dann bedeutet p_1 „gesetzmäßig" und q_1 „zufällig."

Mit dieser doppelten Verwendungsweise des Zeichens p_1 wird eine Eigenart der wortsprachlichen Terminologie übernommen: Sie kann ebenfalls einerseits für Gesetzmäßigkeit überhaupt (von beliebigem, auch geringem und verschwindendem Ausmaß), andererseits ausschließlich für einen hohen Grad von Gesetzmäßigkeit denselben Ausdruck („gesetzmäßig") gebrauchen.

2. *Die Eigenständigkeit* (p_2). Ein zweiter Aspekt des allgemeinen Prägnanzbegriffs unterscheidet zwischen dem *eigenständigen* und dem *abgeleiteten* Charakter eines Phänomens bzw. einer phänomenalen Qualität): Das Eigenständige ist das Prägnante (p_2), das Abgeleitete das Unprägnante (q_2). Hier biete sich die Dichotomie – statt der einparametrig-monotonen Variation in einem Kontinuum – unmittelbar an.

Beispiele: 1. Das (seitenparallel strukturierte) Parallelogramm ist abgeleitet gegenüber dem eigenständigen Rechteck. Dieses Beispiel ist wohl noch deutlicher als das vom schiefen (d.h. spitzen oder stumpfen) Winkel, der ein Derivat des rechten darstellt. 2. Die Grundfarben im Heringschen Farbenkreis sind eigenständig; die Zwischenfarben sind abgeleitet (und zwar je nach Lage überwiegend und maßgeblich von der einen oder der anderen der beiden benachbarten Grundfarben). – Das Farbenbeispiel zeigt, dass p_2, q_2 nicht nur bei Gestalten, sondern auch bei materialen Sinnesqualitäten anzutreffen sind.

In beiden Fällen erkennt man, dass das (p_2, q_2)-Verhältnis nicht kommutativ ist: Der rechte Winkel kann nicht (ein anderes Mal) Abkömmling eines spitzen oder stumpfen, das Rechteck nicht Derivat eines Parallelogramms sein; die Grundfarbe weist nie auf eine Zwischenfarbe hin. Solche Asymmetrie hat als allgemeines Merkmal der (p_2, q_2)-Relation zu gelten.

Wie schon gesagt wurde, setzen p_2 und q_2 eine vermöge p_1 entstehende intentionale Einheit als logisches Subjekt voraus, was durch $p_2 = p_2(p_1)$, $q_2 = q_2(p_1)$ symbolisiert werden kann.

3. *Die Integrität* (p_3). Der dritte Prägnanzaspekt stellt das „heile", „intakte", „integre" Gebilde als das prägnante (p_3) und das „gestörte", tangierte, „privative" als das unprägnante (q_3) einander gegenüber. (Die Dichotomie ergibt sich wieder ungezwungenerweise.) Eine überstarke Störung leitet zur „Zerstörung" über; in der

Umgangssprache wird ein so stark beschädigtes Gebilde „kaputt" genannt. Ein heiles Gebilde heißt auch „ganz". Die Privativität (das Gestört-, Beschädigtsein usw.) kann sich in verschiedener Weise äußern: Es kann etwas fehlen, mangeln, eine Lücke bestehen, *zu wenig* da sein; es kann aber auch Überzähliges, Überflüssiges, zu *viel* (ein Fremkörper) vorliegen; und es kann drittens etwas *anders* sein, als es „eigentlich sollte". Mangel, Schaden, Einbuße, Fälschung usw. können dem Heilen, Ganzen, Vollständigen, Richtigen den Charakter des *„nicht mehr"* (non iam) – nämlich „nicht mehr ganz" usw. – verleihen; aber auch ein *„noch nicht ganz"* kann unter Umständen den Eindruck eines privativen Gebildes bestimmen. In jedem Fall gibt es ein „Sollgebilde", das unterschritten, überschritten, oder qualitativ nicht erreicht ist. Es bildet für das Privativum den natürlichen Bezugsgegenstand. Wieder – wie im Falle p_2, q_2 – ist die zwischen einem q_3-Gebilde und dem zugehörigen p_3-Gebilde bestehende Relation asymmetrisch. Wie für p_2, q_2 bildet p_1 auch für p_3, q_3 die Voraussetzung: Es ist $p_3 = p_3(p_1)$, $q_3 = q_3(p_1)$. Die Privativität kann entweder von der gesamten Reizgrundlage des Phänomens oder nur örtlich bedingt sein. Phänomenal äußert sie sich natürlich immer in entsprechenden Ganz- und Teileigenschaften.

Über p_2, q_2 und p_3, q_3. Der Unterschied zwischen p_3, q_3 und p_2, q_2 möge an Beispielen erläutert werden.

Gegenüber der Tatsache, dass seitenparallel strukturierte Parallelogramme im allgemeinen als Derivate (q_2) von Rechtecken (p_2), schiefe Winkel als Derivate des rechten erscheinen, besteht eine Besonderung für rechtecksnahe Parallelogramme und für rechtennahe Winkel: Bei einem Winkel, der nur um wenige Grad den rechten über- oder unterschreitet, ebenso bei einem Parallelogramm, dessen Winkelverhältnis sich nur wenig (aber überschwellig) von 1 unterscheidet, handelt es sich um Fälle, die sich gerade durch ihren Beinahe-Charakter – fast ein Rechteck, nicht genau ein Rechter usw. – als privativ, q_3, erweisen (während die stärker von der Prägnanzform abweichenden Gebilde nicht als „dasselbe, nur stört" erscheinen).

Sieht man auch beim Rechteck und Parallelogramm, die oben schon mehrmals verwendet worden sind, den Fall der Abtrennung einer Ecke vor, so ergibt sich ein Quadrupel von Figuren, an denen die verschiedenen Kombinationen von Prägnanzaspektwerten, die Prägnanzcharakteristiken, demonstriert werden können (Abb. 2).

Die zweite Figur ist mathematisch ein Fünfeck, erscheint aber als Rechteck, bei dem eine Ecke abgeschnitten ist, und damit als Rechtecksprivativum. Das Parallelogramm wirkt, wie schon gesagt, als Verzerrungsprodukt (und insofern als Derivat) des Rechtecks. Die vierte Figur vereinigt in sich die beiden Abweichungsphänomene. (Rausch, 1966, 911–917)

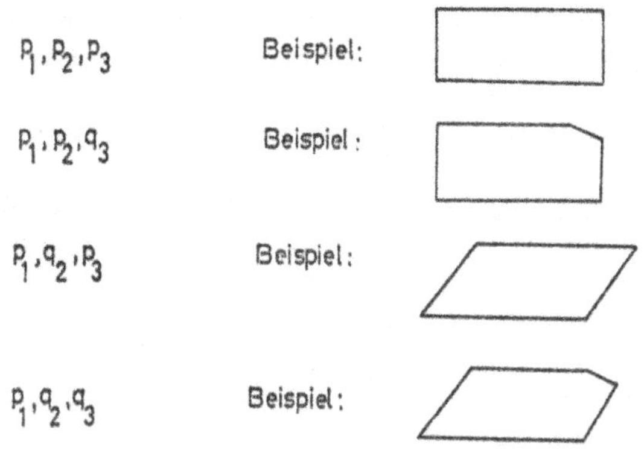

p_1, p_2, p_3 Beispiel: [rectangle]

p_1, p_2, q_3 Beispiel: [trapezoid]

p_1, q_2, p_3 Beispiel: [parallelogram]

p_1, q_2, q_3 Beispiel: [parallelogram]

Abb. 2

4. *Einfachheit der Strukturierung* (p_4): Ein ganz bestimmter Terminus aus der Reihe derjenigen, die herkömmlicherweise im Zusammenhang mit dem Prägnanzproblem verwendet werden, ist bisher noch nicht in unsere Darstellung der Prägnanzapskete eingegangen: Der Begriff des Einfachen. Es besteht eine Neigung ihn in p_1 mitzudenken; er ist aber von p_1 zu unterscheiden. Gesetzmäßigkeit kann dem Begriff nach durchaus kompliziert, das Gegenteil von einfach, sein. Zur vollen Bestimmung des allgemeinen p-Begriffs ist daher ausdrücklich die (strukturelle) Einfachheit als vierter Aspekt anzusetzen: p_4 = *von einfacher Struktur,* q_4 = *von komplizierter Struktur.*

Neben dem *Begriff* „einfache Strukturierung" als einem p-Aspekt ist die Existenz einer einschlägigen Tendenz (zur möglichst einfachen Strukturierung) hervorzuheben. Eine solche ist seit den Anfängen gestalttheoretischer Erklärungsweise angenommen worden. Allerdings ist nun, wie gesagt, die Einfachheit von der Regelmäßigkeit zu unterscheiden (während sie damals etwa synonym mit ihr verwendet wurde). Man wird von einer Tendenz zur einfachen Gesetzmäßigkeit zu sprechen haben und durch diese Formulierung, die das eine der beiden Momente als bloßes Attribut des anderen behandelt, auch für p_1, p_4 die Asymmetrie zum Ausdruck bringen, die oben bereits für p_1, p_2 und p_1, p_3 betont worden ist; Hauptmoment ist immer p_1 (Gesetzmäßigkeit, Ordnung, Sinn); die übrigen – p_2, p_3 und nunmehr p_4 – nebst ihren Gegenstücken q beziehen sich auf p_1, sind gegenüber p_1 von (logisch-)sekundärer Natur.

Kompliziertheit und Komplexität sind zu unterscheiden. Kompliziertheit ist als Eigenschaft einer *Struktur* zu verstehen. Dagegen meint die Frage nach der Komplexität das Phänomen im besonderen Hinblick auf seinen numerischen *Bestand*.

Was zunächst den *Kompliziertheits*- bzw. *Einfachheits*grad (der Vorlage) betrifft, so gibt es kein allgemeines oder allgemeingültiges Definitionsmittel, und die Inanspruchnahmen der einen oder anderen aus der Reihe der in Betracht kommenden Möglichkeiten dürfte oft nicht ohne eine gewisse Willkür erfolgen. Handelt es sich um Figuren aus der elementaren Planimetrie, insbesondere um n-Ecke, so kann daran gedacht werden, die Anzahl der Bestimmungsgrößen, durch die sich eine Figur als eindeutig festgelegt erweist, als Kompliziertheitsmaß anzunehmen. Andererseits kann die Kompliziertheit von Gebilden nach den Gesichtspunkten der analytischen Geometrie beurteilt werden: z.B. ist im Bereich der Kurven, die durch graphische Darstellung ganzer rationaler Funktionen entstehen, die gerade Linie einfacher als die Parabel, diese wieder einfacher als die Parabeln höherer Ordnung.

5. *Komplexität („Gefügefülle")* p_5: Beschreibung: Bei der Analyse des Prägnanzbegriffs haben wir bisher weder die Etymologie noch den außerpsychologischen Sprachgebrauch berücksichtigt. Beides ist nun nachzuholen. „Praegnans" heißt „schwanger", und zu fragen ist, worin der Zusammenhang dieser Wortbedeutung mit dem alltäglichen und dem psychologischen Prägnanzbegriff besteht. Ziehen wir einige Wörterbücher heran. Bei Duden wird „prägnant" durch „sinn-, bedeutungsvoll; gedrängt (im Ausdruck)" erläutert. Bei Wildhagen (Englisch-Deutsch) steht unter „pregnant": „schwanger, trächtig, fruchtbar/schwer, voll/prägnant; bedeutsam, bedeutungsvoll, gewichtig, schwerwiegend". Im Wörterbuch der philosophischen Begriffe von J. Hoffmeister heißt es: „prägnant, lat. Praegnans ‚schwanger', ‚voll von etwas', bedeutungsvoll, gedrängt; in gedrängter, klarer und scharfer Formulierung ausgedrückt."

Eine der Möglichkeiten, dem Füllemoment ausdrücklich im Prägnanzbegriff Eingang zu verschaffen, besteht darin, dass man es der Komplexität gleichsetzt: der „Gefügefülle" des Phänomens, die als Differenzierungsgrad, speziell Glied- bzw. Elementenreichtum, erscheint. Damit ist gemeint, dass von zwei Phänomenen gleichen Ordnungsgrades das komplexere den höheren Rang besitzt, eben indem in ihm die größere Mannigfaltigkeit mit dem gleichen Grad von Ordnung strukturell bewältigt ist. Dem entspricht es, dass die Komplexität als Prägnanzaspekt (p_5) aufgefasst wird. Im Gegensatz zu den bisher behandelten Präganzaspekten ist der Definitionsbereich von p_5 nicht entsprechend beschränkt, sondern deckt sich mit dem gesamten Variationsbereich von p_1 (bzw. mit dem von p_1 und q_1).

Damit steht im Einklang, dass „Kompexität" oben sowohl mit „Gliedreichtum" als auch mit „Elementenreichtum" erläutert werden konnte. Von der Gestalt als wohlgeordnetem Ganzen werden andere Formen des Gegebenseins von Mannigfaltigkeit unterschieden: die des Aggregats und des Chaos. Bei der Gestalt – die maßgeblich durch hohen p_1-Wert bestimmt ist – kann für hohe Komplexität der Terminus „Gliedreichtum" verwendet werden; bei Aggregat – das maßgeblich durch niedrigen p_1-Wert bestimmt ist – kann „Elementreichtum" die entsprechende Eigenschaft bezeichnen.

Voraussetzungen. Unter drei bestimmten Bedingungen lässt sich daran denken, die Reihe der Prägnanzaspekte noch fortzusetzen, genauer: Gesichtspunkte anzugeben, die es nahelegen oder jedenfalls als möglich erscheinen lassen, das Begriffsgebiet, dem die bisher betrachteten p_i angehören, entsprechend zu erweitern.

Die noch aufzuweisenden Aspekte sollen über den Bereich der Gefügeeigenschaften (auf den die oben genannten p_i beschränkt sind) hinausgehen dürfen.

Das Merkmal der Fülle und Dichte, das für p konstitutiv ist, soll auch für die noch zusätzlich anzugebenden p_i maßgebend sein.

Wie die vorausgehenden sollen auch die noch anschließenden p-Aspekte je eine Reihe von Werten des betreffenden Merkmals oder eine charakteristische Dichotomie darstellen derart, dass die Möglichkeit einer Steigerung (zu einem Extrem oder einem Grenzwert hin) besteht oder dass – bei der Dichotomie – ein positiver, bevorzugter von einem negativen, benachteiligten Fall unterschieden werden kann.

6. *Ausdrucksfülle* (p_6). Wie dargestellt wurde, hat Metzger den Begriff der Prägnanz mit dem des Wesens in Zusammenhang gebracht. „Wesen" bedeutet dabei das, was je nach der Struktur des Phänomens mehr oder weniger rein und am reinsten in der prägnanten Struktur zum Ausdruck kommt. Wir greifen hier den Ausdrucks- oder physiognomischen Gesichtspunkt für die Analyse des allgemeinen Prägnanzbegriffs auf und schlagen folgende Definition eines sechsten p-Aspekts vor: Ein Phänomen erfüllt umso mehr das Merkmal p_6, je ausdrucksstärker (-reicher, -voller) es ist. Dabei ist es notwendig, für den Träger der in einer Skala „Ausdrucksstärke" („-reichtum", „-fülle") einzustufenden Eigenschaften den Variabilitätsbereich als begrenzt vorauszusetzen. Denn wenn die Menge von Phänomenen, die in Betracht gezogen werden, unbegrenzt gelassen würde, so stieße die Feststellung des p_6-Grades auf Schwierigkeiten, indem sich bei heterogenen Gegebenheiten ein Vergleich – allgemein und insbesondere eben hinsichtlich p_6 – als undurchführbar und abwegig erweisen kann.

Von der im Wesensverkörperungsbegriff liegenden Forderung grundsätzlicher Koinzidenz von Ausdrucksmaximum und Prägnanzstufe wurde im Grund schon Abstand genommen, als das Prägnanzstufenproblem – dort im Gewand des Prägnanzfunktionsbegriffs – in Übereinstimmung mit den ursprünglichen Ansätzen rein formal im Bereich des Gefüges behandelt wurde. Dieser Leitlinie folgte dann auch die Aufstellung der p_1 bis p_5. Andererseits blieb damit das für die volle Wahrnehmung bedeutsame physiognomische Moment unberücksichtigt. Infolgedessen war es nun in einem besonderen p-Aspekt wieder aufzunehmen. Mit den so getrennten Gesichtspunkten lässt sich freier operieren: Wenn es darum geht, durch geeignete Kombinationen von p- und q-Aspekten, mit anderen Worten durch eine Präganzcharakteristik, ein Phänomen zu beschreiben, so können, z. B. p_2, q_2 einerseits und p_6, q_6 andererseits je nach Erfordernis sowohl mit- als auch ohne einander angesetzt werden.

7. Bedeutungsfülle (p_7): Vom Ausdruck zu unterscheiden – jedenfalls dem Begriffe nach, wenn auch im Allgemeinen nicht in der unmittelbaren Erscheinung von ihm zu trennen – ist der empirische Bedeutungsgehalt, d. h. diejenige Seite der (nicht rein formal-strukturellen) Phänomene, die durch ein einschlägiges Wissen bestimmt ist: ein Wissen von konkreten Zusammenhängen, in denen der betreffende Phänomenträger steht, von seinen Gebrauchszwecken, seinen Aktionen und Reaktionen usw.

Ein Bekannter, den man trifft, hat einen bestimmten Ausdruck, erscheint aber zugleich als derjenige, den man bei einer bestimmten Gelegenheit kennengelernt hat, der an einem bestimmten Ort wohnt, einen bestimmten Beruf besitzt, diese oder jene Auffassung vertritt, so und so heißt usw. Dinge von bestimmter Art mögen – abgesehen davon, dass sie auch eine physiognomische Seite, ein „Gesicht" haben können – durch den Umgang mit ihnen eine bestimmte Bedeutung (oft verbunden mit einer sprachlichen Bezeichnung, z. B. „Füllhalter") angenommen haben, und mit einem bestimmten Vertreter dieser Art (dem „eigenen Füllhalter") mag man besonders vertraut geworden sein; „Aktionsobjekte", „Milieudinge" sind Namen, die für Gegenstände solcher Art verwendet werden. Doch nicht nur Lebewesen und Dinge kommen als Träger von Bedeutungsgehalten in Betracht; auch Bilder, die man betrachtet, Wörter und Sätze, die man hört oder liest, besitzen neben ihren rein figural-phänomenalen Merkmalen eine Bedeutung.

Die Genese solcher Bedeutungsgehalte bildet ein sehr umfangreiches Problem, auf das hier nicht einzugehen ist. Wenn es mit dem Stichwort „Erfahrung" umschrieben wird, so ist dieser Terminus jedenfalls in seinem vollen gewichtigen Sinne zu verstehen. An dem Gedächtnisbesitz, um den es sich dabei handelt, sind weitgehend auch strukturelle Spuren beteiligt. Diese Feststellung steht übrigens nicht in Widerspruch dazu, dass Bedeutungs- und Gefügeseite des Phänomens unterschieden werden. Denn was hier der Einfachheit halber schlechthin „Gefüge" genannt wird, ist – genetisch und anschaulich – das vergleichsweise unmittelbare, von der aktuellen Reizung veranlasste strukturelle Moment des Phänomens. Soweit sich dagegen aus früheren Wahrnehmungsprozessen – nicht nur von ruhenden Vorlagen, sondern auch von Sukzession und Bewegung herrührend – Strukturen im Spurenschatz niedergeschlagen haben, der seinerseits, jeweils nur zum Teil, im aktuellen Erleben reaktiviert wird und dabei den Bedeutungsgehalt eines

Phänomens bildet oder zu ihm beiträgt, handelt es sich um Strukturen von relativer Mittelbarkeit, so dass der Bedeutungsgehalt, in den sie eingehen, von dem Gefüge durchaus unterschieden bleibt.

Nachdem einerseits Bedeutungsgehalt und Gefüge, andererseits Ausdruck und Gefüge voneinander abgehoben worden sind, verbleibt die Aufgabe, etwas über das Verhältnis von Ausdruck und Bedeutungsgehalt zu sagen. Wir begnügen uns mit der Bemerkung, dass bei Metzger ein genetischer Unterschied hervorgehoben wird: Während der Ausdruck unmittelbar zu Gefüge (oder auch zum Material) gehöre, sei der Bedeutungsgehalt „nachträglich anderswoher hinzugekommen" (Metzger, 1954, S. 69).

Die Mitbestimmtheit durch das Subjekt und die Konstruktivität: Es war von den funktionellen Zusammenhängen die Rede, in denen die als Prägnanzen angesprochenen Merkmale eine Rolle spielen, und von entsprechenden „Tendenzen". Als allgemeinster Grund für die Verwendung eines gemeinsamen Terminus für die besprochene Reihe von Merkmalen lässt sich daraufhin folgendes geltend machen: In allen Fällen wird vorausgesetzt, dass in der Wahrnehmung Kräfte am Werk sind, die (auf der Grundlage der äußeren und inneren Bedingungen) bei den resultierenden Phänomenen jene Merkmale als Aufbauleistungen des Subjekts oder des psychophysischen Organismus zustande kommen lassen, Konstruktivität und maßgebliche Mitbestimmtheit durch das Subjekt sind die beiden – sachlichen bzw. genetischen Momente, die den positiven Seiten der sieben Prägnanzaspekten gemeinsam sind und somit bereits einen gemeinsamen Namen rechtfertigen. (Rausch, E., 1966, 924–46)

Literatur

Metzger, W. (1954) *Psychologie*. Darmstadt: Steinkopff

Intelligenzprüfungen an Menschenaffen   8

(Köhler, W., 1921)

Wolfgang Köhler hielt sich bei Ausbruch des 1. Weltkrieges auf Teneriffa auf, um Studien an der dortigen Anthropoidenstation der Preußischen Akademie der Wissenschaften vorzunehmen. Kriegsbedingt verlängerte sich sein Aufenthalt um mehrere Jahre. In dieser Zeit führte er Versuche zum Problemlösen mit den Schimpansen der Station durch. Die Untersuchungen waren weniger tierpsychologisch motiviert, vielmehr sollten sie Aufschluss über grundlegende Prozesse des Denkens, insbesondere Formen und Bedingungen einsichtigen Verhaltens, ermöglichen. Weshalb er die Menschenaffen als dafür besonders geeignete Versuchstiere ansah, sagt er in der Einleitung seines Berichts. Das kleine Buch ist übrigens mehrfach neu aufgelegt worden.

Zweierlei Interessen führen zu Intelligenzprüfungen an Menschenaffen. Wir wissen, dass es sich um Wesen handelt, welche dem Menschen in mancher Hinsicht näher stehen als sogar den übrigen Affenarten; insbesondere hat sich gezeigt, dass die Chemie ihres Körpers – soweit sie sich in den Eigenschaften des Blutes dokumentiert – und der Aufbau ihres höchsten Organs, des Großhirns, der Chemie des Menschenkörpers und dem menschlichen Gehirnaufbau verwandter sind als der chemischen Natur niederer Affen und deren Gehirnentwicklung. Dieselben Wesen zeigen der Beobachtung eine solche Fülle menschlicher Züge im sozusagen alltäglichen Verhalten, dass die Frage sich von selbst ergibt, ob diese Tiere auch in irgendeinem Grade verständig und einsichtig zu handeln vermögen, wenn die Umstände intelligentes Verhalten erfordern. Diese Frage drückt das erste, man kann sagen naive Interesse an etwaigen Intelligenzleistungen der Tiere aus; der Verwandtschaftsgrad von Anthropoide und Mensch soll auf einem Gebiete festgestellt werden, das uns besonders wichtig erscheint, auf dem wir aber den Anthropoiden noch wenig kennen.

Das zweite Ziel ist theoretischer Art. Angenommen, der Anthropoide zeige unter Umständen intelligentes Verhalten von der Art des am Menschen bekannten, so ist doch von vornherein kein Zweifel, dass er in dieser Hinsicht weit hinter dem Menschen zurückbleibt, in relativ einfachen Lagen also Schwierigkeiten findet und Fehler begeht; gerade dadurch aber kann er unter einfachsten Verhältnissen die Natur von Intelligenzleistungen deutlich hervortreten lassen, während wenigstens der erwachsene Mensch, als Objekt der Selbstbeobachtung, einfache und deshalb an sich zur Untersuchung geeignete Leistungen kaum ja neu vollzieht, und als Subjekt kompliziertere nur schwer hinreichend zu beobachten vermag. So kann man hoffen, an den etwaigen Intelligenzleistungen von Anthropoiden Vorgänge wieder plastisch zu sehen, die für uns zu geläufig geworden sind, als dass man noch unmittelbar ihre ursprüngliche Form erkennen könnte, die aber wegen ihrer Einfachheit als der natürliche Ausgangspunkt theoretischen Verstehens erscheinen.

Die Versuche sind bis auf wenige Vergleichsfälle, in denen Menschen, ein Hund und Hühner beobachtet wurden, vorerst nur an Schimpansen angestellt. Sieben der ‚Tiere bildeten den alten Stamm der Anthropoidenstation, welche die Preußische Akademie der Wissenschaft von 1912 bis 1920 auf Teneriffa unterhielt. (Köhler, W., 1973 [1921], 1–3)

(Werkzeuggebrauch; eine Frucht liegt außer Reichweite der Tiere außerhalb der Gitterstäbe des Käfigs)
Das Ziel ist in keiner Weise mit dem Raume des Tieres verbunden. Die Situation enthält als einziges Hilfsmittel einen Stab, mit dem das Ziel herangezogen werden könnte.

Von den sieben Schimpansen, die der Station seit Anfang angehörten, fand sich Sultan schon recht geübt in solcher Verwendung von Stöcken, an Rana war wohl die gleiche Leistung schon beobachtet worden; wie sie bei mehreren anderen zuerst auftrat, wird in dem nächsten Teil dieser Prüfungen berichtet.

Das große Weibchen (Tschego), über dessen Kameruner Vorleben natürlich nichts bekannt ist, war bis zur Zeit des Versuches (26.2.14) fast stets von anderen isoliert gehalten worden (seit 1 ½ Jahren), und zwar in Räumen, die ihm selten Gelegenheit boten, mit beweglichen Gegenständen außer Stroh und Decke umzugehen; dagegen konnte es dem Treiben der kleinen Tiere nach Belieben zuschauen. – Tschego wird aus ihrem Zimmer in den vergitterten Raum gelassen, der ihr tagsüber als Aufenthaltsort dient; draußen außer Reichweite ihrer sehr langen Arme liegt das Ziel, drinnen in der Nähe des Gitter und etwas seitlich mehrere Stöcke. Sie versucht zunächst vergeblich mit der Hand die Früchte zu erreichen, legt sich dann weiter rückwärts nieder, macht nach einer Weile einen neuen Versuch, gibt es wieder auf usw., während mehr als einer halben Stunde; schließlich bleibt sie dauernd liegen, ohne sich weiter um das Ziel zu kümmern; die Stöcke, die unmittelbar neben ihr doch auffallen könnten, sind nicht für sie vorhanden. Jetzt aber beginnen die jüngeren Tiere, die draußen herumlaufen, sich für das Ziel zu interessieren und nähern sich vorsichtig immer mehr; mit einem Male springt Tschego auf, ergreift einen der Stöcke und kratzt, nicht ungeschickt, das Ziel (Bananen) damit heran, bis sie in Reichweite der Hand kommen. Dabei setzt sie sofort den Stock richtig hinter dem Ziel auf; sie braucht zuerst den linken, dann auch den rechten Arm und wechselt häufig zwischen beiden; der Stock wird nicht immer gehalten, wie ein Mensch es tun würde, sondern mehrfach so, wie sie auch ihr Futter zu halten liebt.

Für den nächsten Versuch (am gleichen Tag um mehrere Stunden später) werden die Stöcke noch weiter vom Gitter (und damit von dem draußen liegenden Ziel) fort und an die entgegengesetzte Käfigwand (Abstand vom Gitter 4 m) gelegt. Sie werden nicht benutzt. Nach vergeblichen Versuchen mit dem Arm anzukommen, springt Tschego auf, geht schnell in ihren Schlafraum, der mit dem Versuchskäfig durch eine kleine offenstehende Tür verbunden ist, und kehrt sofort mit ihrer Decke wieder; sie zwängt das Tuch durchs Gitter, schlägt mit ihm auf die Früchte und peitscht sie so heran; als eine Banane dabei auf den Zipfel des Tuches gerät, ändert sich das Verfahren sofort, und mit großer Vorsicht wird die Decke mit der Frucht darauf herangezogen. Indessen ist die Deckenverwendung mühselig genug; ein neues Ziel will sich gar nicht so erreichen lassen. Tschego sieht sich ratlos um, blickt dabei auch mehrfach in die Richtung der Stöcke, zeigt aber nicht das geringste Interesse an ihnen; jetzt wird ein anderer Stock schräg dem Ziel gegenüber durch die Gitterstäbe hineingeschoben; Tschego gebraucht ihn sofort. (Köhler, W., 1973 [1921], 22–25)

(Werzeugherstellung; wieder liegt eine Frucht außer Reichweite der Tiere außerhalb der Gitterstäbe des Käfigs)
Jenseits eines Gitters liegt, mit dem Arm nicht erreichbar, das Ziel; diesseits ist im Hintergrunde des Versuchsraumes ein abgesägter Rizinusbaum aufgestellt, dessen Zweige sich einigermaßen leicht abbrechen lassen; den Baum durchs Gitter zu zwängen ist wegen seiner sperrigen Form nicht möglich, auch würde nur ein größerer Affe ihn ohne Beschwerden überhaupt bis an das Gitter schleppen können. Sultan wird herbeigebracht, sieht das Ziel zunächst nicht und lutscht, gleichgültig um sich schauend, an einem der Baumzweige; auf das Ziel aufmerksam gemacht, nähert er sich dem Gitter, wirft einen Blick hinaus, dreht sich im nächsten Moment um, geht geradewegs auf den Baum zu, packt einen dünnen, schlanken Ast, bricht ihn mit scharfen Ruck ab, eilt auch schon ans Gitter zurück und erreicht das Ziel. Der Verlauf vom Umwenden zum Baum bis zum Heranziehen der Frucht mit dem abgebrochenen Ast ist eine einzige, und zwar schnell absolvierte Handlungs-

kette, ohne den mindesten ‚Hiatus' und ohne die geringste Bewegung, die nicht, sachlich gesprochen, in die geschilderte Lösung hineingehörte.

Für den erwachsenen Menschen mit seinen mechanisierten Lösungsmethoden ist in manchen Fällen, und so hier, der Nachweis erforderlich, dass eine Leistung und nicht eine Selbstverständlichkeit vorliegt. Dass das Abbrechen eines Astes von dem zunächst gegebenen Baum als ganzen eine Leistung über den einfachen Stockgebrauch hinaus bedeutet, zeigen sogleich Tiere von etwas geringerer Begabung als Sultan, die aber die Verwendung von Stöcken schon kennen.

Am gleichen Tage wird Grande geprüft. Sie greift mit dem Arm hinaus, aber alle ihre Anstrengungen sind vergeblich, sie kommt nicht an. Schließlich tritt sie vom Gitter zurück, wandert langsam durch den Raum und hockt bei dem Baum nieder, an dessen Zweigen sie eine Weile gleichmütig herumkaut. Wenn sie so ‚am Baum landet' und auch an ihm beißt, so entsteht doch keineswegs der Eindruck als habe das irgendetwas mit dem Ziel zu tun, welches überhaupt nicht beachtet wird. Nach längerem Warten, während dessen nicht eine Spur der Lösung zu beobachten ist, wird der Versuch aufgegeben. – Ich erwähne noch, dass Grande älter und viel stärker ist als Sultan, so dass sie mit der größten Leichtigkeit einen Ast abbrechen könnte.

Vier Monate später wird der Versuch wiederholt ... Grande versucht zunächst einen Eisenstab, der als provisorischer Riegelbolzen an einer Tür des Raumes angebracht ist, aus seinen metallenen Befestigungsringen herauszuziehen. Als ihr das nicht gelingt, sieht sie sich im Raume um und bleibt dabei mit dem Blick eine Weile an dem Baum haften, sieht aber dann wieder fort und bemerkt einen Tuchstreifen dicht vor dem Gitter; diesen ergreift sie und macht Anstalten, damit das Ziel heranzuschlagen. Als er ihr fortgenommen wird, rüttelt sie abermals an der Eisenstange, schaut sich als diese nicht losgeht, wieder den ganzen Raum und besonders im Hintergrunde den Baum an, erblickt einen Stein am Boden, holt ihn ans Gitter und bemüht sich vergeblich, ihn zwischen den Stangen hindurchzuzwängen; sichtlich soll er als Stockersatz dienen. Nach einem weiteren Blick rückwärts geht sie endlich auf den Baum zu, lehnt sich mit einer Hand an die Wand, stemmt die andere und einen Fuß gegen den vordersten der Äste, bricht ihn mit einem Ruck ab, kehrt sofort ans Gitter zurück und erreicht das Ziel. – Zur Erläuterung ist hier zu bemerken: Die schwarze Eisenstange, obwohl *praktisch* viel stärker befestigt als die Äste am Baum, hebt sich von der Tür aus Holz *optisch* ohne weiteres als ein *selbständiger Gegenstand* ab, zumal ihr eines Ende von der Tür fort in den Raum hineingebogen ist. Einen Ast des Baumes von diesem gewissermaßen als Stock ‚loszusehen', ist schon schwerer, und so hat Grande ja auch zweimal den Baum betrachtet, ohne dass dieser Erfolg eingetreten wäre. Von dem Augenblick an, wo sie auf den Baum zugeht, ist dagegen der Verlauf genau so geschlossen und ‚echt' wie bei Sultan.

Tschego hat an den vorhergehenden Tagen und sogar am Vormittag vor dem zu beschreibenden Versuch Stöcke als Werkzeug verwendet. – Ein Baum wird etwa 2 m vom Gitter entfernt niedergelegt, dann Tschego in den Versuchsraum gelassen. Sie beachtet den Baum zunächst nicht, sondern geht, als sie das Ziel sieht wie früher in den Schlafraum, holt ihre Decke, stopft sie zwischen den Gitterstäben durch, wirft sie auf das Ziel und sucht es auf diese Weise heranzuziehen. Denn die Decke erlaubt zwei Verwendungsarten, die beide zum Erfolg führen können: Heranschlagen (vgl. oben) und Heranziehen, nachdem die Decke auf das Ziel geworfen ist. – Das Tuch wird ihr fortgenommen, sie ergreift alsbald den Baum und strengt sich sehr an, ihn, wie er da ist, durch das Gitter hindurchzubringen. Als das nicht gelingt nimmt sie ein Bündel Stroh in die Hand, führt es ‚als Stock' hinaus und sucht mit ihm das Ziel heranzuziehen. Wie das Bündel sich zu weich erweist und das Ziel beim Heranziehen nicht mitnimmt, packt sie das Stroh in der Mitte mit den Zähnen, am Ende mit der Hand und biegt die eine Hälfte herüber, so dass ein halb so langes, aber unvergleichlich festeres Bündel, eine Art wirklicher Stock vielmehr, daraus wird; diesen verwendet sie sofort, und zwar, da die Länge noch ausreicht, mehrmals mit vollem Erfolg. – Der Verlauf vom Hereinnehmen des zu weichen Strohbündels bis zur Verwendung des gehärteten ist durchaus einheitlich, er dauert wenige Sekunden. – So hat sich eine andere Art Werkzeugherstellung ergeben, als erwartet wurde; Tschego hat keinen Augenblick Anstalten gemacht, einen Ast des Baumes abzubrechen, dagegen zugleich deutlich gezeigt, dass sie die Stockverwendung an und für sich während des Versuchs ‚präsent hatte'.

Am folgenden Tage wird die Prüfung wiederholt; das Bäumchen liegt genau an derselben Stelle wie tags zuvor am Anfang. Tschego benutzt ein Strohbündel als Stockersatz, faltet es, als es zu weich ist, ebenso wie im ersten Versuch zu doppelter Dicke und größerer Festigkeit, und als es diesmal auch nach dem Umknicken noch zu biegsam bleibt, wiederholt sie eilig das Verfahren, so dass das Bündel nun vierfach liegend, außerordentlich fest wird. Zugleich aber ist es nun zu kurz, und Tschego bemüht sich bald wieder, den ganzen Baum durch das Gitter zu drängen. Als auch das natürlich nicht gelingt kehrt sie zur Strohverwendung zurück und sitzt nach vielen Misserfolgen schließlich still da. Aber ihre Augen wandern und haften bald auf dem Bäumchen, das sie vorher etwas rückwärts hat liegen lassen. Mit einem Male und ganz abrupt packt sie zu, knickt schnell und sicher einen Ast ab und zieht sofort das Ziel damit heran. Zu den früheren Versuchen, den Baum durchs Gitter zu drängen, hat dies Verfahren keine Beziehung. Beim Abbrechen des Astes kehrt Tschego dem Gitter die eine Seite zu, das Bäumchen berührt das Gitter überhaupt nicht und wird auch weder als Ganzes aufgenommen, noch gar auf das Gitter zu bewegt; es handelt sich um nichts als eben um das *Abbrechen des Astes*.

Am ersten Tag seiner *(Kokos; eines weiteren Schimpansen)* Stockversuche hatte er durch eine ungeschickte Bewegung das Ziel noch weiter fortgestoßen, so dass er es mit dem Stock nicht mehr erreichen konnte, und erst recht nicht mit einem Stengel, der in seiner Nähe lag. Er wandte sich also einem Geranienbusch am Wegrande (seitlich) zu, ergriff eine der Ranken, brach sie ab und ging damit zum Ziel hin; unterwegs pflückte er eifrig ein Blatt nach dem anderen ab, so dass nur die lange Ranke übrig blieb; mit dieser versuchte er dann (vergeblich) das Ziel heranzuziehen. – Das Abreißen der Blätter ist richtig und falsch zugleich; *dieses*, weil der Zweig davon praktisch nicht länger wird, *jenes*, weil so *optisch* die Längsdimension besser herauskommt und die Ranke hierdurch optisch mehr zum ‚Stocke' wird. Wir werden noch sehen, wieviel für den Schimpansen (bei seinen Lösungsversuchen im allgemeinen) auf derartige optische Umstände ankommt, die bisweilen geradezu den Sieg über praktische Rücksichten davontragen. – Davon, dass Koko etwa die Blätter nur spielend abrisse, kann nicht die Rede sein; Blick und Bewegungen zeigen deutlich, dass er während des Vorganges schon ganz auf das Ziel gerichtet ist: es handelt sich um eine Vorbereitung des Werkzeugs. Spielen sieht ganz anders aus; auch habe ich noch nie einen Schimpansen, der (wie Koko hier) in seinem Gehaben den fortwährenden Drang nach dem Ziel deutlich offenbart, zu gleicher Zeit spielen sehen. (Köhler, W., 1973 [1921], 72–77)

(Ein besonderer Fall von Werkzeugverbesserung im Rahmen der Kistenversuche; eine Frucht hängt unerreichbar an der Decke; es stehen aber Kisten herum, die man aufstapeln kann, um an die Frucht zu kommen. Entscheidend ist es, den Zwischenraum zur Frucht zu überbrücken, was mit Hilfe der Kisten geschehen kann. Es werden im Text viele mehr oder weniger erfolgreiche Versuche berichtet, die gelegentlich misslingen, weil den Tieren beim Stapeln der Kisten ein Sinn für Statik abgeht.)
Es ist nicht überraschend, dass der Schimpanse, der gewisse Seiten der Situation durchaus nicht klar erfasst, von einem methodisch unwesentlichen Misserfolg ebenso wie von einem prinzipiellen Fehler beeinflusst wird und das Ganze mutlos aufgibt, weil ein Nebenumstand die erste Ausführung misslingen ließ. Ein gutes Beispiel hat schon Grande geliefert, als sie plötzlich eine zweite Kiste auf die erste setzt: Die Lösung ist nur objektiv prinzipiell gut, sie tritt auch mit dem Charakter der Echtheit auf; aber das Unglück will, dass die obere Kiste mit einer Ecke auf ein Querbrett gerät, das über die Oberfläche der unteren genagelt ist; als das Tier aufsteigen will, rutscht die Kiste zur Seite, Grande lässt sich ganz fallen und zeigt in ihrem Verhalten deutlich dass für sie damit die ganze Methode zunächst nicht mehr in Betracht kommt. – Aber dergleichen entspringt immer dem Umstand, dass eine Seite der Angelegenheit nicht klar überschaut ist, und so kommen wir schon zu dem Hauptpunkt: Der Versuch mit zwei Kisten enthält Bedingungen, welche der Schimpanse nicht recht erfasst.

Nach Misserfolgen beim Kistenversuch kommt es zu einer merkwürdigen Episode: Das Tier wendet sich älteren Methoden zu, will den Wärter an der Hand zum Ziel bringen, wird abgeschüttelt, versucht dasselbe bei mir und wird ebenfalls abgewiesen. Der Wärter bekommt den Auftrag, wenn Sultan ihn wieder heranholen will, scheinbar zuzugeben, aber, sobald dieses ihm auf die Schulter klettert, tief niederzuknien. Nicht lange, so kommt es wirklich hierzu: Sultan steigt auf die Schultern des Mannes, sobald er ihn unter das Ziel gebracht hat, der Wärter bückt sich schnell, das Tier steigt klagend herab, fasst den Wärter mit beiden Händen unters Gesäß und bemüht sich heftig, ihn in die Höhe zu drücken. Eine überraschende Art, das menschliche Werkzeug zu verbessern. (Köhler, W., 1973 [1921], 101)

A. Es handelt sich nunmehr darum, den Inhalt der (angeführten, auf unangemessenen, zufälligen Verhaltensweisen basierenden) Theorie in einer Form darzustellen, die ihr Verhältnis zu den mitgeteilten Intelligenzprüfungen so klar wie möglich hervortreten lässt. Die Bruchstücke der ‚Lösung‘, die das Tier der Theorie nach auch ‚natürlicherweise‘ und durch Zufall produziert, seien a, b, c, d, e; außer diesen und zwischen ihnen (auch ohne sie) treten im allgemeinen beliebige andere F, Y, K, R, D usw. in buntem Durcheinander auf.

Erste Frage: Wird a zurückgelegt mit Rücksicht darauf, das b, c, d, e hinterdreinkommen sollen und so alle zusammen eine Verlaufskurve ergeben, die dem sachlichen Aufbau der Situation adäquat ist? Keineswegs, denn indem a auftritt, hat es mit den b, c, d, e ebensowenig zu tun wie mit F, Y, K usw., die auf a ebensogut folgen können und es im allgemeinen auch in beliebiger Permutation tun werden; die Succession wird ja als so zufällig angesehen wie die der Gewinnzahlen im Roulette. Was von a gilt, ist sofort auf alle übrigen ‚natürlichen‘ Bruchstücke zu übertragen: sie alle sind – mit einer Ausdrucksweise, die sich über das Niveau einer bloßen Analogie erheben lässt und das ganze Problem in Zusammenhang mit dem zweiten Hauptsatz der Thermodynamik bringt – *vollkommen inkohärent*, stellen in etwas vergrößertem Maßstab einen Fall ‚*molekularer Unordnung*‘ dar. Wird dann das mindeste geändert, so ist der Sinn der Theorie verletzt.

Zweite Frage: Wann das Tier später den Verlauf a, b, c, d, e als Leistung erworben hat, beginnt es dann mit a, lässt b auf a sofort folgen usw., weil diese Teile in dieser Aufeinanderfolge als Ganzes der sachlichen Situationsstruktur entsprechen? Unzweifelhaft nicht: Es geht von a zu b über usw., nur weil aus seinem Vorleben nachwirkende Bedingungen es zwingen, auf das a das b folgen zu lassen, auf b dann c usw.

Danach ist die einzige Art, wie nach dieser Theorie die sachlichen Umstände der Situation, ihr Aufbau, bei Entstehung des neuen Verhaltens wirken, ein rein äußerliches Zusammentreffen der objektiven Umstände und des zufällig bewegten tierischen Körpers; die Situation wirkt, grob gesagt, wie ein Sieb, das nur manches von dem hindurchlässt, was darauf geworfen wird. Sieht man von dieser für unseren Zusammenhang nicht sehr interessanten Wirkung der objektiven Situationsteile ab, so ergibt sich: *Nichts von dem Verhalten des Tieres erfolgt hier von vorherein aus sachlichen Bezügen der Situationsglieder zueinander, der Aufbau dieser Situation an sich hat keinerlei Kraft, ihm gemäßes Verhalten direkt zu veranlassen.*

B. Ich habe bereits zu Beginn angegeben, wie im Fall des Umwegversuches ein Verlauf, der aus zufälligen Bruchstücken äußerlich zu einem Erfolg summiert ist, sich für die Beobachtung scharf unterscheidet von ‚echten Lösungen'. Für diese ist der gestreckte, in sich geschlossene Verlauf, wohl gar durch ein abruptes Einsetzen von dem Vorhergehenden scharf getrennt, in der Regel äußerst charakteristisch. Zugleich entspricht dieser Verlauf als Ganzes dem Aufbau der Situation, den sachlichen Beziehungen ihrer Glieder zueinander. So hat man z. B.: Ziel hinter so geformtem Hindernis auf freiem Grunde – Plötzliches Einsetzen der stockungsfreien und glatten Bewegung durch die entsprechende Lösungskurve. Der Eindruck ist zwingend, dass diese Kurve als Ganzes auftritt, und von vornherein als Produkt optischer Übersicht über den gesamten Situationsaufbau. (Die Schimpansen, deren Gebaren ja ungleich sprechender ist als das etwa von Hühnern, erweisen eigens durch ihr Blicken, dass sie wirklich zunächst eine Art Bestandsaufnahme der Situation vornehmen; aus dieser Übersicht springt dann das Lösungsverhalten hervor.)

Wir wissen bei uns selber scharf zu scheiden zwischen einem Verhalten, das von vornherein der Rücksicht auf die Situationseigenschaften entspringt, und einem anderen ohne dieses Merkmal. Nur im ersteren Fall sprechen wir von Einsicht, und nur dasjenige Verhalten von Tieren erscheint uns auch als zwingend einsichtig, das in geschlossenem glatten Verlauf von vornherein dem Situationsaufbau, der gesamten Feldgestaltung gerecht wird. Danach ist dieses Merkmal: *Entstehen der Gesamtlösung in Rücksicht auf die Feldstruktur* als Kriterium der Einsicht anzusetzen. Der Gegensatz zu der oben angeführten Theorie ist absolut: Waren dort die ‚natürlichen Teile' unter sich und mit dem Situationsaufbau inkohärent, so wird hier durchaus Zusammenhang der ‚Lösungskurve' in sich und mit der optisch gegebenen Situationsgesamtheit gefordert.

Der Schimpanse hat überhaupt nicht die Eigenheit, wenn er in die Versuchssituation eintritt, beliebige zufällige Bewegungen zu machen, aus denen sich unter anderem eine unechte Lösung addieren könnte; man sieht sehr selten, dass er im Versuch etwas vornimmt, was gegenüber der Situation an sich zufällig wäre, es müsste sonst das Interesse vom Ziel fort und auf andere Dinge hingelenkt sein. Solange die Bemühung um das Ziel andauert, pflegen vielmehr – wie beim Menschen in ähnlicher Lage – alle voneinander ohne weiteres abscheidbaren Verhaltensetappen in sich geschlossene Lösungsversuche zu sein, deren *jedem* die zufällig aneinandergereihten Teile fehlen, und vorzüglich gilt das von der zum Ziel führenden Lösung selbst: Oft zwar folgt diese auf eine Spanne der Ratlosigkeit oder der Ruhe (nicht selten des Überschauhaltens), aber in den als echt und bewiesen angesehenen Fällen kommt sie nie in einem Durcheinander blinder Impulse, sondern als eine in sich geschlossene, stetige Handlung zustande ... Wo in den Versuchen der Zufall die Lösung hervorgerufen oder begünstigt haben könnte, ist das angegeben. Beim komplexen Versuchsbedingungen kommen solche Fälle häufiger vor, doch muss von vornherein bemerkt werden, dass selbst dann noch hätte der Verlauf nicht recht jener theoretischen Deutung entsprochen. Erstens lässt sich nicht immer verhindern, dass das Tier in der Situation eine Lösung versucht, die zwar nicht zum Erfolg führt, aber doch einen Sinn ihr gegenüber hat; das Probieren besteht dann in Lösungsversuchen gegenüber der *halb*verstandenen Situation; aus *ihnen* kann sich leicht durch eine Zufall die wirkliche Lösung entwickeln, d. h. nicht aus zufälligen Impulsen, sondern aus Handlungen, die durch ihren sinnvollen Kern dem Zufall stark nachhelfen. Zweitens kann der glückliche Zufall bei einer Handlung eintreten, die mit dem Ziel gar nichts zu tun hat. Auch hier pflegt es sich nicht um einen sinnlosen Impuls zu handeln – solche produziert, wie gesagt, der Schimpanse höchstens in Zwangslagen –, sondern um irgendeine Art sinnvoller Betätigung, wenn schon nicht gegenüber dem Ziel. (Köhler, W. 1973 [1921], 135–139)

Damit dürfte auch genügend klargestellt sein, dass diese sinnlose Reproduktion ursprünglich echter und guter Lösungen durchaus nicht mit der theoriegemäßen *(gemeint ist die Lerntheorie von Thorndike)* zufälligen und wirren Produktion ‚natürlicher' Impulse zu tun hat. (Köhler, W., 1973 [1921], 141)

Zwei Jungen spielen Federball 9

(Wertheimer, M., 1945)

Die im Folgenden geschilderte Episode und ihre Analyse ist Teil des Buches von Max Wertheimer ‚Produktives Denken' bzw. ursprünglich ‚Productive Thinking'. Es wurde in den Vereinigten Staaten, in die Wertheimer mit seiner Familie emigriert war, unter Mühen auf Englisch geschrieben und dann von Wolfgang Metzger ins Deutsche übersetzt. Allerdings sagte Metzger dazu: „Ich habe die Sprache meines Lehrers nicht mehr wiedererkannt." Wertheimer hat darin seine Grundgedanken zum produktiven, kreativen Problemlösen wiedergegeben und sie von mechanischen Lösungen aufgrund von Gewohnheiten oder blindem Probieren abgehoben. Diese mechanischen Lösungen vernachlässigen danach meist, was von der Sachlage wirklich gefordert ist. Das Buch enthält sehr viele Beispiele, die den Unterschied zwischen mechanischen und produktiven Lösungen veranschaulichen. Diese Grundgedanken kehren in der Geschichte der zwei Jungen, die Federball spielen, dabei einen Konflikt erleben, diesen aber produktiv lösen, wieder.

Zwei Jungen spielten im Garten Federball. Von meinem Fenster aus konnte ich sie hören und sehen, ohne dass sie mich sahen. Der eine Junge war zwölf, der andere zehn Jahre alt. Sie spielten mehrere Spiele. Der jüngere war weit schwächer, er wurde in jedem Spiel geschlagen.

Ich hörte einiges von ihrem Gespräch. Der Verlierer – wir wollen ihn B nennen – wurde immer missmutiger. Er hatte keinerlei Aussicht. A gab oft so scharf an, dass es ihm schon unmöglich war, den ersten Ball zurückzugeben. Die Lage verschärfte sich. Schließlich warf B seinen Schläger ins Gras, setzte sich auf einem Baumstamm und sagte: „Ich mag nicht mehr". A versuchte ihn zum Weiterspielen zu überreden. Keine Antwort von B. A setzte sich neben ihn. Beide sahen recht niedergeschlagen aus.

Ich unterbreche hier die Geschichte, um den Leser eine Frage zu stellen. „Was schlagen Sie vor? Was würden Sie tun, wenn Sie der ältere Junge wären? Haben Sie einen produktiven Vorschlag?"

Wenn man beim Erzählen der Geschichte hier halt macht, beginnen manche Zuhörer sichtlich zu denken. Sie machen Bemerkungen, die zeigen, dass sie ein ernstes Problem sehen, und sie wagen sich mit gewissen Vorschlägen hervor, was der ältere Junge tun sollte … Manche verfallen in Erinnerungen, in Nachsinnen, in Betrachtungen. „Oh, solche Lagen sind mir vertraut. Wissen Sie, ich liebe Kinder. Das erinnert mich an die Sorgen meines Onkels mit seinen zwei Kindern." Oder sie entsinnen sich eines Abschnittes aus einem Lehrbuch der Kinderpsychologie.

Manche machen hübsche Subsumptionen unter allgemeine Titel: „Dies ist ein Fall von …", klassifizieren den Fall, und gehen dann oft zu mehr oder weniger überflüssigen Allgemeinheiten über, wie zum Beispiel über soziale Anpassung, über adaptives Verhalten, über Sorgenkinder.

Manche verlangen weitere Angaben, stellen eine Menge Fragen, mehr oder weniger vernünftige. Zum Beispiel: „Sicher hatte der ältere Junge mehr Übung?" Oder: „War der Jüngere allgemein langsamer in seinen Reaktionen?" Sogar psychoanalytische Fragen wurden gestellt.

Meistenteils bringen solche Versuchspersonen keine konkreten, produktiven Vorschläge hervor und wirken etwas überrascht, wenn man sie geradezu nach einem fragt. Es ist klar, dass sie überhaupt nicht an diese Möglichkeit gedacht haben, in ihrem Eifer des Erinnerns, Klassifizierens und Tatsachensammelns.

Wenn man sie geradezu fragt, schlagen fast alle irgendetwas vor. Oft in dem Ton: „Was in einer solchen Lage getan werden müsste, ist doch klar." In den meisten Fällen werden die Antworten sichtlich ohne die leiseste Bemühung zu denken gegeben, als reine Reproduktionen von früher Gesehenem oder Gehörtem, als Anwendung irgendeiner bekannten Verhaltensregel, die manchmal aus Kursen in pädagogischer Psychologie erinnert wurden.

Die Vorschläge, die gemacht werden, sind vielfach bezeichnend für vorherrschende Ansichten über Kinder, über menschliche Wesen überhaupt, über Moral, geläufige Regeln des Zusammenlebens und Lehrmeinungen, denen die Versuchspersonen anhingen. Oft kann man die Lehrmeinungen verschiedener Schulen der Psychologie in ihren weitreichenden Konsequenzen wiedererkennen.

Die gewöhnlichen Typen von Vorschlägen waren wie folgt:

„Man muss dem kleinen Jungen ein Stück Schokolade versprechen".

„Man muss ein anderes Spiel anfangen, sagen wir Schach, in dem der jüngere ebenbürtig oder sogar besser ist … Oder ihm versprechen, abwechselnd mit Federball ein anderes Spiel zu machen, in dem er bestimmt überlegen ist".

„Man muss ihn anschnauzen, damit er zur Vernunft kommt. Er sollte sich wie ein Mann benehmen und nicht so jämmerlich. Kann er nicht lernen, es hinzunehmen. Er muss es zu nehmen lernen. Man mache von seiner überlegenen Autorität Gebrauch, um den kleinere Jungen zur Vernunft zu bringen".

„Man sollte ihm ein Spiel mit Vorgaben anbieten."

„Man sollte dem jüngeren Knaben versprechen, dass der ältere von seiner überlegenen Kraft und Gewandtheit keinen vollen Gebrauch macht".

Der Leser mag später diese Vorschläge mit der eigenen Lösung der Jungen vergleichen, nicht bloß im Hinblick auf ihre Eignung – manche dieser Vorschläge sind durchaus angebracht, da sie von tatsächlichen Bedingungen der wirklichen Lage ausgehen – sondern im Hinblick auf die Art des Denkens, die daran beteiligt ist. Ich fahre nun fort mit der Geschichte. Dabei werde ich zusätzlich versuchen, zu beschreiben, was, wie ich denke, im Kopf des Jungen vorgegangen sein muss.

„Das tut mir leid. Warum machst du denn nicht mehr mit?" sagte der ältere Jungen mit scharfer zorniger Stimme. „Warum machst du das ganze Spiel kaputt? Findest du das nett, so albern Schluss zu machen?" Er wollte weiterspielen. Die Weigerung von B machte es unmöglich. Er wollte gern spielen, er wollte gern gewinnen; es war sogar hübsch, seinen Gegner mit geschickten Angaben überlisten zu können. B ist der Spielverderber, er macht es A unmöglich, zu tun, was er so gerne möchte.

Aber es war nicht so einfach. Zur gleichen Zeit war es A nicht ganz wohl in seiner Haut, er kam sich dabei doch nicht ganz in Ordnung vor. Nach einer Weile, während welcher seltsame Dinge in seinem Gesicht vorgingen – ich wollte, Sie hätten ihn sehen können, wenn er immer wieder einen flüchtigen Seitenblick auf B warf und sich wieder abwandte – sagte er, aber jetzt in ganz anderem Ton, „Es tut mir leid." Offenbar hatte ein durchgreifender Wandel stattgefunden – sichtlich tat es jetzt A wirklich leid, dass der andere Junge so unglücklich war. Er hatte gemerkt, was in B vorging, wie die Lage für den anderen Burschen aussah.

Vielleicht hatte ein trauriger, stiller Blick von B geholfen, als B einmal für einen kurzen Augenblick seinen Kopf zu A hinüberwandte. A merkte – es war kein rascher Vorgang, es dauerte einige Zeit –, warum der kleiner Junge traurig war, warum er, ohne Hoffnung sich zu behaupten, sich wie ein Opferlamm vorkam. Zum ersten Mal fühlte A, dass diese Art zu spielen, seine listigen Angaben, für B wie gemeiner Betrug aussahen; dass B sich nicht anständig behandelt fühlte, dass A's Handlungsweise ihm nicht freundschaftlich vorkam, und A fühlte, dass B irgendwie recht hatte.

Nun sah er auch sich selbst in einem anderen Licht. Anzugeben, wie er es getan hatte, ohne B die geringste Möglichkeit zum Zurückgeben zu gewähren, war etwas mehr, etwas anderes als Geschicklichkeit.

„Schau her", sagte er plötzlich, „so ein Spielen ist ja Unsinn". Es war jetzt nicht nur Unsinn für B, sondern auch Unsinn für ihn. Unsinn für das Spiel selbst. So hatte sein Kummer eine tiefere Bedeutung gewonnen.

In Erwachsenensprache ausgedrückt war es, als ob er gedacht hätte – er tat es sicher nicht, er fand seinen Weg nur aus dem Gefühl – „Es ist witzlos für zwei Gegner, so zusammen zu spielen. Das Spiel erfordert etwas von Gegenseitigkeit. Eine solche Ungleichrangigkeit passt nicht zu dem Spiel. Es wird nur zu einem rechten Spiel, wenn beide einige Hoffnung haben, dass es ihnen gelingt. Das Spiel verändert seinen ganzen Charakter, wird eine böse Sache für den einen Spieler, für den anderen, für beide, wenn keine solche Gegenseitigkeit dabei ist; ohne sie ist da nicht mehr wirklich ein Spiel – da jagt nur ein Tyrann sein Opfer im Kreise herum."

Dann änderte sich der Ausdruck seines Gesichts. Er sah aus wie jemand, der mühsam etwas zu erfassen sucht, in dem irgendetwas langsam zu dämmern beginnt, und er sagte: „So ein Spiel ist eine ulkige Sache; in Wirklichkeit bin ich doch gar nicht unfreundlich gegen Dich …" Eine bestimmte Ahnung war in ihm aufgestiegen von dem, was ein Erwachsener die ‚Ambivalenz' nennen würde, die in dem Spiel enthalten ist; einerseits ist es so nett, seine Zeit angenehm miteinander zu verbringen, gut Freund miteinander zu sein, andererseits ist da dieses Bemühen, seinen Gegner unterzukriegen, ihn zu schlagen, ihn am Gewinnen zu verhindern, – das unter bestimmten Umständen als glatte Feindseligkeit empfunden werden, ja tatsächlich dazu werden kann.

Darauf erfolgte ein wackerer, freier und tief folgerichtiger Schritt. Er murmelte etwas wie: „Muss es …?" Sichtlich wünschte er der Schwierigkeit gerade ins Gesicht zu sehen und ehrlich und ohne Umschweife mit ihr fertig zu werden. Ich deute dieses „Muss es?" als „Ist dieser Faktor der Feindseligkeit notwendig, wenn er alles verdirbt, was an dem Spiel reizvoll ist?" In diesem Augenblick erhob sich die Verhaltensfrage: „Wie kann ich es ändern? Ist es nicht möglich, nicht einen gegen den anderen zu haben, sondern …" Sein Gesicht erhellte sich und er sagte: „Ich habe einen Gedanken – wir wollen mal so spielen: Wir wollen mal sehen, wie lange wir den Ball zwischen uns hin- und hergehen lassen können, und zählen, wie oft er hin- und hergeht, ohne zu fallen. Auf wie viele Punkte wir es bringen? Meinst du, wir kommen bis zehn oder zwanzig? Wir wollen mit leichten Angaben anfangen, aber dann wollen wir sie immer schärfer machen …"

Er sprach glücklich, wie jemand, der eine Entdeckung gemacht hat. Es war etwas Neues für ihn und gleicherweise für B.

B stimmte fröhlich zu: „Das ist ein guter Gedanke. Los!" Und sie begannen zu spielen. Der Charakter des Spieles war völlig verändert; sie machten Gemeinschaftsarbeit, sie wirkten zusammen, in angestrengter und fröhlicher Tätigkeit. A zeigte nicht mehr die leiseste Neigung, B zu überlisten; es versteht sich, seine Schläge wurden allmählich schwieriger, aber er rief: „ein schärferer, kannst Du den kriegen?" in einer mitfühlenden, freundschaftlichen Weise.

Mehrere Tage später sah ich sie wieder spielen. B's Spiel war auffallend verbessert. Es war ein wirkliches Spiel; wie man an seinem späteren Verhalten sehen konnte, war es ein großes Erlebnis für A. Er hatte etwas entdeckt, etwas gewonnen, das weit über die Lösung eines kleinen Problems beim Federballspielen hinausging. ...

Diese Lösung war für den Jungen keine rein technische Angelegenheit. Sie enthielt den Übergang von einem oberflächlichen Versuch, eine Störung loszuwerden, zu dem Bemühen, sich der grundlegenden strukturellen Schwierigkeit zu stellen und produktiv mit ihr fertig zu werden.

Welches waren die Schritte, die zu dieser Lösung führten? ...

Anfänglich sah A die ganze Lage und in ihr B, das Spiel (g), die Störung, mit seinem eigenen Ich als Mittelpunkt. Durch diesen Mittelpunkt waren sie bestimmt in ihrer Bedeutung, Rolle, Stelle, Funktion für das Denken und Handeln. Im Grenzfall wäre bei dieser Einstellung B nichts als jemand, den A braucht, um zu gewinnen; infolgedessen wäre, wenn er ablehnt zu spielen, B der ‚Störenfried'. Das Spiel wäre ‚dazu da, dass ich meine Geschicklichkeit beweisen, dass ich gewinnen kann'. B stellt eine Barriere dar, die A's egozentrischen Forderungen, Vektoren, Bestätigungen im Wege steht.

A verharrte nicht bei dieser einseitigen, oberflächlichen Ansicht. Es dämmerte ihm, wie die Lage für B aussah; für B als Mittelpunkt. In dieser umzentrierten Struktur sah er nun sich selbst als einen Teil, als einen Spieler, der mit dem anderen Spieler in keiner allzu netten Weise umging.

Ein bisschen später wurde das *Spiel* selbst, seine Ganzeigenschaften und Forderungen, zum Mittelpunkt. Weder er noch der andere war nun der Mittelpunkt, beide wurden im Hinblick auf das Spiel gesehen.

Logisch ist A (wie A sich selber sieht) bei den drei Zentrierungen verschieden; dasselbe gilt für die anderen Glieder und zugleich für die dynamischen Forderungen, die Vektoren, die Lage überhaupt. Das Spiel wird nun klar als Abweichung vom dem ‚guten Spiel' gesehen.

Aber was in der Struktur des Spieles selbst liegt an der Wurzel der Störung? Es besteht da im guten Spiel ein empfindliches funktionales Gleichgewicht; einerseits, seine Zeit zusammen angenehm zu verbringen, Freundschaft zu halten; andererseits ‚zu versuchen, ihn zu schlagen'. Haltungen, tiefer als bloße äußerliche Regeln anständigen Spiels, machen das empfindliche Gleichgewicht möglich, begründen die Unterschiede zwischen einem guten Spiel und einem erbarmungslosen Kampf oder Wettbewerb, kurz, machen das Spiel zu einem Spiel. Das Gleichgewicht ist psychologisch sehr empfindlich; es kann verloren gehen – wie es in dieser Situation geschah.

Das ‚gegen', das ‚Versuchen, ihn zu schlagen', das im guten Spiel sinngemäß funktioniert, war zu einem hässlichen Zug geworden, der in die Spielsituation nicht mehr hineinpasste. Daraus erwuchs der Vektor: ‚Was kann dagegen getan werden? Und sofort?' Hier liegt die Störung. ‚Ist es nicht möglich, zum Kern der Sache vorzudringen?'

‚Ich gegen Dich' (wird) zum ‚Wir'. A und B als Teile sind nicht mehr Gegner ... sondern zwei menschliche Wesen, die auf ein gemeinsames Ziel hin zusammenarbeiten.

Alle Einzelheiten ändern ihre Bedeutung beträchtlich. Zum Beispiel bedeutet Angeben jetzt nicht mehr, B zu überwältigen, indem man es ihm unmöglich macht, den Ball zurückzugeben. Bei dem ersten Stand der Dinge ist jeder Spieler glücklich, wenn er gewinnt und der Gegner verliert, aber jetzt hat jeder an jedem guten Gang unmittelbar Freude.

Die Schritte, die dann folgen, zeigen den Übergang zu einer Erfassung der Problemlage *aus sich selbst* heraus, anstatt vom Gesichtspunkt der einen oder anderen Seite oder der bloßen Summe beider. Die Lösung wächst heraus aus dem Deutlichwerden der strukturellen Störung; dabei gewinnt die Störung eine tiefere Bedeutung. Die Spannung ist nicht oberflächlich beseitigt; vielmehr folgt die neue Richtung der Vektoren aus grundlegenden strukturellen Forderungen, die eine wahrhaft gute Situation verlangen.

Kurz zusammengefasst, stellen wir im Einzelnen fest:

1) Operationen der Umzentrierung: Übergang von einer einseitigen Ansicht zu der Zentrierung, die von der objektiven Struktur der Situation gefordert ist;
2) einen Wechsel in der Bedeutung der Teile – und der Vektoren – gemäß ihrer strukturellen Stelle, Rolle und Funktion;
3) eine Betrachtung der Lage unter dem Gesichtspunkt der ‚guten Gestalt', so dass alles zu den strukturellen Forderungen passt;
4) einen Drang, geradeswegs auf den Grund vorzustoßen, ehrlich ins Auge zu fassen, worauf es ankommt, und die Folgerungen zu ziehen.

Ich möchte bemerken, dass der Zug der Geradlinigkeit, Ehrlichkeit, Aufrichtigkeit bei einem solchen Vorgang nicht peripher zu sein scheint. Um es allgemein zu sagen, es ist eine künstliche und enge Auffassung, die das Denken als eine lediglich intellektuelle Operation ansieht und es völlig abtrennt von Frage der menschlichen Haltung, des Fühlens und der Gemütserregungen – ‚weil solche Themen zu anderen Kapiteln der Psychologie gehören'. Das ist ganz besonders klar in diesem bestimmten Beispiel, in dem Übergang von einer blind egozentrischen Auffassung mit ihren zugehörigen Gefühlen zu den späteren Schritten. Aber selbst scheinbar reine Denkvorgänge schließen eine menschliche Haltung ein – jene Art von Bereitschaft, den Sachverhalten ins Auge zu sehen, sich ihnen rückhaltlos zu öffnen und sich ehrlich und aufrichtig mit ihnen auseinanderzusetzen.

Es hängt mit diesen Dingen ein weiterer Punkt zusammen, der für ein wahres

Verständnis produktiven Denkens im theoretischen und praktischen Bereich von grundlegender Bedeutung zu sein scheint. Ich meine den Übergang von einem ersten Stadium, in dem man einfach ein bestimmtes Ziel erreichen möchte – in dem die Gedanken ganz um dieses Ziel zentriert sind –, zu einem zweiten Stadium, in dem die Vektoren, die Operationen, die Tätigkeiten durch tieferliegende Forderungen der Situation zentriert werden. In einem gewissen Sinn kann man sachblind werden, wenn man nur auf sein Ziel schaut und gänzlich von dem Drang nach *ihm* beherrscht ist. Oft muss man vergessen, was man zufällig gewollt hat, bevor man aufnahmefähig wird für das, was die Sachlage selbst fordert. Daher wird in besseren Beispielen die Haltung des Denkens weit mehr der Haltung eines Geburtshelfers oder eines weisen Ratgebers ähnlich als der eines gewandten und gewalttätigen Eroberers oder Angreifers.

Dieser Übergang ist einer der großen Augenblicke in vielen ursprünglichen Denkvorgängen. Die Rolle der rein subjektiven Interessen des Selbst wird, glaube ich, weit überschätzt. Wirkliche Denker vergessen sich selbst beim Denken. Die Hauptvektoren beim ursprünglichen Denken beziehen sich oft nicht auf das Ich mit seinen persönlichen Interessen; sie bringen vielmehr die strukturellen Forderungen der gegebenen Situation zum Ausdruck. (Wertheimer, M., 1964 [1945], 148–158)

Gestalttheorie des Ausdrucks   10

(Arnheim, R., 1949)

Der folgende Beitrag von Rudolf Arnheim ist einer der wenigen überhaupt, der sich mit den gestalttheoretischen Grundlagen des Ausdrucks befasst. Diese heben zweierlei hervor: Nicht nur lebende Wesen und deren Werke, sondern auch unbelebte Dinge können Ausdruck haben, und Ausdruck stellt ein unmittelbares Erleben dar, das keiner Zusatzprozesse wie Einfühlung, Überlegung oder Projektion bedarf. Der Artikel ist darüber hinaus theoretisch wichtig, weil er das von Köhler betonte Isomorphieprinzip auf die ausdruckgebenden und eindruckerlebenden Interaktionspartner anwendet. Dieses Prinzip ist in der gesamten Sekundärliteratur an keiner Stelle so ausführlich, aber auch mit den Problemen seiner konsequenten Anwendung, behandelt worden. Einige der Annahmen sind heute wohl nicht mehr mit gehirnphysiologischen Erkenntnissen in Einklang, andererseits könnten die Fortschritte auf diesem Gebiet eine Reihe von Vermutungen plausibler machen und eventuell in der Forschung aufgegriffen werden.

Wie sieht die genaue Lage und Größe des Bereichs aus, den der Begriff ‚Ausdruck' deckt? Es gibt bis heute keine allgemein akzeptierte Definition. Um zu klären, was im vorliegenden Aufsatz mit Ausdruck gemeint ist, muss erst angegeben werden, (a) welcher Art der Wahrungsnehmungsreiz ist, der die zu erörternde Erscheinung nach sich zieht, und (b) welcher Art der geistige Prozess ist, dem sie ihre Existenz verdankt. Diese Begrenzung unseres Themas wird aufzeigen, dass der Bereich der Wahrnehmungsgegenstände, die laut Gestalttheorie Ausdruck an sich haben, ungewöhnlich groß ist, und dass der Ausdruck als das Erzeugnis von Wahrnehmungseigenschaften definiert wird, die von verschiedenen anderen Schulen für nicht existent oder unwichtig gehalten werden.

So wie er heute gebraucht wird, bezieht sich der Begriff ‚Ausdruck' hauptsächlich auf Äußerungen der menschlichen Persönlichkeit. Die Erscheinungs- und Wirkungsweisen des menschlichen Körpers können als ausdrucksvoll bezeichnet werden. Die Form und die Proportionen des Gesichts oder der Hände, die Spannungen und der Rhythmus von Muskeltätigkeit, Gangart, Gestik und anderen Bewegungen können Gegenstand der Beobachtung sein. Außerdem wird Ausdruck heute allgemein als etwas verstanden, das über den Körper der beobachteten Person hinausreicht. Die ‚projektiven Tests' machen die charakteristischen Auswirkungen und Reaktionen auf die Umwelt zunutze. Die Art und Weise, wie sich ein Mensch kleidet, sein Zimmer sauber hält, wie er spricht und schreibt, wie er mit dem Pinsel, den Farben, den Blumen umgeht, wie er sich am liebsten die Zeit vertreibt; die Bedeutung, die er Bildern, Melodien oder Tintenklecksen zuschreibt; die Geschichten, die er Puppen spielen lässt; seine Interpretation einer dramatischen Rolle – diese und zahllose andere Äußerungen drücken etwas aus, insofern sie Schlüsse über die Persönlichkeit oder den augenblicklichen seelischen Zustand des Individuums zulassen. Die Gestaltpsychologen erweitern den Bereich der Ausdruckserscheinungen über diese Grenze hinaus. Aus Gründen, die zu erörtern sein werden, halten sie es für unerlässlich, auch vom Ausdruck zu sprechen, den unbeseelte Dinge, zum Beispiel Berge, Wolken, Sirenen, Maschinen vermitteln.

Ist der Ausdrucksträger bestimmt, muss angegeben werden, welcher Art der geistige Prozess ist, der die Erscheinung erzeugt. Die Gestaltpsychologie ist der Meinung, dass die verschiedenen Erfahrungen, die im allgemeinen als ‚Ausdruckswahrnehmung' eingestuft werden, von einer Reihe psychologischer Prozesse verursacht werden, die zum Zweck einer theoretischen Analyse voneinander unterschieden werden sollten.

In diesem Aufsatz bleibt der Einsatz vergangener Erfahrungen zur Deutung von Wahrnehmungsbeobachtungen aus dem Bereich des Ausdrucks ausgeschlossen und wird der Lernpsychologie zugewiesen. Ich werde mich nur mit Fällen befassen, in denen – nach der Gestaltpsychologie – das Sinnesmaterial einen wahrnehmungsmäßig selbstverständlichen Ausdruck an sich hat. Die Art und Weise, wie ein Mensch die Lippen aufeinanderpresst oder seine Stimme erhebt oder einem Kind über den Kopf streicht oder zögernd einen Fuß vor den anderen setzt, soll Faktoren enthalten, deren Bedeutung allein durch das Betrachten unmittelbar verstanden werden kann. Fälle solche unmittelbaren Ausdrucks beschränken sich nicht auf die Erscheinungs- und Verhaltensweise des eigenen Körpers der betreffenden Person. Sie finden sich auch bei so ‚projektivem' Material wie etwa dem aufwühlenden Rot im Lieblingskleid einer Frau oder im ‚gefühlvollen' Charakter der Musik, die sie bevorzugt. Darüber hinaus sollen auch unbeseelte Dinge unmittelbaren Ausdruck vermitteln. Der aggressive Blitzschlag oder der besänftigende Rhythmus des Regens beeindrucken den Beobachter durch Wahrnehmungsqualitäten, die nach der Gestaltpsychologie von der Wirkung, die sein Wissen auf die Natur dieser Ereignisse ausübt, theoretisch unterschieden werden müssen. Es wird jedoch angenommen, dass praktisch jede konkrete Erfahrung Faktoren beiderlei Art zusammenbringt.

Wenn wir auf Ausdruck nicht nur in beseelten, sondern auch in unbeseelten Dingen verweisen, fordern wir terminologische Schwierigkeiten heraus. Das Wort ‚Ausdruck' deutet ein Handeln an, ein Ausdrücken oder Auspressen. Solange Ausdruck, wie traditionell üblich, auf Änderungen von seelischen Zuständen beim Menschen oder beim Tier beschränkt bleibt, ist die Bedeutung klar. Aber was kann schon durch die Erscheinung eines seelenlosen Dinges ausgedrückt werden? Die Theorien von der ‚Einfühlung' oder der ‚Vermenschlichung der Natur', auf die ich noch zu sprechen kommen werde, halfen vorübergehend. Nach diesen Theorien wurde der seelische Zustand des Betrachters auf das Objekt projiziert, so dass das Objekt so aussah, als drücke es seine eigene Seele aus. Würde aber die Projektion auf den ihr zustehenden Bereich begrenzt, blieb das echte Phänomen des Ausdrucks in der Wahrnehmungserscheinung des Objektes selbst. Wer drückte nun in diesem Fall was aus? Um diese Frage von Anfang an zu klären, möchte ich das entscheidende Argument dieser Arbeit vorwegnehmen, nach dem alle Wahrnehmungsgegenstände dynamisch sind, das heißt, von gerichteten Spannungen erfüllt. Diese Spannungen sind feste Bestandteile des Wahrnehmungsreizes, wie die Tönung einer Farbe oder die Größe einer Form. Sie haben jedoch eine einzigartige Eigenschaft, die von den anderen Bestandteilen nicht geteilt wird: als Erscheinungskräfte veranschaulichen sie und erinnern sie an das Verhalten von Kräften anderswo und im Allgemeinen. Dadurch, dass sie das Objekt oder Ereignis mit einer wahrnehmbaren Verhaltensform ausstatten, geben ihm diese Spannungen ‚Charakter' und erinnern sie an andere Objekte und Ereignisse. Das ist gemeint, wenn gesagt wird, dass diese dynamischen Aspekte des Wahrnehmungsgegenstandes seinen ‚Charakter' ausdrücken.

Der wahrgenommene Charakter entspricht vielleicht einem ähnlichen physikalischen Zustand, etwa wenn die Zähflüssigkeit von Teer im Wahrnehmungscharakter seines Fließens ausgedrückt wird. Oder es gibt diese Entsprechung nicht, etwa in der passiven Schlaffheit des Telefonhörers. Sekundär kann Ausdruck auch – zu Recht oder Unrecht – auf einen übereinstimmenden seelischen Zustand verweisen. Worauf es jedoch in erster Linie ankommt, das ist der Charakter des Wahrnehmungsgegenstandes selbst, der durch die in ihm vorhandenen gerichteten Spannungen ‚ausgedrückt' wird. Die Form des Telefonhörers ‚drückt' die Schlaffheit ‚aus'.

Ein paar Bemerkungen zu den Untersuchungen über die Leistungen der Beobachter sind angebracht. Ein Blick auf die Ergebnisse enthüllt einen merkwürdigen Kontrast. Eine Forschergruppe meldet im Wesentlichen negative Befunde. Eine andere, die sich hauptsächlich aus Gestaltpsychologen zusammensetzt, behauptet, dass Beobachter bei der Beurteilung von Porträts, Handschriften und ähnlichem

Material eine Erfolgsquote aufweisen, die über den Zufall eindeutig hinausgeht. Aus Untersuchungen der ersten Art sind pessimistische Verallgemeinerungen gezogen worden. Das Thema ‚Ausdruck' wird gelegentlich mit jener lässigen Abneigung behandelt, die die frühen behavioristischen Aussagen zur Introspektion kennzeichnete. Diese Einstellung war einer weiteren Erforschung nicht gerade dienlich.

Der Hauptgrund für die widersprüchlichen Ergebnisse liegt in der unterschiedlichen Art des Vorgehens. Bei Untersuchungen der ersten Art wurde gefragt: Wie zuverlässig lässt sich der körperliche Ausdruck des Durchschnittsmenschen oder eines zufällig ausgewählten Mitgliedes einer bestimmten Gruppe von Menschen deuten? Das Interesse konzentrierte sich dabei auf die wichtige praktische Frage nach dem Ausmaß, bis zu dem man sich im täglichen Leben auf den Ausdruck verlassen kann. Die Gestaltpsychologen bevorzugen dagegen das allgemein übliche wissenschaftliche Verfahren, die zu untersuchende Erscheinung so sogfältig wie möglich zu klären. Sie suchten nach den günstigsten Bedingungen für die Beobachtung. Ein großer Teil ihrer Bemühungen galt der Auswahl und Vorbereitung von Objektgruppen, die versprachen, Ausdruck klar und deutlich zu demonstrieren.

Hier sind einige der Faktoren, die vielleicht erklären können, warum bei Experimenten mit zufällig ausgewähltem Material oft enttäuschende Ergebnisse gab: (a) Die alltägliche Beobachtung deutet an, dass die Strukturmodelle von Charakter, Temperament, Stimmung nicht bei allen Menschen gleichermaßen prägnant sind. Während manche Individuen ausgesprochen deprimiert oder sorglos, stark oder schwach, harmonisch oder disharmonisch, warm oder kalt sind, kommen uns andere unbestimmt, lauwarm und unbeständig vor. Wie immer diese Unbestimmtheit im Einzelnen aussehen mag, so erwartet man wohl doch, dass die entsprechenden Gesichter, Gesten und Handschriften in der Form und deshalb auch im Ausdruck ähnlich und deutlich sind. Wenn man derartiges Material untersucht, bemerkt man in einigen Fällen, dass die maßgebenden Strukturmerkmale nicht klar definiert sind. In anderen Fällen ergeben Faktoren, die in sich selbst prägnant sind, etwas, das weder Harmonie noch Widersprüche, sondern einen Mangel an Einheit oder Verwandtschaft aufweist, der das Ganze bedeutungslos und ausdruckslos macht. Viele eindrucksvolle Beispiele ergeben sich aus den Experimenten mit zusammengesetzten Gesichtern, die aus willkürlich zusammengestellten Stirnen, Nasen, Kinnen bestehen. Wenn Beobachter mit derartigem Material überhaupt etwas anzufangen wissen, dann ist das vermutlich darauf zurückzuführen, dass sie raten, was diese künstlichen Vorlagen bedeuten sollen, anstatt unmittelbar die Ausdruckskraft der Formen wahrzunehmen. (b) die Gegenwart der Kamera des Porträtphotographen führt leicht dazu, den Ausdruck eines Menschen zu lähmen, sodass er befangen und gehemmt wird und eine unnatürliche Stelle einnimmt. (c) Schnappschüsse sind nur einen Augenblick dauernde Phasen, zeitlich und räumlich aus der Handlung und dem Hintergrund herausgenommen, in die sie hineingehören. Sie können manchmal die ganze Form, aus der sie herausgenommen werden, in hohem Maße ausdrücken und darstellen. Häufig gelingt ihnen das nicht. Außerdem gibt es Faktoren wie den Blickwinkel, aus dem ein Bild gemacht wird, die Auswirkungen der Beleuchtung auf die Form, die Wiedergabe von Helligkeits- und Farbwerten sowie kleine Veränderungen durch das Retuschieren. Faktoren, die es unmöglich machen, eine Zufallsphotographie als verlässliches Porträt zu akzeptieren. (d) Wenn im Rahmen von Zuordnungsexperimenten eine Reihe von Vorlagen willkürlich kombiniert wird, können zufällige Ähnlichkeiten im Ausdruck entstehen, die eine Unterscheidung schwierig machen, obwohl jede Vorlage in sich selbst durchaus prägnant ist.

Man muss daraus wohl folgern, dass das Erkennen von Ausdruck nur unter optimalen Bedingungen als verlässlich und gültig bewiesen worden ist. Für das durchschnittliche Gesicht, die durchschnittliche Stimme, Geste, Handschrift usw. sind die Ergebnisse in aller Regel nicht so positiv. Will man jedoch alle Zweifel an der Gültigkeit dieser Tatsache ausräumen, muss man die durch ungeeignete Versuchsbedingungen geschaffenen zusätzlichen Hindernisse reduzieren.

Assoziationismus. Was versetzt Beobachter in die Lage, Ausdruck zu beurteilen? Die herkömmliche Theorie, die an unsere Generation weitergereicht wurde, ohne dass sie groß in Frage gestellt worden wäre, stützt sich auf Assoziationismus. In seinem Essay über das Sehen erörtert Berkeley die Art und Weise, wie man im Aussehen eines Menschen Scham oder Wut sieht: „Diese Gefühlsausbrüche selbst sind unsichtbar. Trotzdem werden sie vom Auge eingelassen, zusammen mit Farben und Veränderungen des Gesichtsausdrucks, die das unmittelbare Objekt des Sehens sind und die auf diese Gefühlsausbrüche schließen lassen, und zwar einzig und allein auf Grund vorhergegangener Beobachtungen; ohne eine solche Erfahrung hätten wir das Erröten ebensogut für ein Zeichen der Freude wie der Scham halten können."

Eine Abwandlung der Theorie der Assoziationisten vertritt die Meinung, dass Beurteilungen des Ausdrucks auf Stereotypen beruhen. Nach dieser Ansicht verlässt sich die Interpretation nicht auf die spontane Einsicht eines Menschen oder auf seine wiederholte Beobachtung des Zusammengehörigen, sondern auf Traditionen, die er von seiner sozialen Gruppe fertig übernommen hat. Es ist ihm zum Beispiel gesagt worden, dass Adlernasen von Mut zeugen und dass vorstehende Lippen Sinnlichkeit verraten. Die Verfechter dieser Theorie geben im Allgemeinen zu verstehen, dass solche Urteile falsch sind, als könne man Informationen nie trauen, die nicht auf eigener Erfahrung beruhen. Tatsächlich liegt jedoch die Gefahr nicht in der sozialen Herkunft der Information. Was zählt, ist, dass die

Leute dazu neigen, sich einfach strukturierte Begriffe auf der Basis ungenügender Beweise anzueignen, die aus eigener Anschauung oder aus zweiter Hand stammen können, und dann diese Begriffe angesichts gegensätzlicher Tatsachen unverändert beizubehalten. Während dies zu vielen einseitigen und vollkommen falschen Bewertungen von Individuen und Gruppen von Individuen führen kann, erklärt das Vorhandensein von Stereotypen noch nicht die Herkunft physiognomischer Urteile. Wenn diese Urteile der Tradition entstammen, was ist dann die Quelle der Tradition? Stimmen sie oder stimmen sie nicht? Auch wenn sie oft falsch angewandt werden, können traditionelle Deutungen der Körperbeschaffenheit und des Verhaltens durchaus auf richtigen Beobachtungen beruhen. Ja, vielleicht sind sie gerade deswegen so langlebig, weil sie so wahr sind.

Einfühlung. Die Theorie der Einfühlung nimmt eine Zwischenstellung ein; sie liegt zwischen der traditionellen und einer moderneren Betrachtungsweise. Diese Theorie wird oft als reine Erweiterung der Assoziationstheorie formuliert, die dazu bestimmt sei, sich um den Ausdruck unbeseelter Dinge zu kümmern. Wenn ich die Säulen eines Tempels ansehe, so kenne ich aus früherer Erfahrung die Art von mechanischem Druck und Gegendruck, die sich in der Säule abspielt. Ebenfalls aus früherer Erfahrung weiß ich, was ich empfinden würde, wenn ich die Stelle der Säule einnehmen würde und wenn diese physischen Kräfte auf meinen Körper und in ihm wirken würden. Ich projiziere meine Gefühle auf die Säule und verleihe ihr durch diese Beseelung Ausdruck.

Lipps nahm für die Beziehung zwischen den physischen Kräfte in dem beobachteten Gegenstand und der psychischen Dynamik im Beobachter das Gestaltprinzip des Isomorphismus vorweg; und in einem späteren Abschnitt (desselben) Aufsatzes verwendet er sogar die Assoziation der ‚Charakterähnlichkeit' für die Beziehung zwischen dem wahrgenommenen Rhythmus von Musiktönen und dem Rhythmus anderer psychischer Prozesse, die sich im Zuhörer abspielen. Das bedeutet, dass Lipps zumindest für eine strukturelle Eigenschaft, den Rhythmus nämlich, eine mögliche innere Ähnlichkeit zwischen den Wahrnehmungsmustern und der Ausdrucksbedeutung, die sie dem Beobachter vermitteln, erkannte.

Die Methode der Gestaltpsychologen. Die Gestalttheorie des Ausdrucks räumt zwar ein, dass sich auf der Basis einer rein statistischen Übereinstimmung Entsprechungen zwischen physischen und psychischem Verhalten entdecken lassen; sie besteht aber darauf, dass wiederholte Assoziation weder das einzige noch das allgemein übliche Mittel ist, das zum Verständnis von Ausdruck führt. Gestaltpsychologen vertreten die Auffassung, dass das Ausdrucksverhalten seine Bedeutung unmittelbar in der Wahrnehmung enthüllt. Diese Betrachtungsweise stützt sich auf das Prinzip des Isomorphismus, demzufolge Prozesse, die in verschiedenen

Ausdrucksmitteln ablaufen, in ihrer strukturellen Organisation trotzdem ähnlich sein können. Auf Körper und Seele angewandt bedeutet das: Wenn die Kräfte, die das Körperverhalten bestimmen, denen, die die entsprechenden Seelenzustände charakterisieren, strukturell ähnlich sind, wird vielleicht verständlich, weshalb sich die psychische Bedeutung unmittelbar von der Erscheinung und vom Verhalten eines Menschen ablesen lässt.

Es ist hier nicht meine Absicht, die Gültigkeit der Gestalttheorie nachzuweisen. Ich will mich darauf beschränken, auf einige ihrer Aspekte aufmerksam zu machen. Bisher stehen nur kurze Darstellungen der Theorie zur Verfügung. Wolfgang Köhlers und Kurt Koffkas Bemerkungen zu dem Thema sind jedoch ausführlich genug, um anzudeuten, dass Isomorphismus auf nur zwei Ebenen, nämlich die in der beobachteten Person ablaufenden psychischen Prozesse und das entsprechende Verhalten, nicht ausreichen würde, das unmittelbare Verständnis von Ausdruck durch Wahrnehmung zu erklären. Das folgende ist ein Versuch, eine Reihe von psychologischen und physischen Ebenen in der beobachteten Person und im Beobachter anzuführen. Ebenen auf denen isomorphe Strukturen vorhanden sein müssen, um die Gestalt-Erklärung zu ermöglichen.

Nehmen wir einmal an, eine Person A mache eine ‚zärtliche' Geste, die von einem Beobachter B als solche erfahren wird. Auf der Grundlage des psychophysischen Parallelismus in seiner Gestaltform würde man davon ausgehen, dass die Zärtlichkeit in A's Gefühlen, Ebene I) einem hypothetischen Prozess in A's Nervensystem (Ebene II) entspricht und dass die zwei Prozesse, der psychische und der physiologische, isomorph, d.h. strukturgleich, sind.

Der neurale Prozess steuert die Muskelkräfte, die die Geste von A's Arm und Hand erzeugen (Ebene III). Man muss auch hier wieder annehmen, dass das besondere Kräftemuster aus mechanischer Handlung und Hemmung in A's Muskeln strukturell der Konfiguration der physiologischen und psychischen Kräfte auf den Ebenen II und I entspricht. Die Muskeltätigkeit wird von einer kinästhetischen Erfahrung (Ebene IV) begleitet, die ihrerseits wieder mit den anderen Ebenen isomorph sein muss. Die kinästhetische Erfahrung braucht sich nicht immer einzustellen; sie ist nicht absolut unerlässlich. Die wahrgenommene Zärtlichkeit in der Geste des anderen wird jedoch von ihm als passende Äußerung seines Seelenzustandes erfahren.

Schließlich sorgen die Muskelkräfte der Ebene III dafür, dass A's Arm und Hand eine bestimmte Bewegung, etwa eine Parabel, ausführen (Ebene V); und wieder müsste die geometrische Figur dieser Kurve mit der Struktur der Prozesse auf den vorhergehenden Ebenen isomorph sein. Ein elementares geometrisches Beispiel kann vielleicht die Bedeutung dieser Aussage erläutern. Geometrisch gesehen ist ein Kreis das Ergebnis einer einzigen Strukturbedingung. Er ist der geometrische Ort aller Punkte, die von einem Mittelpunkt gleich weit entfernt sind.

Tabelle Isomorphe Ebenen

Beobachtete Person

• I Seelenzustand	psychologisch
• II Neurale Entsprechung von I	elektrochemisch
• III Muskelkräfte	mechanisch
• IV Kinästhet. Entsprechung von III	psychologisch
• V Köperform und -bewegung	geometrisch

Beobachter

• VI Netzhautprojektion von V	geometrisch
• VII Kortikale Projektion von V	elektrochemisch
• VIII Wahrnehmungsmäßige Entsprechung von VII	psychologisch

Eine Parabel erfüllt zwei solcher Bedingungen. Sie ist der geometrische Ort aller Punkte, die von einem Punkt und einer Geraden gleich weit entfernt sind. Man kann die Parabel einen Kompromiss zwischen zwei strukturellen Anforderungen nennen. Jede der beiden strukturellen Bedingungen gibt der anderen nach. Gibt es eine mögliche Verbindung zwischen diesen geometrischen Eigenschaften der Parabel und der besonderen Konfiguration physischer Kräfte, denen wir Zärtlichkeit zuschreiben? Man könnte auf einen physikalischen Prozess verweisen, der Parabelmuster erzeugt. So ist zum Beispiel in der Ballistik die Parabelbahn eines Geschosses das Ergebnis eines ‚Kompromisses' zwischen der Richtung des auslösenden Anstoßes und der Anziehungskraft des Schwerfeldes. Die zwei Kräfte ‚geben' einander ‚nach'.

An diesem Punkt muss die Beschreibung von der beobachteten Person A auf den Beobachter B übergehen. B's Augen empfangen ein Bild (Ebene VI) der Geste, die A's Arm und Hand ausführen. Wie kann dieses Bild B den Eindruck hervorrufen, er beobachte eine zärtliche Geste? Es mag stimmen, dass sowohl das geometrische Muster der Geste als auch die Konfiguration der Muskelkräfte, die dieses Muster herbeiführte, strukturell als etwas charakterisiert werden können, das Kompromiss, Anpassungsfähigkeit und Nachgiebigkeit enthält. Doch diese Tatsache allein genügt noch nicht, um die unmittelbare Erfahrung zu erklären, die B offenbar aus seiner Wahrnehmungsbeobachtung erhält. An diesem Punkt wird klar, dass sich die Gestalttheorie des Ausdrucks nicht nur dem Problem genübersieht, zu zeigen, wie sich psychische Prozesse aus dem Körperverhalten ableiten lassen, sondern dass ihre erste Aufgabe darin besteht, die Tatsache glaubhaft zu machen, dass die Wahrnehmung von Form, Farbe usw. dem Beobachter die unmittelbare Erfahrung eines Ausdrucks vermitteln kann, der mit der Organisation des beobachteten Reizmusters strukturgleich ist.

A's Geste wird auf die Netzhaut von B's Augen projiziert und dann über die Netzhautabbilder auf die Sehzentren in B's Großhirn (Ebene VII). Dementsprechend nimmt B die Geste A's wahr (Ebene VIII). Besteht nun möglicherweise eine Ähnlichkeit zwischen der geometrischen Struktur der Reizkonfiguration und der Struktur des Ausdrucks, den sie dem Beobachter vermittelt? Wir können zu unserer mathematischen Analyse des Kreises und der Parabel zurückgehen. Einfach Experimente bestätigen, was Künstler aus Erfahrung wissen, dass nämlich ein Kreisbogen ‚härter', weniger biegsam aussieht als ein Parabelbogen. Verglichen mit dem Kreis sieht die Parabel sanfter aus. Man könnte diesen Befund dadurch zu erklären versuchen, dass man annimmt, der Beobachter kenne aus früherer Erfahrung die geometrischen Eigenschaften solcher Muster oder die Eigenart der häufig von ihnen erzeugten physikalischen Kräfte. Dies würde uns zur Theorie des Assoziationismus zurückbringen. Wenn man in Gestaltbegriffen denkt, bietet sich eine andere Erklärung an.

Man kann davon ausgehen, dass die Projektion des Wahrnehmungsreizes auf das Gehirn, und da vor allem auf die Sehzentren im Großhirn, eine Konfiguration aus elektrochemischen Kräften im Bereich des Großhirns erzeugt. Die Gestalt-Experimente mit der Wahrnehmung lassen darauf schließen, dass Wahrnehmungsreize auf der Netzhaut organisatorischen Prozessen im Gehirn ausgesetzt werden. Das Ergebnis dieser Prozedur ist, dass die Elemente der Sehmuster als nach Wertheimers Regel gruppiert wahrgenommen werden. Dazu kommt, dass jedes Sehmuster als eine organisierte Ganzheit erscheint, in der einige beherrschende Strukturmerkmale die Gesamtform und die Richtungen der Hauptachsen bestimmen, während andere untergeordnete Funktionen haben.

Aus denselben Gründen werden unter bestimmten Bedingungen Abwandlungen der objektiven Form wahrgenommen.

Es ist zu beobachten, dass sich all diese experimentellen Befunde auf die Auswirkungen der Beanspruchungen und Belastungen konzentrieren, die das Gehirnfeld organisieren. Gibt es denn irgend einen Grund zu der Annahme, dass sich nur die Auswirkungen dieser dynamischen Prozesse – der Gruppierungen, der Hierarchien von Strukturfunktionen und der Abwandlungen von Form und Größe – in der Wahrnehmungserfahrung widerspiegeln? Warum sollten nicht auch die Beanspruchungen und Belastungen der Gehirnkräfte selbst ihr psychologisches Gegenstück haben? Es scheint einleuchtend, dass sie die physiologische Entsprechung dessen darstellen, was als Ausdruck erfahren wird.

Eine derartige Theorie würde also den Ausdruck zu einem wesentlichen Bestandteil der elementaren Wahrnehmungsprozesse machen. *Man könnte dann Ausdruck als das psychologische Gegenstück der dynamischen Prozesse definieren, die zur Organisation der Wahrnehmungsreize führen.* Wenn auch der konkrete Nachweis offensichtlich noch in weiter Ferne liegt, so ist doch die grundlegende Annahme um einiges konkreter geworden, seit Köhler und Hans Wallach Erscheinungen von Wahrnehmungsgröße, -form und -lage mit der Tätigkeit elektrochemischer Kräfte erklärt haben. Die Zukunft wird zeigen müssen, ob sich die Theorie auf die Ausdruckserscheinungen ausdehnen lässt.

Es ist nun möglich, zu der Frage zurückzukehren, wie die Wahrnehmung von Form, Bewegung usw. einem Beobachter die unmittelbare Erfahrung eines Ausdrucks vermitteln kann, der mit der Organisation des beobachteten Reizmusters strukturgleich ist. Ich habe oben auf Kräftekonstellationen hingewiesen, die ein Objekt dazu bringen, sich in einer parabolischen Kurve zu bewegen. Die Physiker können uns vielleicht sagen, ob sich das Beispiel aus der Ballistik umkehren lässt. Kann ein Parabelmuster, das aufs Gehirnfeld projiziert wird, unter bestimmten Bedingungen eine Konstellation von Kräften auslösen, die die Strukturerfahrungen von ‚Kompromiss' oder ‚Nachgiebigkeit' enthalten? Wenn ja, dann ließe sich zwischen den Gehirnkräften und den als Ebenen I–IV beschriebenen Kräften Isomorphismus feststellen.

Damit ist die Beschreibung isomorpher Ebenen abgeschlossen. Wenn die Darstellung stimmt, dann besagt die These der Gestalttheorie, dass ein Beobachter den Seelenzustand eines anderen Menschen durch eine Betrachtung der körperlichen Erscheinung dieses Menschen zutreffend beurteilt, wenn die psychische Situation der beobachteten Person und die Wahrnehmungserfahrung des Beobachters mit Hilfe der Reize dazwischenliegende isomorphe Ebenen Strukturgleichheit herstellen.

Ausdruck als Wahrnehmungsqualität. Die oben gegebene Definition deutet an, dass Ausdruck ein wesentlicher Bestandteil des elementaren Wahrnehmungsprozesses ist. Das überrascht eigentlich nicht. Die Wahrnehmung ist nur dann ein reines Instrument zur Erfassung von Farbe, Form, Geräuschen usw., wenn sie für sich allein gesehen wird, unabhängig von dem Organismus, von dem sie ein Teil ist. Im richtigen biologischen Zusammenhang erscheint die Wahrnehmung als das Mittel, dessen sich der Organismus bedient, um über die freundlichen, feindlichen oder sonst wie relevanten Umweltkräfte, auf die er zu reagieren hat, Informationen einzuholen. Diese Kräfte offenbaren sich ganz unmittelbar durch das, was hier als Ausdruck beschrieben wird.

Es gibt psychologische Beweise für diese Behauptung. Ja, die von H. Werner und Köhler angeführten Beobachtungen von Primitiven und Kindern deuten an, dass ‚physiognomische Qualitäten', wie Werner sie nennt, sogar noch unmittelbarer wahrgenommen werden als die ‚geometrisch-technischen' Qualitäten von Größe, Form oder Bewegung. Ausdruck scheint der hauptsächliche Inhalt der Wahrnehmung zu sein.[1] (Arnheim, R., 1980 [1949], 54–68)

---

1 Die physiognomischen Qualitäten entsprechen den später von Metzger postulierten ‚Wesenseigenschaften'; s. oben sein Beitrag Nr. 5 über Gestalteigenschaften.

Bezugsphänomene   11

(Rausch, E., 1949)

Wenn etwas in Bezug auf etwas anderes wahrgenommen und beurteilt wird, so kann es durch diesen Bezug seinen besonderen Charakter erhalten. Diese Feststellung ist eine ureigene gestalttheoretische Erkenntnis, die auf die Kontext- und Feldabhängigkeit psychischer Gegebenheiten hinweist. Deswegen wird oft bei bestimmten Phänomenen gefragt, durch welches Bezugssystem sie ko-determiniert sind. Bei vielen Absoluturteilen (‚etwas ist teuer‘, ‚das Kind ist intelligent‘, ‚es ist heute warm‘) liegen Bezugssysteme zugrunde, derer wir uns zunächst nicht bewusst sind, die also ‚unscheinbar‘ oder ‚implizit‘ wirken. Dagegen gibt es häufig auch explizite Bezugnahmen: z. B. ‚ein Geschenk ist doppelt so teurer als das andere‘ oder ‚der Schrank ist zu hoch für unsere Wohnung‘.

In dem folgenden, stark gekürzten Text hat sich Rausch mit einer besonderen Variante von meist expliziten Bezugsphänomenen befasst. Zugleich sind die Ausführungen beste Belege für den Nutzen einer differenzierten phänomenologischen Analyse. Die Ausführungen haben meist sogar eine gewisse Lebensnähe.

Einleitung

Von Variabilität und Konstanz, Variablen und Konstanten, ist besonders in der Mathematik und den mit mathematischen Denkmitteln operierenden Wissenschaften auf Schritt und Tritt die Rede. Auch in der Psychologie spielen bekanntlich, vor allem mit zunehmender Benutzung des Experiments, diese Begriffe eine immer größere Rolle. Dabei werden im allgemeinen objektive Größen als unabhängige Variablen experimentell variiert, während phänomenale, allgemein psychische Größen als abhängige Variablen fungieren, als Funktion jener objektiven Größen festgestellt und aufgezeichnet werden. Häufig steht auch auf der Seite der unabhängigen Variablen einer als funktionale Abhängigkeitsbeziehung formulierten psychologischen Gesetzmäßigkeit eine psychische, speziell phänomenale Größe. Um die Anwendung derartiger Variationsmethoden, um Variabilität und Konstanz in diesem Sinne handelt es sich in der vorliegenden Abhandlung *nicht*. Sie beschäftigt sich vielmehr mit Variabilitäts- und Konstanz-*Phänomenen* im rein *phänomenologischen* Sinne, spricht von phänomenaler Variabilität in analoger Weise, wie etwa in phänomenaler (zum Unterschied von objektiver) Kausalität oder Identität gesprochen wird. Es handelt sich nicht um die Variabilität und Konstanz von Phänomenen, sondern um die Phänomene Variabilität und Konstanz selbst. – Bevor zur ausdrücklichen Behandlung des Themas übergegangen wird, sollen die ersten Paragraphen Beispiele und Vorerörterungen bringen.

Bestimmtes Zimmer. Angenommen, es besitze jemand eine Wohnung mit sehr niedrigen Räumen und habe die Absicht, einen Schrank zu kaufen, der hineinpasst; dann wird es sich darum handeln, einen solchen zu erwerben, der nicht *zu hoch* ist. Angenommen zum andern Mal, die Wohnung habe hohe Zimmer, dagegen seien darin die zwischen den Fenstern und Türen verbleibenden Wandflächen, die zum Aufstellen von Möbeln geeignet sind, nur schmal; dann wird es darauf ankommen, dass der zu erwerbende Schrank nicht *zu breit* ist. Beim Betreten des Möbelgeschäftes, in dem – man entschuldige den Anachronismus – eine Reihe von Schränken zur Auswahl stehen, wird man die Schränke das eine Mal „mit anderen Augen" ansehen als das andere Mal, im erstgenannten Fall besonders auf ihr Höhe, im zweitgenannten Fall besonders auf ihre Breite achten. Ein Schrank wird zu hoch (bzw. niedrig genug), zu breit (bzw. schmal genug) sein.

Bestimmter Schrank. Besitzt man umgekehrt einen sehr hohen (bzw. sehr breiten) Schrank und sucht eine Wohnung, so wird an diese die Forderung zu stellen sein, dass ihre Räume nicht zu niedrig oder hoch genug (bzw. ihre freien Wände nicht zu schmal oder breit genug) sind. Durchmustert man – wieder ist obige Entschuldigung am Platze – eine Reihe von Wohnungen, so wird diese mit Bezug auf den Schrank das eine Mal unter dem Gesichtspunkt Zimmerhöhe, das andere Mal unter dem Gesichtspunkt Wandbreite geschehen. Eine Wohnung wird zu niedrig oder hoch genug, zu wenig wandfrei oder wandfrei genug sein.

Gegebenheitsweise. Die beiden Relationsglieder, Schrank und Zimmer sind entweder a) räumlich getrennt (so dass jeweils nur eines davon der Wahrnehmung zugänglich ist) oder b) in der kritischen Situation zusammen gegeben. In diesem Fall liegen sie für den Beurteiler psychophysiologisch im gleichen Feld, dem der Wahrnehmung, im ersten liegt nur das eine Glied im Wahrnehmungsfeld, das andere im (vorstellungsmäßig reaktivierten) ‚Spurenfeld' (gehört das eine der Wahrnehmung, das andere der Vorstellung an). Das vorgestellte Glied kann dabei sowohl das bestimmte, wie das gesuchte sein. Schließlich ist c) der Fall anzuführen, dass *beide* Vergleichsglieder *vorgestellt* sind: Wenn die Abschätzung weder bei Anblick des Schranks noch des Zimmers stattfindet. In allen diesen Fällen handelt sich um anschauliche Gegebenheiten: Die Termini ‚anschaulich' und (synonym damit) ‚phänomenal' sind in so weitem Wortsinn zu verstehen, dass Wahrgenommenes und Vorgestelltes gleichermaßen darunter fallen. (Rausch, E., 1949, 70–71)

(Im früheren Beispiel) steht dem *bestimmten einen* Zimmer eine *unbestimmte Mehrheit* (Menge, Klasse, Schar, Mannigfaltigkeit) von Schränken gegenüber. Aus dieser Menge M wird ein einzelnes Element (oder nacheinander einzelne Elemente) – z. B. ein Schrank herausgegriffen bzw. bietet sich dar und wird darauf geprüft, ob es in einem gegebenen Sinn zu einem bestimmten Einen, dem Zimmer, passt. Im anderen Beispiel steht umgekehrt dem *bestimmten einen* Schrank eine *unbestimmte Mehrheit* von Zimmern bzw. Wohnungen gegenüber, und einzelne Zimmer bzw. Wohnungen als Elemente diese Menge werden dahin geprüft, ob der bestimmte eine Schrank hineinpasst.

Wo soeben von einer Menge die Rede war, soll von einer *Variablen* (v) gesprochen werden; an die Stelle des Begriffs ‚Glied oder Element einer Menge' trete der des Variablenwerts; der Begriff des mengenunabhängigen Einzelgegenstandes werde durch den der *Konstanten* ersetzt.

Ergänzungen: Phänomenalität der Variablenwerte und Konstanten. Die Formulierungen des vorigen Paragraphen mögen manchem mathematisch oder logisch und gar nicht psychologisch klingen. Tatsächlich aber sind sie – bei allem terminologischen Anschluss an jene Wissenschaften – konkret phänomenologisch gemeint: Variablenwert und Konstante, Variablenwertcharakter und Konstanz sind von anschaulicher Natur (ebenso Mengenglied und mengenunabhängiger Gegenstand). Zu beachten ist dabei, dass hier zunächst nur dem Variablen*wert*, nicht der Variablen selbst, Phänomenalität zugesprochen wird. Vielleicht ist eine Variable nur als Denkinhalt, nicht als Phänomen im engeren Sinne, psychisch möglich (während ein Variablenwert im anschaulichen wie im unanschaulichen Bereich auftreten kann).

Bei der Darstellung der Beispiele ist fast immer schlechthin von Schränken und Zimmern die Rede, nicht von dem Eindruck oder der Vorstellung des Schranks oder Zimmers. Gerade weil hier allgemein die Termini ‚Schrank' usw. unmittelbar phänomenologische Bedeutung haben sollen, bedarf es nicht im Einzelfall des Zusatzes ‚phänomenal' oder ‚anschaulich', um die Phänomenalität anzuzeigen. In phänomenologischen Erörterungen wie der vorliegenden braucht nicht davon gesprochen zu werden, dass ein Gegenstand, ein Sachverhalt, eine Beziehung so und so *erscheint*, sondern nur davon, dass er so und so *ist*. Das Phänomenale wird unmittelbar als ursprüngliches Seiendes angenommen, was dann auch in der entsprechenden sprachlichen Ausdrucksweise zutage tritt.

Den Unterschied zwischen dem Variablenwert und der Konstanten erkennt man, wenn man sich z. B. in die anfangs geschilderten Situationen hineinversetzt. Es ist phänomenologisch etwas wesentlich Verschiedenes, wenn ein Schrank das eine Mal als Variablenwert auftritt: gliedhaft, ‚Mitglieder‘, Mitwerte, Mitelemente, ‚Brüder‘ besitzend, als einer von mehreren oder vielen, elastisch im Sinne von abwandelbar, auswechselbar, ersetzbar (unter Umständen, mehr oder weniger deutlich: als bezogen auf, sich beziehend auf, sich richtend nach ...), das andere Mal als Konstante: als dieser wohlbestimmte Eine, unverrückbar (unter Umständen, mehr oder weniger deutlich: als Norm und Bezugsgröße).

Variabilisierung der Konstanten; Konstante wird Variablenwert. Die Konstante kann unter Umständen einmal ihren Konstantencharakter verlieren und in die Schar einbezogen, selbst zum Variablenwert werden, mit zuweilen sehr ausgeprägter Dynamik. Der Schrank des Bekannten oder der Ausstellungsschrank kann, nachdem er zunächst ‚mit keinem Gedanken‘ Ziel der Erwerbungswünsche gewesen ist, überraschend selbst in den Kreis der für den Kauf in Betracht kommenden Gegenstände treten.

Variablenwert (aus dem Differenzbereich) wird neue Konstante. Konstante wird neue Variable. Eine andere Möglichkeit sei noch gestreift: Mein Zimmer, meine Wohnung, zunächst unbestritten Konstante gegenüber Schränken kann unter Umständen einmal ‚wacklig‘ werden in der Konstantenrolle; etwa wenn sich die Gelegenheit ergibt, einen Schrank zu erwerben, der für das Zimmer zu hoch ist, andererseits aber (vielleicht als antikes Stück) so wertvoll, dass er geeignet ist, die Rolle der Konstanten zu übernehmen. Dann kann das Zimmer, die Wohnung in die Rolle der Variablen gedrängt werden, ich kann zugunsten des (für diese Wohnung zu hohen, aber an sich erstrebenswerten) Schranks an einen Wechsel der Wohnung, an die Erwerbung einer Wohnung mit höheren, genügend hohen, Zimmern denken. Sofern damit eine unbestimmte Vielheit von – der Bedingung ‚höher als der Schrank‘ genügenden – Wohnungen in den Vorstellungsbereich tritt, kann man hier von einer neuen Variablen (‚Wohnung‘) sprechen und den genannten Prozess als Übergang einer Konstanten in eine neue Variable bezeichnen. Unter Umständen ist die Rollenvertauschung nicht endgültig, wird wieder rückgängig gemacht; es kommt eventuell zum Konflikt, zum Wettstreit um die in dem Konstanzcharakter liegende Maßgeblichkeit. Als allgemeine Feststellung ergibt sich, dass die Konstanten nicht absolut sind; auch sie sind grundsätzlich dem Wandel psychischen Geschehens unterworfen.

(Es ist aber auch möglich, Variabilität und Konstanz nur auf einen dinglichen Gegenstand anzuwenden, z. B. einen Schrank oder ein Zimmer.)

Die Überhöhung und ihr Gegenteil. Erscheint ein Schrank in ästhetischer Hinsicht als zu hoch oder als übermäßig hoch, wobei also von der Breite nicht ausdrücklich die Rede ist – die Tiefendimension sollte (frontalparallele Stellung des Schranks!) von vorneherein außer Ansatz bleiben – so soll das bedeuten (und wird auch zuweilen in dieser Ausdrücklichkeit ausgesprochen), dass die Höhe *im Verhältnis zur Breite* zu groß sei. Es liegt als auch hier eine (zweigliedrige) Relation vor, nur nicht wie oben eine Relation zwischen 2 Dimensionen (Höhe und Breite) *eines* dinglichen Gegenstandes (Schrank). Und wie im Falle des früheren Beispiels ein deutlicher formale Unterschied zwischen den beiden Relationsglieder besteht, so auch hier: Es ist eine erlebnistreue Beschreibung – was näher zu besprechen sein wird –, wenn das eine (oft gar nicht explizit erwähnte) Relationsglied, hier: die Breitenddimension, als anschauliche Konstante angesprochen wird, das andere, hier die Höhe, als anschauliche Variable. Dem konstanten Zimmer entspricht hier die konstante Breitenerstreckung des Schranks, dem (in Bezug auf die Höhe) variablen Schrank des früheren Beispiels entspricht hier die variable Höhenerstreckung des Schranks.

Erscheint ein Schrank als (ästhetisch) zu niedrig, so bedeutet das – analog dem oben angeführten Fall ‚zu hoch' –, dass die Höhe im *Verhältnis zur Breite* zu klein ist. Wieder besteht Variabilität in der Höhendimension, Konstanz in der Breitendimension.

Den Eindrücken ‚(ästhetisch) zu hoher' und ‚(ästhetisch) zu niedriger Schrank' ist gemeinsam, dass die anschauliche Variabilität in die Richtung der Höherstreckung, die Vertikale, fällt, die anschauliche Konstanz in die Richtung der Quererstreckung, der Horizontalen. Die beiden Variabilitätseindrücke unterscheiden sich von einander dadurch, dass das eine Mal (‚zu hoch') die Bezugshöhe (normale Höhe) kleiner, das andere Mal (‚zu niedrig') größer ist als die aktuelle Höhe und insofern die Variabilität in den beiden Fällen (bei gleicher Richtung) entgegengesetzten Richtungs*sinn* besitzt. Der zu hohe Schrank kann den ausgeprägten Eindruck des *erhöhten* (eventuell des nach oben gezogenen oder auch; des durch Aufsetzen erhöhten) machen, der zu niedrige Schrank den Eindruck des erniedrigten (eventuell: des nach unten gedrückten, aber auch: des oben beschnittenen). In dem einen Fall besteht der Eindruck des ‚zu viel', in dem anderen des ‚zu wenig' an Höhenerstreckung, während die Breitenerstreckung in beiden Fällen ‚in Ordnung' und ‚in Ruhe' ist.

Die Bezugsgröße (Norm) der anschaulich variablen Erstreckung in Abhängigkeit von der anschaulich konstanten Erstreckung. Es wurde soeben bei rechteckigen horizontal-vertikal-erstrecken Gebilden im Fall des ‚Zu hoch'- und des ‚Zu niedrig'-Eindrucks von der *Bezugs-*(Normal-)*Höhe* gesprochen, die im ersten Unterfall kleiner, im zweiten größer ist als die aktuellen Höhe. Von der Bezugsgröße der anschaulich variablen Erstreckung ist zunächst zu sagen, dass man angeben muss, in welchem Sinne eine Norm vorliegen soll: Es wurde in diesem Paragraphen durchweg der ästhetische Gesichtspunkt vorausgesetzt; soll dieser weiterhin beibehalten werden, so liegt also eine ästhetisch bestimmte bzw. zu bestimmende Bezugs- und Normalgröße vor. Es ist ferner zu sagen, dass es keine punktuell bestimmte Größe ist, sondern ein *Bereich*, dessen Lage und Umfang ermittelt werden kann. Er ist im Fall der anschaulich variablen Höhe eines Rechtecks von anschaulich konstanter Breite auch zu umschreiben als derjenige Bereich, innerhalb dessen das Rechteck weder als zu hoch noch als zu niedrig (im ästhetischen Sinn) erscheint. Die Bereichsgrenzen werden natürlich von der Größe der – voraussetzungsgemäß anschaulich konstanten – Breite abhängen. Entsprechendes gilt für die Bestimmung des weder zu breiten noch zu schmalen Rechtecks, dessen Bezugsbreite von der (konstanten) Höhe abhängt. (Rausch, E. 1949, 78–85)

Weitere Beispiele zur Phänomenologie der Relationen. Zur Ergänzung der Analyse der Beziehungen zwischen Relationsphänomenen und ihrer angemessenen Beschreibung mögen noch andere, vom Rechteck unabhängige Fälle herangezogen werden. Ein gerade in raschem Wachstum begriffener Junge habe seine Mutter an Körpergröße überflügelt. Ein Bekannter sieht die beiden und ruft aus: „Sieh da, Peter ist größer als seine Mutter!" Er ruft nicht: „Frau Müller ist kleiner als Peter!" Die Mutter ist erwachsen, hinsichtlich Köpergröße eine Konstante, Peter ist noch ‚im Wachsen' und insofern Variable. Peters jetziger Körpergrößenwert ist größer als die konstante Körpergröße der Mutter. Die Konstante interessiert nicht primär, steht nicht im Vordergrund, wird nicht Thema; es geht um die Variable, sie wird zum Vorderglied der Relation, zum Subjekt des Satzes. Man mag sagen: Es ist eine Aussage über beide. Es ist aber sicher *in erster Linie* eine Aussage über Peter. Und wenigstens der Grammatiker wird, von seiner Seite aus mit gutem Recht, sogar sagen: Es ist eine Aussage allein über Peter; nur Peter ist ‚Satzgegenstand'; die Mutter ist lediglich ein Bestandteil der Satzaussage, die da heißt „größer als die Mutter sein". Die Körpergröße der Mutter ist lediglich ‚Bezugsgegenstand'. Entsprechend wird man sagen, dass Peter ebenso groß ist wie seine Mutter, nicht umgekehrt.

Fälle von Ähnlichkeit. Man vergleiche mit den vorausgehenden Beispielen noch den Fall der Ähnlichkeitsrelation, die in Mathematik und Logik üblicherweise als symmetrisch (äquivalent mit ihrer Umkehrung) gilt, die es aber in concreto keineswegs zu sein braucht, in dem in den Relationsgliedern oft Inhalte mitgedacht werden, die eine Umkehrung der Relation schief erscheinen lassen. Bei Geschwistern lässt sich sagen, dass sie einander *ähnlich* sind; sie sind Glieder derselben Schar. Wenn aber ein Kind dem Vater ähnelt, erscheint es unangemessen, auch umgekehrt zu sagen, dass der Vater dem Kind ähnlich sei. Der Vater ist der natürliche Bezugsgegenstand und insofern Konstante; sein Aussehen steht nicht zur Debatte, sondern nur das des Kindes. Im vorliegenden Relationszusammenhang kommt nur beim Kind auch ein anderes Aussehen der Möglichkeit nach in Frage, nur sein Aussehen ist Variable bzw. Variablenwert. Der Vater, der seinerseits zwar in der Ähnlichkeitsrelation mit Großvater das variable Glied des VK-Verhältnisses darstellen kann, vermag das nicht in der Ähnlichkeitsrelation mit dem Sohn. (Rausch, E. 1949, 95–96)

Schlussbemerkungen. Die Abhandlung bezweckte nicht mehr als eine Einleitung in die Problemgebiet. Auch für das am ausführlichsten besprochene Beispiel, die Rechtecksstruktur, ist der VK-Gesichtspunkt mit dem Vorgetragenen keineswegs erschöpft, sondern in mehreren Hinsichten zu erweitern. Die Stichwörter Struktur, Zentrierung, Gewichtsverteilung, Rangordnung, Figur-Grund, Bezugssystem, Aufmerksamkeit, Thematik, Abstraktion, Bewusstheitsgrade, Bewusstseinsumfang bezeichnen Probleme, auf welche, wie nur zum geringen Teil hier schon angedeutet worden ist, das betrachtete Kategorienpaar Anwendung finden kann. Dies wird in weiteren vorwiegend experimentellen, Untersuchungen zu erarbeiten sein. (Rausch, E., 1949, 112–113)

Erziehung: Merkmale der Arbeit am Lebendigen

12

(Metzger, W., 1962)

Der folgende Textauszug aus Metzger (1962) befasst sich mit der Anwendung gestalttheoretischer Grundgedanken auf den Umgang mit lebendigen Wesen, gemeint ist Hegen, Pflegen, aber auch Erziehen in einem weiten Sinn. Beim Erziehen zielt der Autor ausdrücklich auf schöpferisches, produktives Handeln, das weit über den Erwerb der Kulturtechniken hinausgeht. Der Grundgedanke ist folgender: Dem zu pflegenden, zu hegenden, zu erziehenden Wesen wohnen Kräfte inne, die sein Verhalten und Erleben bestimmen. Und die hegende, pflegende, erziehende Person sollte diese Eigenarten lebendiger Wesen berücksichtigen. Sie hat die Besonderheiten – die Vektoren, Kräfte, Entwicklungen – in diesem Feld zu respektieren, indem sie sich sachgerecht auf sie einlässt und einstellt. Ein anderes Verhalten wäre nicht sachangemessen. Daraus resultiert das Prinzip der Nicht-Beliebigkeit des Handelns im Umgang mit dem Lebendigen. Dieses Prinzip wird auch in anderen Kontexten von Gestalttheoretikern betont. Etwa bei der Verknüpfung von Sachverhalten in Lernsituationen: beliebige Verbindungen lassen sich nur erschwert – etwa durch eine Unzahl von Wiederholungen – herstellen, wenn keine sachlichen Faktoren dabei zugrunde liegen. Beliebiges Handeln in Problemlösesituationen wäre ebenfalls unangemessen und falsch, wenn es nicht die Feldstruktur (wie Köhler 1921, im Anschluss an seine Schimpansenversuche hervorgehoben hat s. o.) berücksichtigt; dann wäre es nämlich zufällig und würde so nichts oder wenig zur Lösung beitragen.

Erster Teil: Die Arbeit am Lebendigen als Prüfstein des Wesens schöpferischer Freiheit

Der Einblick in das Wesen schöpferischer Kräfte vermittelt zugleich die Erkenntnis, dass sie ihrer Natur nach einer unmittelbaren planmäßigen Beeinflussung entzogen sind, dass wir aber gleichwohl genug tun können, um bei den jungen

Menschen, die uns anvertraut sind, schöpferisches Verhalten zu fördern und sie zu schöpferischen Leistungen zu befähigen.
Damit ist zugleich gesagt, dass wir das Wirken schöpferischer Kräfte überall dort voraussetzen, wo aus dem Tun eines Menschen etwas entsteht, aber nicht irgendetwas, sondern etwas Besonderes, Neues, Eigenartiges, Ursprüngliches, Echtes, Wahres: Ein Kunstwerk, das uns in seinen Bann zieht, ein Gedicht oder ein Musikstück, das uns aufhorchen lässt, die Klarlegung ungeahnter Zusammenhänge, eine Entdeckung, eine Erfindung, die unerwartete und überzeugende Lösung einer organisatorischen Aufgabe, aber auch die von niemand für möglich gehaltene Auflösung eines menschlichen Zerwürfnisses.
Dass in der Pflege schöpferischen Verhaltens eine erzieherische Aufgabe eigener Art gestellt ist, die durch die Vermittlung von *Kenntnissen* und auch durch die Aneignung der heute unentbehrlichen Zivilisationstechniken nicht ohne weiteres mit erledigt wird, war nachdenklichen Erziehern schon seit dem Beginn dieses Jahrhunderts bewusst war.
Erste Aufgabe ist es, die Voraussetzungen schöpferischen Verhaltens, soweit das überhaupt möglich ist, in ihrem Wesen kennenzulernen. Erst wenn das gelungen ist, können wir hoffen, solches Verhalten durch ein angemessenes Vorgehen zu wahren oder wenigstens nicht zu stören, vielleicht sogar zu fördern und zu einer neuen Blüte zu bringen. (Metzger, W. 1962, 9–10)

Die Bedeutung der Lebendigkeit

Was bedeutet die Lebendigkeit – nun einmal wirklich wörtlich gefasst – für die Art der Arbeit, die sich mit etwas Lebendem befasst? Die Eigenart solcher Arbeit wird deutlich, wenn man sie beispielhafter Arbeit an unbelebtem Stoff gegenüberstellt; etwa der Herstellung eines Werkstücks an der Drehbank.

Die Arbeit am toten Werkstück ist gekennzeichnet durch Ausdrücke wie ‚machen', ‚herstellen', ‚anfertigen'. Welches sind nun die einzelnen Merkmale des Anfertigens?

Erstens: Innerhalb der Grenzen, die durch seine eigentümlich Härte, Zähigkeit, Festigkeit, Sprödigkeit usw. gesetzt sind, kann ich aus einem toten Werkstück nahezu *Beliebiges,* und das heißt: *unbegrenzt Verschiedenes* herstellen. Die besondere ‚Idee', die bei der Herstellung verwirklicht wird, liegt im reinen Fall allein *im Hersteller.*

Zweitens: Auch die *Kräfte,* die zur Verwirklichung der beabsichtigten Form dienen, stammen ausschließlich aus dem *bearbeitenden Menschen,* unter Umständen aus von ihm beigebrachten *anderweitigen Energiequellen,* nicht aber aus dem bearbeiteten Werkstoff selbst. Dieser ist zwar niemals kräftefrei. Aber die ihm innewohnenden Kräfte äußern sich – mindestens auf den ersten Blick – nur als im wörtlichen Sinn passiver Widerstand gegen die Bearbeitung, der durch genügend starke und in geeigneter Richtung eingesetzte Kräfte des Bearbeiters überwunden werden muss.

Drittens: Der tote Stoff ‚wartet' beliebig auf seine Bearbeitung; ich kann die Zeit, während der ich daran arbeiten will, *nach freiem Ermessen festsetzen,* wie es in meinen Stundenplan passt. Ich kann – im reinen Fall – seine Bearbeitung in beliebigen Entwicklungsstufen unterbrechen, sie in beliebig kleine Abschnitte aufteilen. Ich kann mein Werkstück, falls ich keine Zeit habe, beliebig lang unbearbeitet liegen lassen, zu beliebiger Frist die Arbeit fortsetzen.

Viertens: Außer den Arbeitszeiten liegt bei der Formung toten Stoffes auch *die Arbeitsgeschwindigkeit* weitgehend im Belieben des Menschen.

Fünftens: Nicht völlig, aber weitgehend, liegt der Weg, auf dem die Bearbeitung von dem rohen Werkstück bis zum durchgestalteten Werk führt, im Belieben des Bearbeiters. Und es ist kennzeichnend für das menschliche ‚Machen des Machbaren', dass es *möglichst gradlinig und ohne Umwege* auf sein Ziel lossteuert.

Sechstens: Das Machen des Handwerkers gleicht einem Strahl, der nur in einer Richtung läuft und nicht zurückkommt. Natürlich beobachtet er die Wirkung seines Tuns auf den Gegenstand… Diese Wirkungen sind aber keine Rückwirkung des behandelten Werkstücks selbst und nicht mit den echten Rückwirkungen zu vergleichen, die von dem lebenden Wesen ausgehen und den Umgang mit ihm zu einem echten Frage-und-Antwort-Spiel machen.

Erstes Kennzeichen der Arbeit am Lebendigen: Nicht-Beliebigkeit der Form

Die Kennzeichen der Arbeit am Lebendigen heben sich von den eben geschilderten am deutlichsten ab, wenn wir von den Unterarten dieser Arbeit zunächst diejenige ins Auge fassen, die sich ihrem Wesen nach vom eigentlichen Herstellen oder Machen am weitesten entfernt: Dem ‚Hegen', ‚Pflegen', ‚Hüten', auch ‚Wartung', ‚Betreuung' und ‚Fürsorge'. Ihre hauptsächlichen Gebiete sind die Pflanzenzucht, die Tierzucht, die Krankenbehandlung und -pflege, die Kinderpflege und die Erziehung.

Für den Gegenstand, mit dem sich diese Arbeit befasst, sind schon die Bezeichnungen ‚Werkstoff' und ‚Material' völlig schief und unangemessen. Hier hat man es nicht mit ‚Stoff', nicht mit Sachen, die man aus Stoff macht, sondern mit ‚Wesen' zu tun. Ein Wesen aber ist ein schon von sich aus, nach eigenen inneren Gesetzen, seiner Eigenart entsprechend gestaltetes, oder besser: sich gestaltendes und sich verhaltendes Ganze. Beim Wesen gibt es kein ‚Herstellen' oder ‚Anfertigen'. Man kann ihm auf Dauer *nichts gegen seine Natur aufzwingen.* Es kann nur zur *Entfaltung gebracht* werden, was schon in dem Material selbst als Möglichkeit angelegt ist. Und in unvergleichlich viel höherem Maß als bei der Bearbeitung toten Stoffes braucht man für einen erfolgreichen Umgang mit dem Lebendigen den Blick oder das Gefühl für die Möglichkeiten der Entfaltung, die in dem Gegenstand der pflegenden oder züchterischen Bemühungen schlummern.

Zweites Kennzeichen der Arbeit am Lebendigen: Gestaltung aus inneren Kräften des Gegenstandes

Hiermit hängt folgendes Zweite aufs engste zusammen: Die *Kräfte und Antriebe, die die angestrebte Form verwirklichen, haben wesentlich in dem betreuten Wesen selbst ihren Ursprung.* Der Betreuer sieht sich darauf beschränkt, durch die Setzung und Abwandlung gewisser Randbedingungen dessen innere Kräfte nach seinem Wunsch zu steuern, zu stärken oder zu schwächen, ihre Wirksamkeit im ganzen oder an bestimmten Stellen zu erleichtern oder zu hemmen.

Das eben Gesagte bedeutet zugleich: Ich kann die Formung des Lebenden nicht zu einem mir genehmen Augenblick erzwingen. Ich kann, wo die inneren Kräfte fehlen, sie nicht durch äußeres Eingreifen ersetzen, ohne zu zerstören, was ich zu bilden vermeinte. Ich muss vielmehr geduldig abwarten, bis die in ihm geweckten oder gestärkten Kräfte von selbst ihre Wirkung entfalten.

Die Art und der Erfolg äußerer Eingriffe zur Formung des Lebendigen sind durch Wachstums- und Triebkräfte des lebenden Wesens selbst in bezeichnenderweise eingeschränkt; man kann nichts gegen sie tun, sondern muss sich mit ihnen verbünden.

Auch im Bereich des Lebendigen lässt sich äußerer Zwang anwenden, um bestimmte Formungen zu erzielen. Man ‚lichtet' Bäume mit der Säge aus, man entfernt Ranken, man pfropft und man bindet die Äste an Spaliere von willkürlich festgesetzter Form. Aber zum Teil dienen solche Eingriffe doch nur wieder dazu, die gestaltenden Kräfte der Pflanze zu steuern, zusammenzuraffen, damit sie an einer gewünschten Stelle um so wirksamer werden, wie etwa bei der Züchtung der Tomaten oder der großen Chrysanthemen.

Selbst in solchen rücksichtslosen Eingriffen wird das Züchten nicht zu einem eigentlichen Machen, denn bei diesem lässt der bearbeitete Gegenstand die formenden Eingriffe völlig passiv über sich ergehen: Der Eingriff ändert ihn unmittelbar. Beim Züchten dagegen wird das erwünschte Ziel erst durch die eigentümliche Antwort des behandelten Wesens auf die ihm zugemuteten Eingriffe erreicht,

Die Verehrer eines gewissen Formideals sehen hierin eine wesentliche Aufgabe des Gärtners (und offenbar des Züchters überhaupt): Sie weisen darauf hin, dass die Pflanze wuchere und verwildere, die der Gärtner nicht regelmäßig mit der Heckenschere zurechtstutzt. *Sie sehen nicht, dass das ‚Verwildern' erst vom Beschneiden kommt.* Die herrlichen klaren Formen eines frei gewachsenen Baumes, den nie eine Schere berührt hat, verwildern nie, sondern prägen sich um so schärfer und geschlossener aus, je länger er ungestört sich selbst überlassen bleibt. Der Züchter wird also von äußerem Zwang nur unter höchster Vorsicht Gebrauch machen; denn er weiß: Von Dauer sind im Bereich des Lebendigen nur solche Formen, *die durch die Entfaltung innerer Kräfte sich bilden und ständig von ihnen getragen und wiederhergestellt werden.*

Diese besondere Art von Formen stellen wir in der neueren Psychologie, im Anschluss an Goetheschen Sprachgebrauch, als ‚Gestalten' den nur durch Starrheit erhaltenen, entweder selbst starren oder durch starre Anordnung äußerlich aufgezwungenen ‚Formen' im engeren Sinn gegenüber; aber erst allmählich lernen wir auch, sie ihrer Eigenart gemäß zu behandeln.

Drittes Kennzeichen der Arbeit am Lebendigen: Nicht-Beliebigkeit der Arbeitszeiten

Wir haben bisher gefunden

- dass man „lebendem Stoff" oder richtiger: lebenden Wesen nicht beliebige Formen aufzwingen kann,
- dass die *Kräfte und Antriebe der Formung in den lebenden Wesen selbst enthalten* sind.

Das *dritte* Grundmerkmal der Arbeit am Lebenden ist dem dritten Grundmerkmale des Herstellens ebenfalls genau entgegengesetzt. Das lebende Wesen *kann nicht beliebig* auf seine Pflege *warten*. Eine Pflanze, die jetzt am Verdursten ist, kann ich, wenn sie am Leben erhalten bleiben soll, nicht übermorgen gießen, auch wenn ich noch so müde bin oder noch so wichtiges anderes vorhabe.

Das Lebewesen hat seine eigenen Gezeiten von Tätigkeit und Ruhe, von Hunger und Sättigung und allen sonstigen eigentümlichen Verhaltensweisen und Bedürfnissen. Es hat vor allem auch seine eigenen fruchtbaren Zeiten und Augenblicke, in denen es bestimmten Arten der Beeinflussung, der Lenkung oder der Festlegung zugänglich ist; während es vorher und nachher sich ihnen verschließt, so dass entweder alle Bemühungen vergeblich sind, oder doch nur schwer und spät und vielleicht trotzdem unvollkommen erreichen, was sich im rechten Augenblick spielend und zugleich vollkommen verwirklicht hätte. Wer mit lebenden Wesen umgeht, muss also in viel höherem Maß als der Macher geduldig warten können, andererseits aber, wenn der rechte Augenblick heranrückt, ohne Zögern bei der Hand sein.

Endlich bleibt der Formungsvorgang in dem Augenblick, wo ich mich von dem betreuten Wesen abwende, nicht stehen wie bei einem Werkstück, wenn ich die Drehbank anhalte; er geht weiter, und wenn ich später wiederkomme, stehe ich möglicherweise vor völlig neuen Verhältnissen. Man kann infolgedessen hier weder nach Dauer noch nach Lage bestimmte Arbeitszeiten willkürlich festsetzen, auch nicht die Arbeit in beliebig kleine Abschnitte aufteilen.

Viertes Kennzeichen der Arbeit am Lebendigen: Nicht-Beliebigkeit der Arbeitsgeschwindigkeit

Wenn die Geschwindigkeit der Ausbildung von Gestalten ebenso innenbedingt ist, wie deren besondere Art, kann auch die Arbeitsgeschwindigkeit im Umgang mit dem Lebenden nicht willkürlich festgesetzt, vor allem nicht beliebig gesteigert werden. Hierzu sagt Freyer: „Die Vorstellung der raschere Umtrieb könnte das Tempo beschleunigen, hat hier keinen Sinn." „Der Mensch kann sinnvollerweise nicht anderes tun" als warten, denn „wachsen machen kann er ja nicht". Und die sind vielfach lang; wie etwa die Zeit, in der der Bauer auf die Reife wartet, oder die Geburt eines Fohlens, oder auf das erste Tragen eines Obstbaumes.

Besonders verständlich ist die Ungeduld des Menschen bei Krankheiten. Am liebsten möchte er sie „mit einem Schlag" beseitigen. Aber auch eine Krankheit, oder genauer gesagt, das *Überstehen* einer Krankheit, ist ein organischer Vorgang, der vermutlich als solcher seine ihm eigentümliche Ablaufgeschwindigkeit hat, die sich ebenfalls nicht beliebig beschleunigen lässt.

Fünftes Kennzeichen der Arbeit am Lebendigen: Die Duldung von Umwegen

Wer ein Werkstück bearbeitet, kann – grundsätzlich – gradlinig und ohne Umwege auf sein Ziel, die endgültige Gestalt, lossteuern. Wer mit Pflege, Aufzucht und Erziehung von lebenden Wesen zu tun hat, muss überall dort Umwege in Kauf nehmen, wo diese bei der Entwicklung jenes Wesens im Schöpfungsplan vorgesehen sind.

Die Entwicklung der Lebewesen schlägt weniger einfache, für uns nicht immer verständliche Wege ein. Sie verläuft bei manchen Wesen auf merkwürdigen Umwegen mit mehr oder weniger tiefgreifenden Verwandlungen (‚Metamorphosen').

Viel auffälliger sind die Umwege der Entwicklung des Verhaltens und Erlebens des Menschen. Hierher gehört schon, dass die meisten Menschenkinder nicht sogleich den zweibeinigen, aufrechten Ganz einüben, sondern vorher auf allen Vieren krabbeln und dabei eine Fertigkeit ausbilden, von der sie später kaum noch Gebrauch machen – und dass es bei uns Eltern gibt, die dem Kind sogar diesen liebenswürdigen – und, wie in diesem Fall klar feststeht, sehr bekömmlichen – kleinen Umweg mit Gewalt zu ‚ersparen' versuchen.

Wichtiger ist, dass dem nüchternen Wirklichkeitssinn, der sich in der zweiten Hälfte der Kindheit bei den meisten Menschen einstellt, eine Zeitspanne vorausgeht, in der sie sich nicht nur für Märchen mit all ihrer Zauberei und ihren Fabelwesen begeistern, sondern wo sie auch ihre alltägliche Umwelt mit märchenhaften Gestalten bevölkern, wo sie z. B. manchmal Jahre lang spielerischen Umgang mit Zwergen pflegen, die nur ihnen sichtbar und wahrnehmbar sind; wo sie mit dem Gedanken an allerlei zauberhafte Fähigkeiten spielen... Wie bekannt, waren und sind zum Teil noch heute die Entwicklungstechniker der Aufklärung der Meinung, man müsse die Beschäftigung mit solchem Unsinn an der Wurzel ausrotten, um zu verhindern, dass aus den Kindern wirklichkeitsfremde Träumer würden, die Sein und Schein nicht zu unterscheiden vermöchten. Sie wollten diesen Umweg mit Stacheldraht versperren und den kindlichen Geist zwingen, auf dem kürzesten Weg seine endgültige Form zu gewinnen.

Die Erfahrung hat aber gezeigt, dass immer wieder aus den einfallsreichsten kindlichen Träumern erwachsene Menschen werden, die besonders fest und sicher in der Wirklichkeit stehen, die sich kein X für ein U vormachen lassen und vor allem sich auch über sich selbst und die eigenen Möglichkeiten (und Schwächen) keinen Täuschungen hingeben.

Sechstes Kennzeichen der Arbeit am Lebendigen: Die Wechselseitigkeit des Geschehens

Wo man toten Stoff bearbeitet, ist, wie schon früher gesagt, das Tun „ein Strahl, der nur in eine Richtung zielt und nicht zurückkehrt".

Das Geschehen beim Pflegen dagegen ist wechselseitig. Es ist im ausgeprägten Fall ein Umgang mit „Partnern des Lebens". Es ist ein Hin und Her zwischen dem Menschen, der kultiviert, und dem Leben, das unter seiner Wartung gedeiht. Man kann es auch mit einem Rate- und Antwortspiel vergleichen. Die Ethik des Pflegenden setzt die (wenn auch stummen) Fragen voraus, die jene – die Mitmenschen und Mitwesen – stellen, und rechnet mit den (wenn auch stummen) Antworten, die sie geben. Man kann zwar auch mit Werkstoffen spielen. Aber sie sind nur Spielzeug, während die lebenden Wesen Mitspieler sind.

Im Gegensatz zum toten Stoff stöhnt und bockt das lebende Wesen, wenn ihm ins Fleisch geschnitten wird, es zuckt zurück, wenn es geschunden wird, es geht auf Liebkosungen ein und es blickt uns wohl auch mit Augen an. Man kann daher – im strengen Sinn des Wortes – nur ein lebendes Wesen lieben – und von ihm wiedergeliebt werden, oder hassen – und von ihm wiedergehasst werden.

Die Partnerschaft und das Hin und Her des Wirkens werden umso ausgeprägter, je mehr die Eigenart des gepflegten Wesens sich derjenigen des Pflegers nähert. Bei einer Bakterienzucht wird man davon noch kaum etwas merken. Aber mit einem Vogel, Pferd oder Hund kann man nur dann erfolgreich arbeiten, wenn man selber seine Achtung und sein Vertrauen genießt. Schon hier kann darum ein Pfleger nicht ohne weiteres – und vor allem nicht beliebig oft – von einem (fremden) anderen abgelöst werden. In welchem Ausmaß dies für das kleine Menschenkind gilt, ist in der Wissenschaft erst in den letzten Jahrzehnten[1] bekannt geworden.

Zusammenfassung und Ergänzung

Bei der ausgeprägtesten Art der Arbeit am Lebendigen, der pflegerischen Arbeit, haben *Ziele*, gestaltende *Kräfte, Gezeiten* und *Ablaufgeschwindigkeit* der Arbeit ihren Ursprung im *Inneren* des betreuten Wesens. Sie sind daher der Willkür entzogen. Während bei der Arbeit am toten Stoff so gut wie alle diese Bestimmungen von außen herangetragen werden und insoweit sich willkürlich festsetzen lassen, ist die Betreuung ein Frag- und Antwortspiel zwischen dem Betreuer und dem betreuten Wesen. (Metzger, W. 1962, 18–36)

---

1 Vor allem durch v. Pfaundler, Rene Spitz und Bowlby.

Feldtheorie   13

(Lewin, K., 1940, 1943)

Eine Feldtheorie des Erlebens und Verhaltens ist eine folgerichtige Anwendung gestalttheoretischer Grundannahmen. Lewin formuliert hier zunächst wichtige Kriterien dafür und betont insbesondere, dass das Feld zu einer bestimmten Zeit sowohl Vergangenheit wie auch Zukunft, sowohl Realitäts- wie auch Irrealitätsebenen enthält. Diese Ebenen sind Bestandteile des aktuellen Feldes, also gegenwärtige Feldbedingungen.

Der geforderte Ausbau des Begriffsapparates der Psychologie ist durch eine bloße Wiederholung der Sätze einer bestehenden Schule wie der Lehre vom bedingten Reflex oder der Psychoanalyse in stärker formalisierter Art und Weise nicht zu erreichen.

Die logische Form und der Inhalt sind in jeder empirischen Wissenschaft eng ineinander verflochten. Die Formalisierung sollte die Entwicklung von Konstrukta bringen, deren jedes von Anfang an sowohl als Träger formaler Beziehungen wie auch als adäquate Repräsentation empirischer Daten betrachtet wird. Das bedeutet, dass die operationalen und die begrifflichen Definitionen nicht beliebig aufeinander bezogen sind, sondern eine innere Kohärenz aufweisen (zum Beispiel kann die psychologische Kraft operational der Lokomotion und begrifflich einem Vektor zugeordnet werden, weil allen gemeinsam die Gerichtetheit ist). Es bedeutet ferner, dass die verschiedenen Konstrukta zum vornherein als Glied eines logisch konstruierten und empirisch adäquaten Systems aufgebaut werden sollten.

Entwickelt die Psychologie nicht dynamische Konstrukta von solcher Art, so hindert sie durch die bloße Formalisierung traditioneller Begriffe ihren eigenen Fortschritt, trotz der möglicherweise verbesserten Exaktheit. Der eine Psychologe glaubt, Assoziation sei etwas Reales, Libido oder Gestalt aber nur Zauberworte; ein anderer ist gleicherweise überzeugt, Libido oder Instinkt seien das Reale. Welche psychologischen Konstrukta angenommen und welche abgelehnt werden, hängt weitgehend von der Sprache des Systems ab, in dem der einzelne Psychologe denken gelernt hat.

Was wird durch die Darstellung psychologischer Verhältnisse mit Hilfe von topologischen und Vektorbegriffen erreicht, und welche sind die nächsten Ziele? Wenn ich meine eigenen Gedanken zu dieser Frage, welche erst durch die zukünftige Entwicklung der Psychologie beantwortet werden kann, ausdrücken darf, so möchte ich die folgenden Punkte herausheben:

Die Möglichkeiten einer Feldtheorie im Bereich des Handelns, der Gefühle und der Persönlichkeit sind sicher begründet. Die grundlegenden Sätze einer Feldtheorie heißen: a) das Verhalten muss aus einer Gesamtheit der zugleich gegebenen Tatsachen abgeleitet werden; b) diese zugleich gegebenen Tatsachen sind insofern als ein ‚dynamisches Feld' aufzufassen, als der Zustand jedes Teils dieses Feldes von jedem anderen Teil abhängt. Der erste Satz (a) enthält die Behauptung, dass auch der Gegenstand der Psychologie vielfältig ist, sodass die in ihm gegebenen Beziehungen nicht ohne den Begriff des Raumes dargestellt werden können. In Wirklichkeit nehmen alle psychologischen Schulen implizit diesen Standpunkt ein, wenn sie in ihren Beschreibungen Begriffe wie Annäherung, Entfernung, soziale Stelle und so weiter benutzen. Mehr und mehr wird erkannt, obwohl es immer noch einige Ausnahmen gibt, dass die räumlichen Verhältnisse psychologischer Daten nicht adäquat mit Hilfe eines physikalischen Raumes dargestellt werden können, sondern, zumindest vorläufig, als ein psychologischer Raum behandelt werden müssen. Allenthalben wird anerkannt, dass dieser ‚Lebensraum' die Person und die psychologische Umwelt einschließt.

Im Hinblick auf den zweiten Satz (b) ist die Situation ähnlich. Sogar Theorien, die ursprünglich auf einer Zuordnung isolierter Reize zu isolierten Reaktionen abstellen, haben sich in einer Richtung entwickelt, welche sie zumindest unserem Satz (b) annähert. Ein gutes Beispiel dafür ist die Theorie von HULL, welche eine Reaktion nicht einem Einzelreiz zuordnet, etwa einem visuellen, sondern einem ‚Reizschema', das Ziel- und Triebreize einschließt. Im Prinzip wird allgemein angenommen, dass das Verhalten (V) eine Funktion der Person (P) und der Umwelt (U) darstellt: $V = F (P, U)$, und dass P und U in dieser Formel wechselseitig abhängige Größen sind. (Lewin, K., 1963a, [1940], 68–69)

Einer der Hauptsätze der psychologischen Feldtheorie kann wie folgt formuliert werden: Jedes Verhalten oder jede sonstige Veränderung innerhalb des psychologischen Feldes ist einzig und allein vom psychologischen Feld *zu dieser Zeit* abhängig.

Dieses Prinzip haben die Feldtheoretiker von Anfang an nachdrücklich hervorgehoben. Es wurde oft missverstanden und in dem Sinne gedeutet, dass die

Feldtheorie weder an historischen Problemen noch an der Wirkung vorausgegangener Erfahrungen interessiert sei. Das ist ganz und gar unrichtig. Fragen der Entwicklung und historische Probleme sind in Wirklichkeit für den Feldtheoretiker von höchstem Belang; und nicht zuletzt haben sie ihr Teil zur Erweiterung des zeitlichen Rahmens psychologsicher Experimente vom klassischen, nur einige Sekunden dauernden Reaktionszeit-Versuch zu Experimentalsituationen, welche einen systematisch konzipierten Verlauf von Stunden, ja Wochen einnehmen, beigetraten.

Wenn man eine Verhaltensweise aus der zu ihrer Zeit gegeben Situation ableiten können soll, müssen zunächst Mittel und Wege gefunden werden, die Beschaffenheit der ‚Situation zu diese Zeit' zu bestimmen. Es gibt zwei verschieden Wege, auf denen die Eigenart einer gegebenen Situation bestimmt oder – um einen medizinischen Ausdruck zu gebrauchen – eine Diagnose gestellt werden kann; entweder leitet man seine Feststellung aus Ereignissen der Vergangenheit ab (Anamnese), oder man wendet einen diagnostischen Test auf die Gegenwart an.

Eine solche diagnostische Prüfung wird nicht absolut sichere Daten liefern; wie verlässlich sie sind, hängt von der Qualität der verfügbaren Prüfmethoden und von der zum Prüfen aufgewendeten Sorgfalt ab. Dennoch ist eine Prüfung in der Gegenwart unter methodologischen Gesichtspunkten einer Anamnese an Wert überlegen.

Eine Methode, welche die Eigenschaften einer Situation durch ihre Überprüfung zum Zeitpunkt t bestimmte, vermeidet die Unsicherheit historischer Schlussfolgerungen. Daraus folgt aber keineswegs, dass eine solche Methode jede zeitliche Betrachtungsweise über Bord wirft. Eine ‚Situation zu einer gegebenen Zeit' ist in Wirklichkeit nicht eine Situation ohne zeitliche Dauer, sondern stellt eine bestimmte Periode dar.

Außerdem enthält das psychologische Feld zu einer gegebenen Zeit auch die Ansichten des betreffenden Individuums über seine Zukunft und seine Vergangenheit.

Ein Individuum sieht nicht nur seine gegenwärtige Situation; es hat bestimmte Erwartungen, Wünsche, Befürchtungen und Tagträume im Hinblick auf seine Zukunft. Seine Ansichten über seine eigene Vergangenheit und über die vergangenen Verhältnisse der physischen und sozialen Welt sind zwar oft unrichtig, konstituieren aber nichtsdestoweniger die ‚Realitätsschicht' der Vergangenheit in seinem Lebensraum. Häufig beobachtet man auch eine Wunschebene bezüglich der Vergangenheit. Im Phänomen der Schuld spielt die Diskrepanz zwischen der Struktur dieser Wunsch- oder Irrealitätsebene der psychologischen Vergangenheit und der Realitätsebene eine wichtige Rolle. Die Struktur der psychologischen Zukunft steht beispielsweise in engem Zusammenhang mit Hoffen und Planen.

Nach einer von L. K. Frank (1939) vorgeschlagenen Terminologie sprechen wir von der ‚Zeitperspektive'. Sie umfasst die psychologische Vergangenheit und die psychologische Zukunft auf der Realitätsebene sowie die verschiedenen Irrealitätsebenen insgesamt.

Man muss sich unbedingt darüber im Klaren sein, dass die psychologische Vergangenheit und die psychologische Zukunft gleichzeitige Teile des psychologischen Feldes darstellen, wie sie zur gegebenen Zeit t existiert. Die Zeitperspektive wechselt fortwährend. Nach der Feldtheorie hängt jede Art von Verhalten vom gesamten Feld einschließlich der Zeitperspektive zur gegebenen Zeit ab, nicht aber darüber hinaus noch von irgendeinem vergangenen oder zukünftigen Feld oder dessen Zeitperspektive. (Lewin, K., 1963b [1943], 88–96)

Literatur

Frank, L. K. (1939). Time perspectives. *Journal of Social Philosophy* 4, 293–312

Lebensraum 14

(Lewin, K, 1946)

Das wichtigste psychologische Konstrukt im Rahmen der Feldtheorie von Lewin ist der Lebensraum. Er ist beeinflusst durch die Person, die (psychologische) Umwelt und deren Interaktionen, was sich in der Formel V = F (P, U) ausdrückt; V steht dabei für Verhalten (und schließt Erleben mit ein), P für Person, U für Umwelt, und Lewin betont immer wieder, dass P und U keine jeweils isoliert wirkenden Faktoren sind, sondern in enger Wechselwirkung miteinander stehen. P und U und ihre Interaktionen bilden auch den Lebensraum.

Er erläutert die Grundgedanken am Lebensraum eines Kindes und dessen Entwicklung.

Zusammenfassend kann man sagen, dass Verhalten und Entwicklung vom Zustand der Person und der Umwelt abhängen: V = F (P, U). In der Gleichung müssen die Person (P) und ihre Umwelt (U) als wechselseitig abhängige Variable betrachtet werden. Mit anderen Worten, um das Verhalten zu verstehen oder vorherzusagen, müssen die Person und ihre Umwelt als *eine* Konstellation interdependenter Faktoren betrachtet werden. Die Gesamtheit dieser Faktoren nennen wir den Lebensraum (L) dieses Individuums und schreiben V = F (P, U) = F (L). Der Lebensraum umschließt also beides, die Person und die Umwelt. Die Aufgabe, Verhalten zu erklären, wird dann identisch mit 1. dem Finden einer wissenschaftliche Repräsentation des Lebensraums (L) und 2. Der Bestimmung der Funktion (F), die das Verhalten mit dem Lebensraum verbindet. Eine solche Funktion (F) nennt man gewöhnlich ein *Gesetz*.

Der Erzähler, der uns die Hintergründe des Verhaltens und der Entwicklung eines Menschen darstellt, macht uns detaillierte Angaben über seine Eltern, seine Geschwister, seinen Charakter, seine Intelligenz, seinen Beruf, seine Freunde und sein Befinden. Er unterbreitet uns diese Daten in ihrem spezifischen Zusammenhang, d. h. als Teil einer Gesamtsituation. Die Psychologie hat die gleiche Aufgabe mit wissenschaftlichen anstatt mit Mitteln des Dichters zu erfüllen. Die Methode sollte insofern analytisch sein, als die verschiedenen Faktoren, die das Verhalten beeinflussen, voneinander eigens unterschieden werden müssen. In der Wissenschaft sind diese Daten ebenfalls in ihrem eigentümlichen Zusammenhang innerhalb der spezifischen Situation darzustellen. Eine Gesamtheit gleichzeitig bestehender Tatsachen, die als gegenseitig voneinander abhängig begriffen werden, nennt man ein Feld (EINSTEIN, 1933). Die Psychologie muss den Lebensraum, der die Person und ihre Umwelt einschließt, als ein Feld betrachten.

Welche Mittel für die Analyse und die wissenschaftliche Darstellung eines psychologischen Feldes die angemessensten sind, muss auf der Basis der Fruchtbarkeit für die Erklärung des Verhaltens beurteilt werden. Im Hinblick darauf sollten folgende allgemeine Gesichtspunkte in Erinnerung gehalten werden:

Eine Grundvoraussetzung für die richtige Führung eines Kindes oder für das theoretische Verständnis seines Verhaltens ist die Unterscheidung zwischen der Situation, wie sie der Lehrer, die Eltern oder der Experimentator sehen, und der Situation, die für das Kind als sein Lebensraum besteht. *Objektivität* in der Psychologie erfordert die korrekte Darstellung eines Feldes, wie es für den fraglichen Menschen zu diesem bestimmten Zeitpunkt besteht. Für dieses Feld sind die Freundschaften des Kindes, bewusste und ‚unbewusste' Ziele, Träume, Ideale und Furcht mindestens ebenso wesentlich wie die physischen Bedingungen. Weil dieses Feld für jedes Alter und für jedes Individuum verschieden ist, kann die Situation, wie sie von der Physik oder der Soziologie charakterisiert wird und die für jeden gleich ist, nicht dafür eingesetzt werden. Gleichwohl ist wichtig zu wissen, dass die physischen und sozialen Bedingungen die Spielbreite möglicher Lebensräume – wahrscheinlich als Grenzbedingungen des psychologischen Feldes abzugrenzen.

Der soziale Aspekt der psychologischen Situation ist mindestens so wichtig wie der physikalische. Das gilt auch für das Kleinkind.

Um das psychologische Feld angemessen zu charakterisieren, hat man derart spezifische Dinge wie besondere Ziele, Reize, Bedürfnisse, soziale Beziehungen, als auch allgemeinere Eigenschaften des Feldes wie die Atmosphäre (beispielsweise die freundliche, gespannte, feindliche Atmosphäre) und das Maß an Freiheit zu berücksichtigen. Die Eigenschaften des ganzen Feldes sind in der Psychologie so wichtig wie beispielsweise in der Physik das Gravitationsfeld für die Erklärung von Ereignissen im Rahmen der klassischen Physik.

Der Begriff des psychologischen Feldes als einer der Determinanten des Verhaltens schließt ein, dass alles, was zu einem gegebenen Zeitpunkt das Verhalten beeinflusst, zu diesem Zeitpunkt in dem Feld repräsentiert sein sollte. Weiter schließt es ein, dass nur solche Tatsachen das Verhalten beeinflussen können, die Teile des gegenwärtigen Feldes sind. (Lewin, K., 1963c [1946], 272-274)

Eine überragende Eigenschaft im Wandel des Lebensraums während der Entwicklung ist die zunehmende Differenzierung. – Der Lebensraum des Neugeborenen kann beschrieben werden als ein Feld, das relativ wenige und nur vage unterscheidbare Bereiche hat. Die Situation entspricht wahrscheinlich einem Allgemeinzustand mehr oder weniger großen Wohlbefindens. Bestimmte Personen oder Gegenstände werden offenbar nicht unterschieden. Ein Bereich, der ‚mein eigener Körper' heißt, besteht nicht, zukünftige Ereignisse oder Erwartungen gibt es nicht. Das Kind wird unmittelbar von der Augenblickssituation beherrscht. Einige der ersten Bereiche, die einen spezifischen Charakter erhalten, scheinen mit Nahrung und Notdurft verbunden zu sein. Schon nach der kurzen Zeit von drei bis sechs Tagen reagiert das Kind auf die Vorbereitung zum Stillen. Eine ähnliche Zunahme in Größe und Differenzierung des Lebensraums entsteht in anderer Hinsicht. Das Kind beobachtet seinen eigenen Körper und seine physische Umgebung. In den ersten Monaten entwickeln sich einige soziale Beziehungen.

Figur 1 Der Lebensraum auf zwei Entwicklungsstufen. Die obere Zeichnung stellt den Lebensraum eines jüngeren Kindes dar. Die untere Darstellung gibt den höheren Differenziertheitsgrad des Lebensraums eines älteren Kindes im Hinblick auf die gegenwärtige Situation, die Realitäts-Irrealitäts-Dimension und die Zeitperspektive wieder. K = Kind; R = Realitätsschicht; I = Irrealitätsschicht; ps Vg = psychologische Vergangenheit; ps Gg = psychologische Gegenwart; ps Zk = psychologische Zukunft.

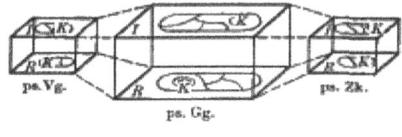

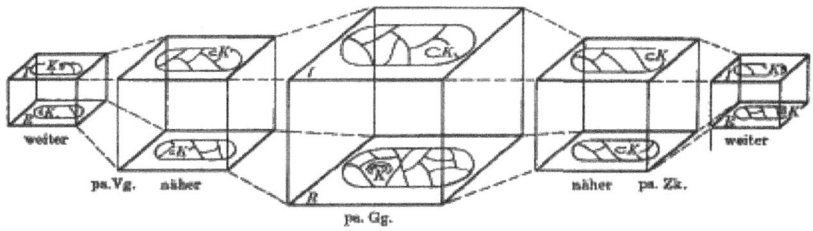

Die Ausweitung des Lebensraums hinsichtlich der psychologischen Zeit-Dimension dauert bis in das Erwachsenenalter an. Pläne dehnen sich weiter in die Zukunft aus, und Handlungen zunehmend längerer Dauer werden zu einer Einheit organisiert.

Die Differenzierung des Lebensraums nimmt auch in der Realitäts-Irrealitäts-Dimension zu. Verschiedene Grade der Irrealität entsprechen verschiedenen Graden der Phantasie. Sie schließt sowohl die positiven Wünsche wie die Furcht ein.

Die Differenzierung betrifft sowohl die Person als auch die psychologische Umwelt. Die zunehmende Differenzierung von Bedürfnissen kann beispielsweise als zunehmende Differenzierung intrapersonaler Regionen dargestellt werden. Hauptunterschiede dieser Entwicklungsstufen sind: 1. Eine *Ausweitung* des Lebensraums im Hinblick darauf, was a) Teil der psychologischen Gegenwart ist; b) der Zeitperspektive in Richtung der psychologischen Vergangenheit und Zukunft; c) der Realitäts-Irrealität-Dimension; 2. Ein Ansteigen der *Differenzierung* aller Schichten des Lebensraums in eine Vielfalt sozialer Beziehungen und Handlungsgebieten; 3. eine zunehmende *Organisierung;* 4. ein Wandel in der allgemeinen *Flüssigkeit* oder der *Rigidität* des Lebensraums. (Lewin, K., 1963c [1946], 277–279)

Literatur

Einstein, A. (1933). *On the method of theoretical physics.* New York, Oxford: University Press

＃ Das Behalten von erledigten und unerledigten Handlungen

15

(Zeigarnik, B., 1927)

Fragestellung und Untersuchungsanlage der im folgenden berichteten Experimente von Bluma Zeigarnik ergeben sich aus den Annahmen ‚gespannter Systeme' von Kurt Lewin, die aufgrund von Vornahmen und Bedürfnissen entstehen (diese Hypothesen fügen sich zwanglos in die Feld- und Lebensraum-Konzepte ein, die erst später ausformuliert wurden). Zeigarnik war in den 20–30er Jahren eine von ca. 20 Schülerinnen von Lewin am Berliner Institut. Grundgedanke ist hier, dass Vornahmen, die als Quasi-Bedürfnisse aufgefasst wurden, in der Person (wie z.b. auch echte Bedürfnisse) Spannungsfelder erzeugen, die psychische Auswirkungen haben. Bei Nicht-Erledigung eines Vorhabens bleiben Spannungen bestehen, die, wie hier eindeutig nachgewiesen, dazu führen, dass es besser behalten wird.

Eine Vornahme zieht nicht nur beim Eintreffen der im Vornahmeakt vorgestellten Gelegenheit eine Tendenz zur Durchführung der beabsichtigten Handlung nach sich. Sie entspricht vielmehr einem Bedürfnis (Quasibedürfnis), das auch ohne den Eintritt dieser Gelegenheit von sich aus zur Realisierung der Vornahme drängt, das also dynamisch einem Spannungszustand äquivalent ist. Man kann die Frage aufwerfen, ob sich ein solches Bedürfnis nur in der Richtung auf Durchführung der Vornahme auswirkt oder ob der Spannungszustand sich auch im sonstigen Gesamtverhalten des Menschen geltend macht.

Unsere Versuche beschäftigen sich speziell mit dem Problem der Auswirkung solcher aktueller bedürfnisartiger Spannungen auf gewisse Gedächtnisleistungen. Die bisherigen experimentellen Arbeiten über das Gedächtnis haben untersucht, wie früher gestiftete Zusammenhänge zwischen mehreren Erlebnissen auf ein späteres Reproduzieren wirken (Assoziationsversuche). Man hat ferner gefragt, welchen Einfluss die Natur des betreffenden Erlebnisses, z.B. seine Sinnlosigkeit oder

Sinnhaftigkeit, sein positiver oder negativer Gefühlscharakter, die Aufmerksamkeitsbetonung u. ä. auf das Behalten hat.

Bei uns dagegen handelt es sich um die Wirkung aktueller Bedürfnisse, insbesondere Quasibedürfnisse, auf eine Gedächtnisleistung. Wir untersuchen die Frage: Wie verhält sich die Erinnerung an Handlungen, die vor Beendigung unterbrochen worden sind, zum Behalten beendeter Handlungen? Wir vermuteten nämlich, dass das unbefriedigte Quasibedürfnis auch das rein gedächtnismäßige Behalten beeinflusst.

Die Versuche sind in den Jahren 1924–1926 im psychologischen Institut der Universität Berlin, zu einem kleinen Teil in einer litauischen Stadt, Prienai, ausgeführt worden. Mit 164 Vpn[1]. (Studenten, Lehrern und Kindern) wurden Einzelversuche gemacht. Ferner sind 2 Massenversuche angestellt worden, der erste mit 47 Erwachsenen, der zweite mit 45 Volksschulkindern von 13 bis 14 Jahren.

Der Vl. gibt der Vp. die Instruktion: „Sie bekommen hier eine Reihe von Aufgaben, die sie möglichst gut und schnell ausführen müssen!" Dann werden der Vp. 18 bis 22 Aufgaben einzeln nacheinander zur Lösung vorgelegt, jedoch lässt man die Vp. nicht alle Aufgaben ganz zu Ende ausführen, sondern die Hälfte der Aufgaben wird vom Vl. vor der Erledigung unterbrochen.

Die erledigten und unterbrochenen Aufgaben folgten in einer für die Vp. undurchsichtigen Reihenfolge, z. B. nach zwei unerledigten folgten zwei erledigte, dann eine unerledigte, dann zwei erledigte usw. Nachdem die letzte Aufgabe von der Vp. abgegeben ist, fragt der Vl: „Sagen Sie bitte, welche Aufgaben haben Sie während des Versuches gemacht?"

Die Zeit für das Aufzählen der Aufgaben wird vom Vl. nicht begrenzt. Die Vp. beschäftigt sich damit so lange, bis sie von selbst abbricht. Der Vl. notiert die aufgezählten Aufgaben in der Reihe des Aufzählens. Öfters tritt nach einem relativ fließenden Aufzählen ein Stocken ein, während dessen die Vp. nach den weiteren Aufgaben sucht.

Unsere quantitativen Zusammenstellungen beziehen sich zunächst auf diejenigen Aufgaben, die vor der Stockung aufgezählt wurden. Die nach der Stockung erwähnten Aufgaben werden besonders angegeben. Es sei im Voraus bemerkt, dass das Hinzuziehen dieser nach der Stockung angegebenen Aufgaben die Resultate nur unwesentlich verschieben.

Nach Beendigung des Versuches hat die Vp. ihre Selbstbeobachtungen anzugeben. Dabei erzählt sie zuerst frei ihre Erlebnisse. Dann wird sie aufgefordert, Näheres über das Unterbrechen und das Aufzählen zu berichten. Schließlich wird sie gefragt, welche Aufgaben sie als interessant oder als uninteressant, als angenehm

---

1 ‚Vp.' steht für Versuchsperson; ‚Vpn.' für Versuchspersonen, ‚Vl.' für Versuchsleiter

oder als unangenehm empfunden hat. Außerdem stehen uns halbspontane Angaben, die während des Versuches gemacht werden, zur Verfügung. Die Handlungen bestanden zum Teil in manuellen Arbeiten (z. B. Schachtelkleben oder ein Tier aus Plastellin kneten), zum Tell in der Lösung intellektueller Arbeiten (eine mathematische Aufgabe oder Rätsel); daneben gab es noch Handlungen von anderem Charakter (z. B. irgendein Gedicht aufschreiben). Die einzelne Aufgabe durfte nicht allzu kurz sein, damit die Vp. Zeit genug hatte, sich wirklich in die Arbeit zu versenken. Die Mehrzahl der Aufgaben dauerte ca. 3–5 Minuten, nur wenige wurden in 1–2 Minuten oder darunter gelöst. Schließlich war darauf zu achten, dass innerhalb einer Versuchsstunde nicht zwei ähnliche Aufgaben vorkommen. (Zeigarnik, B., 1927, 3–5)

Da jede Vp. sowohl Aufgaben erhält, die sie bis zu Ende durchführen darf, und solche, die vor Abschluss unterbrochen werden, so lassen sich etwaige Unterschiede im Behalten dieser beiden Arten von Aufgaben nicht auf individuelle Unterschiede der Vpn. zurückführen. Würde man aber bei jeder Vp. die gleichen Aufgaben unterbrechen, so könnten solche Unterschiede auf der Eigenart der einzelnen Aufgaben beruhen, ganz abgesehen davon, ob diese Aufgabe vorher bis zu Ende durchgeführt oder unterbrochen worden war. Wir haben deshalb sämtliche Aufgaben in zwei gleiche Gruppen a und b geteilt. Von einer Hälfte der Vpn. werden die Aufgaben der Gruppe a, von der anderen Hälfte der Vpn. der Gruppe b bis zu Ende ausgeführt, so dass schließlich jede Aufgabe ebensooft als „erledigt" wie als „unerledigt" vorkommt.

Soll der Unterschied der unerledigten und erledigten Handlungen zutage treten, so muss man eine Berechnungsmethode wählen, bei der die individuellen Unterschiede der allgemeinen Güte des Gedächtnisses der verschiedenen Vpn. möglichst ausgeschaltet werden. Man wird also gegenüberzustellen haben, wie viel erledigte und unerledigte Aufgaben von jeder Vp. behalten worden sind und diesen Unterschied nicht durch eine Differenz, sondern einen Quotienten charakterisieren. Wären die erledigten und unerledigten Aufgaben gedächtnismäßig gleichgestellt, so müsste, da beide Arten von Aufgaben gleich häufig vorkommen, der Quotient aus den behaltenen unerledigten (BU) und den behaltenen erledigten Aufgaben (BE) gleich 1 sein.

Die Abweichung des Quotienten BU/BE vom Werte 1 ist daher ein Maß für die Bevorzugung oder Benachteiligung der unerledigten Aufgaben beim Reproduzieren. Ist z. B. der Quotient BU/BE = 1,5, so bedeutet das, dass die unerledigten Aufgaben um 50 % besser behalten worden sind als die erledigten. (Zeigarnik, B. 1927, 8)

Beim ersten Versuch mit 32 Vpn. ergab sich mit einem Quotienten von 1.9 einen Vorteil der unerledigten Aufgaben in der Größenordnung von 90 %. D. h. die unerledigten Aufgaben wurden deutlich besser behalten als die erledigten.

(Dieses Ergebnis entspricht auch weitgehend den in weiteren Versuchen erzielten Quotienten.)
    Das Überwiegen der unerledigten Aufgaben gegenüber den erledigten zeigte sich aber nicht nur an der Zahl der behaltenen Aufgaben, sondern auch in der Reihenfolge, in der die Vp. die Aufgaben beim Abfragen aufsagt. Die Vpn. zählen an erster Stelle meistens unerledigte Aufgaben auf. Auch wenn man den Umstand, dass die unerledigten Aufgaben insgesamt häufiger genannt werden, durch entsprechende Umrechnung korrigiert, wird an erster Stelle eine unerledigte Aufgabe dreimal so häufig genannt als eine erledigte. Auch an der zweiten Stelle sind die unerledigten Aufgaben noch wesentlich bevorzugt, während sich das Verhältnis später umkehrt. Die unerledigten Aufgaben werden also nicht nur besser behalten, sondern auch beim Abfragen zeitlich in den Vordergrund geschoben. (Zeigarnik, B., 1927, 10–12)

Zur Theorie: Es zeigt sich, dass das Bevorzugen der unerledigten Handlungen weder auf ihre durch den Unterbrechungsakt hervorgerufene Eindringlichkeit, noch auf die Absicht der Vp., die unerledigten Handlungen zu behalten, zurückzuführen ist.
    Die Lösung des Problems scheint in einer anderen Richtung zu liegen. Nicht die während der Ausführung und Unterbrechung auftretenden Erlebnisse, die die unerledigte Handlung auszeichnen, sind maßgebend, sondern vielmehr die Kräfte, die zur Zeit des Abfragens bestehen.
    Die vorangehenden Spezialanordnungen haben bewiesen, dass nicht der Akt des Unterbrechens als solcher, sondern das Erledigtsein oder Unerledigtsein der Aufgaben wichtig ist. Wir haben also zu prüfen, welche realen psychischen Unterschiede im Zeitpunkt des Abfragens zwischen erledigten und unerledigten Aufgaben bestehen. Im Augenblick, wo die Vp. sich vornimmt, auf Grund der Instruktion die Aufgabe auszuführen, entsteht ein Quasibedürfnis, das von sich aus zur Erledigung der Sache drängt. Dynamisch gesprochen entspricht dieser Vorgang dem Entstehen eines gespannten Systems, das nach Entspannung tendiert. Die Erledigung der Aufgabe bedeutet dann eine Entladung des Systems, eine Entspannung des Quasibedürfnisses. Wird eine Aufgabe unterbrochen, so bleibt eine Restspannung übrig, das Quasibedürfnis ist nicht befriedigt. Der natürlichste Weg zur Befriedigung dieses Bedürfnisses würde eine Beendigung der unterbrochenen Aufgabe sein. Tatsächlich greifen die Vpn. öfters nach einer unterbrochenen Arbeit, falls sie aus Versehen auf dem Tisch liegen bleibt, um sie zu beenden.
    In unseren Versuchen ist der natürliche Weg zur Entladung des gespannten Systems, nämlich das Erledigen, durch den Vl. versagt. Die Spannungen bleiben also bestehen. Wenn nicht die Unterbrechungserlebnisse als solche für unsere Ergebnisse entscheidend sind, sondern das tatsächliche Unerledigtsein im Zeitpunkt

des Abfragens, so ist damit gesagt, dass das Fortbestehen des Quasibedürfnisses die Ursache auch für das gedächtnismäßige Bevorzugen der unerledigten Handlungen ist.

Die bedürfnisartigen Spannungen wirken sich also nicht nur unmittelbar in der Richtung auf das Erledigen der Aufgaben aus, sondern haben auch eine Begünstigung der späteren Reproduktion zur Folge. Die Reproduktion spielt hier die Rolle eines Indikators für die bedürfnisartige Spannung.

Wie solche Spannungen sich in dem anscheinend ganz andersartigen Vorgang der Reproduktion äußern sollen, lässt sich nur aus einer allgemeinen Theorie der seelischen Dynamik ableiten, die insbesondere zu entscheiden hätte, ob es sich im Reproduktionsvorgang zugleich um ein Entladen der einzelnen Spannungen handelt.

Wir sehen also, dass für das bessere Behalten der unerledigten Aufgaben nicht die im Moment des Unterbrechens mit der Aufgabe gekoppelten Erlebnisse maßgebend sind, sondern die Gesamtheit der Kräfte, die sich im Moment des Abfragens geltend machen.

Unter diesen sind jedoch die von den früheren Arbeiten herkommenden bedürfnisartigen Spannungen nicht die einzigen dynamischen Faktoren. Es liegt ja die Instruktion des Vl. vor, die Aufgaben aufzuzählen, und demgemäß besteht ein Reproduktionswille (Rp-Wille) der Vp., also ein Quasibedürfnis, alle Aufgaben aufzuzählen.

Die Gesamtsituation beim Abfragen am Schluss des Versuches ist also dynamisch betrachtet folgende: Es besteht ein durch die Instruktion des Vl. veranlasstes Quasibedürfnis, alle Aufgaben aufzuzählen; daneben bestehen bei den unerledigten, nicht aber bei den erledigten Handlungen, weitere Quasibedürfnisse, nämlich die unbefriedigten bedürfnisartigen Spannungen.

Wie stark die letzteren zu einer Bevorzugung der unerledigten Aufgaben beim Abfragen führen, muss demgemäß von dem Kräfteverhältnis dieser beiden grundlegenden Faktoren abhängen. Ist der instruktionsgemäße Rp-Wille vorherrschend, so muss die relative Bevorzugung der unerledigten Aufgaben (BU) zurücktreten. (BU muss annähernd gleich BE sein.) Andererseits muss die relative Bevorzugung der unerledigten Aufgaben auf Grund etwaiger Quasibedürfnisse dieser Handlungen umso reiner zum Ausdruck kommen, je weniger sich die Rp-Absicht, alle Aufgaben aufzuzählen, geltend macht. In diesem Falle würde der Grad der Bevorzugung der unerledigten gegenüber den erledigten Handlungen im Wesentlichen nur noch von der Stärke des Quasibedürfnisses abhängen, das bei den einzelnen Vpn. die unerledigten Handlungen von den erledigten unterscheidet.

Somit scheinen 2 Fragen zu bestehen: 1. nach der Bedeutung des Rp-Willens während des Aufzählens und 2. nach der Natur und dem Aufbau der bedürfnisartigen Spannungen bei den unerledigten Handlungen. (Zeigarnik, B. 1927, 18–30)

Die verschiedene Auffassung des Abfragens bringt einen verschieden starken Reproduktionswillen bei den einzelnen Vpn. mit sich, der auch auf das Verhältnis der behaltenen erledigten (BE) und behaltenen unerledigten (BU) Handlungen seine Wirkung ausübt.

Während die Vpn. der ersten Gruppe, bei denen das Aufzählen der Aufgaben nur „ein Erzählen über das eben Gewesene" ist, sich keine Mühe geben, möglichst alle Aufgaben aufzuzählen, sondern sich mehr dem „spontanen Fließen" der Aufgaben hingeben, bemühen sich die Vpn. der zweiten Gruppe möglichst viele Aufgaben aufzuzählen. Eine solche Vp. will die Güte ihres Gedächtnisses zeigen. Da sie das Aufzählen als eine Aufgabe und sogar als eine besonders wichtige Aufgabe auffasst, setzen dieselben Kräfte, die bei der Ausführung der anderen Aufgaben ausschlaggebend waren, hier womöglich noch in gesteigertem Maße ein. Die Vp. will vor allem zeigen, was sie kann, wie hoch ihre Leistungsfähigkeit ist. Die Vpn. der Gruppe 1, die bloß erzählen, sind viel ungezwungener, und in einer solchen Situation müssen sich die bedürfnisartigen Spannungen, auf die nach unserer These das Bevorzugen der BU zurückgeht, besser auswirken. Das ist auch der Fall: In dieser Gruppe ist der Quotient 2.8, während er in der Gruppe ‚Aufzählen als Gedächtnisprüfung' 1.5 beträgt. (Zeigarnik, B., 1927, 34–38

Zusammenfassend ergibt sich:
 Die unerledigten Handlungen werden besser, und zwar durchschnittlich nahezu doppelt so gut behalten wie die erledigten. Dies Quasibedürfnis entspricht einer Spannung, die sich nicht nur in der Richtung der ursprünglichen Vornahme (die Aufgabe zu erledigen), sondern auch beim Reproduzieren auswirkt.
 Wie sehr das Quasibedürfnis beim Reproduzieren in Erscheinung tritt, hängt von der Intensität und Struktur der Spannung ab, ferner von der Stärke und Art des Reproduktionswillens, der im Moment des Abfragens entsteht. Da nämlich der Rp.-Wille gleichgerichtet mit den Quasibedürfnissen ist, kann er deren Wirkungen vollkommen verdecken, falls er stark genug ist. Das ist der Fall, wenn die Vp. das Abfragen als selbständige „Gedächtnisprüfung" auffasst, nicht aber, wenn sie beim Abfragen frei dem Vl. über die Versuche Bericht erstattet.
 Entscheidend für das Fortbestehen des Quasibedürfnisses ist nicht das äußerliche Fertig- oder Unfertigsein der Arbeit, sondern das innerliche Unerledigtsein der Handlungen (Aufgaben, bei denen die Vp. mit ihrer Leistung nicht zufrieden ist, oder die mehrere Lösungsmöglichkeiten enthalten, werden auch als „erledigte" gut behalten. Das gleiche gilt von interessanten Aufgaben). Ähnlich liegt der Sachverhalt bei den unerledigten Aufgaben: Äußerlich unfertige Handlungen, bei denen aber das Erledigungsbedürfnis gestillt oder verschwunden ist, werden schlecht behalten (Aufgaben, bei denen Teilerledigung eintritt, „zerstörte" und „aufgegebene" Aufgaben haben ein kleines BU).

Wenn hinter dem Quasibedürfnis ausgeprägte echte Bedürfnisse stehen, wenn die zentrale „Ichsphäre" des Menschen berührt wird, so sind die bedürfnisartigen Spannungen stärker. (Für ehrgeizige Vpn. überwiegen die unerledigten Handlungen beim Aufzählen in besonders hohem Maße ebenso für Handlungen, die besonders stark den Ehrgeiz erwecken.)

Für das Entstehen der gespannten Systeme ist ferner eine genügende Festigkeit des dynamischen Gesamtfeldes notwendig. Im Falle eines „Flüssigwerdens" (bei Müdigkeit) oder bei zu großen Druckschwankungen im psychischen Gesamtfeld, z. B. bei zu großer Aufgeregtheit, kommt es nicht zur Ausbildung von Spannungen. Bereits bestehende Spannungssysteme werden durch Situationsänderung („Durchschütteln" oder Durchkreuzen mehrerer Situationen) aufgelöst. (Zeigarnik, B., 1927, 84–85)

Kunst und Sehen 16

(Arnheim, R., 1954)

Die Grundbegriffe meines psychologischen Denkens und ein großer Teil der Experimente, die ich anführen werde, stammen aus der Gestalttheorie – einer psychologischen Disziplin, die, wie ich hier vielleicht hinzufügen sollte, mit den verschiedenen Formen der Psychotherapie, die diese Bezeichnung neuerdings übernommen haben, nichts zu tun hat. Das Wort ‚Gestalt' wird seit Beginn unseres Jahrhunderts auf eine ganze Reihe wissenschaftlicher Prinzipien angewendet, die sich hauptsächlich aus Experimenten auf dem Gebiet der Sinneswahrnehmung herleiten. Es wird allgemein eingeräumt, dass die Grundlagen unserer heutigen Kenntnisse der Gesichtswahrnehmung in den Experimenten der Gestaltpsychologen gelegt worden sind, und meine eigene Entwicklung ist durch die theoretische und praktische Arbeit dieser Schule geprägt worden.

Bezeichnenderweise zeigte die Gestaltpsychologie von Anfang an ein verwandtschaftliches Verhältnis zur Kunst. Die Kunst durchdringt die Schriften Max Wertheimers, Wolfgang Köhler und Kurt Koffkas. Gelegentlich wird die Kunst auch ausdrücklich erwähnt, aber es zählt mehr, dass die der Denkweise dieser Männer zugrundeliegende geistige Haltung dem Künstler vertraut ist. In der Tat war so etwas wie eine künstlerische Sicht der Wirklichkeit notwendig, um Wissenschaftler daran zu erinnern, dass man die meisten natürlichen Erscheinungen nicht erschöpfend beschreibt, wenn man sie Stückchen um Stückchen analysiert. Dass sich eine Ganzheit nicht durch die Zusammenfügung einzelner Teile erreichen lässt, war für den Künstler nichts Neues. Jahrhundertelang hatten es Wissenschaftler verstanden, wertvolle Aussagen über die Wirklichkeit zu machen, indem sie Netzwerke mechanischer Beziehungen beschrieben; aber niemals konnte ein Kunstwerk von einem Geist geschaffen oder verstanden werden, der unfähig ist, sich die gegliederte Struktur eines Ganzen vorzustellen.

In einem Aufsatz, der der Gestalttheorie ihren Namen gab, wies Christian von Ehrenfels darauf hin, dass die Summe der Erfahrungen von zwölf Beobachtern, die jeweils nur einen Ton einer Melodie hören, nicht der Erfahrung desjenigen entsprechen würde, der die ganze Melodie hört. Mit einem großen Teil ihrer späteren Experimente wollten die Verfechter der Gestalttheorie zeigen, dass die Erscheinungsweise jedes Teilelementes von seinem Platz und seiner Funktion in einer Gesamtstruktur bestimmt wird. Wer diese Untersuchungen aufmerksam durchliest, muss einfach das aktive Streben nach Einheit und Ordnung bewundern, das sich in dem einfachen Akte des Betrachtens eines einfachen Linienmusters offenbart. Das Sehen ist keineswegs nur ein mechanisches Aufzeichnen von Sinneseindrücken; es erwies sich vielmehr als ein echt schöpferisches Begreifen der Wirklichkeit – fantasievoll, erfinderisch, gescheit und schön. Es stellte sich heraus, dass die Eigenschaften, die den Denker und den Künstler auszeichnen, allen geistigen Tätigkeiten innewohnen. Psychologen erkannten dann auch, dass diese Tatsache kein Zufall war. Dieselben Grundsätze gelten für alle die verschiedenen geistigen Fähigkeiten, da der Geist immer als eine Ganzheit arbeitet. Alles Wahrnehmen ist auch Denken, alles Denken ist auch Intuition, alles Beobachten ist auch Erfinden.

Die Bedeutung dieser Erkenntnisse für die Theorie und Praxis der Kunst ist offensichtlich. Wir können im künstlerischen Schaffen keine eigenstände Tätigkeit mehr sehen, auf geheimnisvolle Weise von oben inspiriert, mit anderen menschlichen Tätigkeiten nicht in Beziehung stehend und nicht in Beziehung zu bringen. Stattdessen erkennen wir im verfeinerten Sehen, das zur Schöpfung großer Kunstwerke führt, eine Weiterentwicklung der bescheideneren und allgemeineren Sehtätigkeit im täglichen Leben. Wie das alltägliche Sichzurechtfinden ‚künstlerisch', weil es mit dem Geben und Finden von Form und Bedeutung zu tun hat, ist das schöpferische Tun des Künstlers ein Instrument des Lebens, eine verfeinerte Art des Verstehen, wer und wo wir sind.

Solange das Rohmaterial der Erfahrung als eine amorphe Anhäufung von Reizen angesehen wurde, schien der Beobachter frei, nach eigenem Gutdünken damit umzugehen. Das Sehen war ein völlig subjektiver Akt: Form und Bedeutung wurden der Wirklichkeit aufgedrängt. Tatsächlich würde auch kein Kunstkenner bestreiten, dass Künstler und Kulturen die Welt nach ihrer eigenen Vorstellung gestalten. Die Untersuchungen im Sinne der Gestalttheorie machten jedoch deutlich dass die Situationen, denen wir gegenüberstehen, meistens ihre eigenen charakteristischen Merkmale haben, die von uns richtig wahrgenommen werden wollen. Wie sich herausstellte, erfordert das Betrachten der Welt eine Wechselwirkung zwischen Eigenschaften, die das Objekt liefert, und der Natur des beobachtenden Subjektes. Dieses objektive Element in der Erfahrung rechtfertigt Versuche, zwischen angemessenen und unangemessenen Vorstellungen der Wirklichkeit zu unterscheiden. Außerdem konnte man erwarten, dass alle angemessenen Vorstellungen einen gemeinsamen wahren Kern enthalten, wodurch die Kunst aller Zeiten und Länder eine potentielle Bedeutung für alle Menschen erlangen würde. Wenn sich durch Experimente nachweisen ließ, dass sich eine gut strukturierte Strichfigur allen Beobachtern als grundsätzlich gleiche Form mitteilt, ungeachtet der Assoziationen und Fantasie, die sie bei einigen von ihnen auf Grund ihrer kulturellen Vergangenheit und ihrer individuellen Neigungen auslöst, dann konnte man dasselbe – wenigstens im Prinzip – auch in Bezug auf Leute erwarten, die Kunstwerke betrachten. Dieses Vertrauen auf die objektive Gültigkeit der künstlerischen Aussage lieferte ein dringend benötigtes Gegenmittel gegen den Alptraum eines ungezügelten Subjektivismus und Relativismus.

Schließlich war es eine heilsame Lehre, zu entdecken, dass das Sehen kein mechanisches Aufzeichnen von Teilelementen ist, sondern vielmehr das Erfassen bedeutsamer Strukturmuster. Wenn das für den einfachen Vorgang der Wahrnehmung eines Gegenstandes galt, dann musste es wohl erst recht auf den künstlerischen Zugang zur Wirklichkeit zutreffen. Offensichtlich war der Künstler ebenso wenig wie sein Sehorgan ein Instrument zur mechanischen Aufzeichnung. Man konnte sich die künstlerische Darstellung eines Gegenstandes nicht mehr als eine umständliche, alle Einzelheiten wiedergebende Kopie seiner zufälligen Erscheinungsform vorstellen. Mit anderen Worten: hier war eine wissenschaftlich Analogie zu der Tatsache, dass Abbilder der Wirklichkeit gültig sein können, auch wenn sie von einer ‚realistischen' Ähnlichkeit weit entfernt sind. (Arnheim, R., 1978 [1954], 5–7)

Wie erfasst der Gesichtssinn Gestalt? Niemand mit einem gesunden Nervensystem begreift Gestalt in der Weise, dass er ihren Teilen nachspürt und diese dann zusammenflickt. Bei der bereits erwähnten visuellen Agnosie handelte es sich um eine pathologische Unfähigkeit, ein Muster als eine Ganzfigur zu erfassen. Wer darunter leidet, kann mit Kopf- oder Fingerbewegungen einen Umriss nachzeichnen und dann aus der Summe seiner Untersuchungen folgern, dass das Ganze – um ein Beispiel zu nennen – ein Dreieck sein muss. Aber er ist außerstande, ein Dreieck zu sehen. Er kann nicht mehr tun als der Tourist, der, wenn er seinen Irrweg durch das Labyrinth einer fremden Stadt rekonstruiert, zu dem Schluss kommt, dass er mehr oder weniger im Kreis gegangen ist.

Der normale Gesichtssinn tut nichts dergleichen. Meistens erfasst er Gestalt ganz unmittelbar. Er begreift eine Gesamtstruktur. Doch wie wird diese Struktur bestimmt? Wenn der auf die Netzhaut projizierte Reiz und das Nervensystem, das diese Projektion weiterentwickelt, zusammentreffen, was sorgt dann für die Gestalt, die im Bewusstsein erscheint?

Warum neigen wir dazu, die vier Punkte als ein Quadrat (und nicht als etwas) anderes zu sehen?

Phänomene diese Art finden ihre Erklärung in jener Gesetzmäßigkeit, die Gestaltpsychologen das Grundgesetz der Gesichtswahrnehmung nennen: *Jedes Reiz-*

muster strebt danach, so gesehen zu werden, dass die sich ergebende Struktur so einfach ist, wie es die gegebenen Umstände zulassen.

Was meinen wir mit Einfachheit? Zunächst einmal könnte man sie als die subjektive Erfahrung und das subjektive Urteil eines Betrachters beschreiben, der keine Schwierigkeiten hat, das ihm Dargebotene zu verstehen.

Welches Muster ist aus einer ganzen Sammlung von Mustern heraus am schnellsten wiederzuerkennen? Was sind die Muster unter dem Gesichtspunkt scheinbarer Einfachheit einzustufen?

Die (in solchen Experimenten untersuchten) subjektiven Reaktionen sind nur eine Seite unseres Problems. Wir müssen auch die objektive Einfachheit von Sehobjekten feststellen, indem wir ihre Formeigenschaften analysieren. Objektive und subjektive Einfachheit laufen nicht immer parallel.

Eine gerade Linie ist einfach, weil sie nur eine unveränderliche Richtung kennt. Parallele Linien sind einfacher als Linien, die in einem Winkel zusammenlaufen, da ein gleichbleibender Abstand ihre Beziehung bestimmt. Ein rechter Winkel ist einfacher als andere Winkel, weil er eine Unterteilung des Raumes schafft, die auf der Wiederholung ein und desselben Winkels beruht.

Diese Beispiele lassen vermuten, dass wir zu einer guten Grobdefinition der Einfachheit kommen können, wenn wir nicht die Elemente sondern die Strukturfaktoren zählen.

Wenn ein solches Zählen von Strukturfaktoren einen ausreichenden Bezug zum Grad der Einfachheit in Wahrnehmungsmustern herstellt, dann genügt das für eine wissenschaftliche Messung. Doch der Psychologe und der Künstler müssen sich darüber klar sein, dass man das Wahrnehmungserlebnis beim Betrachten einer Figur nicht als Summe der wahrgenommenen Bestandteile beschreiben kann.

Die großen Werke der Kunst sind vielschichtig, aber wir rühmen sie auch dafür, dass sie ‚Einfachheit besitzen‘, was nichts anderes heißen soll, als dass sie eine Fülle an Bedeutung und Form in eine Gesamtstruktur einordnen, die jedem Detail ganz klar seinen Platz und seine Funktion in der Ganzfigur zuweist. Dieses Bestreben, eine notwendige Struktur auf möglichst einfache Weise zu organisieren, kann man ihre *Ordnung* nennen.

Jedes Gemälde, jede Skulptur bedeutet etwas. Ob es nun ein gegenständliches oder ‚abstraktes‘ Werk ist, immer ist es ein Werk ‚über etwas‘, es ist eine Aussage über das Wesen unseres Daseins. Ähnlich erklärt ein zweckdienlicher Gegenstand, etwa ein Gebäude oder ein Teekessel, den Augen seine Funktion. Die Einfachheit solcher Gegenstände umfasst deshalb nicht nur ihre sichtbare Erscheinung an und für sich, sondern auch das Verhältnis zwischen dem Wahrnehmungsbild und der Aussage, die es vermitteln soll. In der Sprache hat ein Satz, dessen komplizierte Wortstruktur genau der komplizierten Struktur des auszudrückenden Gedankens entspricht, eine willkommene Einfachheit; jede Nichtübereinstimmung von Form und Bedeutung beeinträchtigt dagegen die Einfachheit. Kurze Wörter in kurzen Sätzen ergeben nicht zwangsläufig eine einfache Aussage.

In der Kunst kann es vorkommen, dass ein geformter Lehmklumpen oder eine Anordnung von Strichen eine menschliche Figur darstellen soll. Ein abstraktes Gemälde kann *Sieges-Boogie-Woogie* heißen. Die Bedeutung oder der Inhalt könnte verhältnismäßig einfach sein *(Liegender Akt)* oder ziemlich kompliziert *(Das weise Regiment, die Empörung bändigend)*. Die Art der Bedeutung und ihr Verhältnis zur sichtbaren Form, die diese Bedeutung ausdrücken soll, tragen dazu bei, den Grad der Einfachheit für das ganze Werk zu bestimmen. Wenn ein an sich ziemlich einfaches Wahrnehmungsbild dazu verwendet wird, etwas Vielschichtiges auszudrücken, ist das Ergebnis nicht einfach. Wenn ein Taubstummer, der eine Geschichte erzählen will, nur ein Ächzen hervorbringt, ist die Struktur des Geräusches ganz einfach; doch das Gesamtergebnis enthält so viel Spannung zwischen hörbarer Form und gemeintem Inhalt wie beispielsweise der Versuch, einen menschlichen Körper in ein zylindrisches Korsett zu zwängen.

Der Widerspruch zwischen vielschichtiger Bedeutung und einfacher Form kann etwas ganz Kompliziertes hervorbringen. Angenommen, ein Maler stellt Kain und Abel durch zwei Personen dar, die genau gleich aussehen und sich in gleicher Haltung symmetrisch gegenüberstehen. Die Bedeutung würde hier die Unterschiede zwischen Gut und Böse, Mörder und Opfer, Annahme und Zurückweisung umfassen, während das Bild die Ähnlichkeit der beiden Männer ausdrücken würde. Die Wirkung der Bildaussage wäre nicht einfach.

Diese Beispiele zeigen, dass Einfachheit eine strukturelle Übereinstimmung zwischen der Bedeutung und der sichtbaren Gestalt erfordert. Gestaltpsychologen nennen diese strukturelle Übereinstimmung ‚Isomorphismus'. Sie ist auch in der angewandten Kunst notwendig. Um auf ein bereits erwähntes Beispiel zurückzugreifen: wenn ein Fernsehgerät und eine Schreibmaschine genau gleich aussähen, würde uns die erwünschte einfache Übereinstimmung zwischen Form und Funktion fehlen. Die Vereinfachung der Form würde die Kommunikation erschweren – von einer Verarmung unserer Wahrnehmungswelt ganz zu schweigen. (Arnheim, R., 1978 [1954], 56–65)

Ähnlichkeit und Gruppenbildung: In der Wahrnehmung werden Vergleiche, Verbindungen und Unterteilungen nicht zwischen beziehungslosen Dingen hergestellt, sondern nur dort, wo die ganze Anordnung eine ausreichende Basis vermuten lässt. Ähnlichkeit ist eine Voraussetzung für das Erkennen von Unterschieden.

Tatsächlich sind die Ähnlichkeitsfaktoren dann am wirksamsten, wenn sie vorhandene Muster stärken. Man merkt, dass der Zugang ‚von unten' ziemlich beschränkt ist und durch den Zugang ‚von oben' ergänzt werden muss. Wertheimer verwendete diese Begriffe um den Unterschied zwischen zwei Methoden zu beschreiben: zum einen kann man bei der Analyse eines Musters von seinen Bestandteilen ausgehen und dann ihre Kombinationen untersuchen, zum anderen kann man von der Gesamtstruktur des Ganzen ausgehen und dann nach und nach zu den untergeordneten Teilen kommen.

Gruppenbildung von unten und Unterteilung von oben sind reziproke Begriffe. Ein wichtiger Unterschied zwischen den beiden Verfahren besteht darin, dass wir beim Zugang von unten das Einfachheitsprinzip nur auf die Ähnlichkeit anwenden können, die zwischen Einheit und Einheit besteht, während dasselbe Prinzip, wenn wir es von oben anwenden, auch über die Gesamtstruktur Aufschluss gibt. Das Kunsthistorische Museum in Wien besitzt eine Bilderserie des aus dem sechzehnten Jahrhundert stammenden Malers Giuseppe Arcimboldo, in der Sommer, Winter, Feuer und Wasser durch Porträts in Seitenansicht symbolisch dargestellt sind. Jede Figur ist aus konkreten Gegenständen zusammengesetzt, z.B. der Sommer aus Früchten, das Feuer aus brennenden Holzklötzen, Kerzen, einer Lampe, einem Feuerstein usw. Wenn der Betrachter von den Bestandteilen eines dieser Gemälde ausgeht, erkennt er diese Gegenstände und kann ermessen, wie kunstvoll sie zusammengefügt sind. Aber er wird auf diese Weise nie auf das Porträt kommen, das von der Struktur als einer Ganzheit gebildet wird. (Arnheim, R., 1978 [1954], 80–83)

Figur und Grund: Wie ich schon an anderer Stelle andeutete, gibt es kein wahrhaft flaches zweidimensionales Bild. Wir kennen jedoch viele Beispiele, bei denen Zweidimensionalität in dem Sinne vorherrscht, dass das Bild aus zwei oder mehr Ebenen oder flächigen Räumen besteht, die sich parallel zur vorderen Bildfläche ausdehnen und vom Betrachter unterschiedlich weit entfernt scheinen.

Die Zweidimensionalität als ein System aus frontalen Bildflächen wird in ihrer elementarsten Form durch die Figur-Grund-Beziehung vertreten. Nicht mehr als zwei Flächen werden berücksichtigt. Eine von ihnen muss mehr Raum einnehmen als die andere, ja, muss grenzenlos sein; der unmittelbar sichtbare Teil der anderen muss kleiner und von einem Rand umgeben sein. Eine von beiden liegt vor der anderen. Eine ist die Figur, die andere der Grund.

Die zahlreichen Untersuchungen des Phänomens von Figur und Grund wollten in erster Linie die Bedingungen erforschen, von denen festgelegt wird, welche der beiden Gestalten vor der anderen liegt. Die Situation ist häufiger zweideutig, als man annehmen würde. In der alten Kosmologie wurden die Sterne manchmal als kleine Löcher im Vorhang des Nachthimmels gesehen, durch die Lichtstrahlen aus einer helleren, himmlischen Welt zu uns dringen; nach Kant deutete der französische Naturwissenschaftler Maupertius die kosmischen Nebel als Öffnungen im Himmelsgewölbe, durch die das Empyreum sichtbar wird. Ich erwähnte den Pokal, der als leerer Raum zwischen zwei Profilen gesehen werden kann – ein Trick, der vor kurzem eine neue Bedeutung gewann, als jemand herausfand, dass man das rote Ahornblatt in der neuen kanadischen Flagge als leeren Grund zwischen zwei zornigen weißen Profilen sehen kann, einem Liberalen und einem Konservativen, die aufeinander einreden. Solche zweideutigen Muster nähern sich einem Zustand der ‚Mehrfachstabilität' (Fred Attneave), in dem sich verschiedene Figur-Grund-Faktoren in entgegengesetzten Richtungen gegenseitig aufheben.

Es sei daran erinnert, dass selbst in einer einfachen Strichzeichnung die eingeschlossene Figur eine größere Dichte besitzt als der weniger gebundene Grund. Wir können sagen, die zwei Flächen haben verschiedene Innenstrukturen. Wenn nun die Dichte der Innenstruktur mit graphischen Mitteln gesteigert wird, stellen wir fest, dass die vom Umriss geschaffene Figur-Grund-Situation entweder verstärkt (a) oder umgekehrt (b) werden kann. Eine Innenstruktur stärkt die Figur. In dem Holzschnitt von Matisse (Abb. 164) werden die Faktoren der eingeschlossenen Form und der Innenstruktur gegeneinander ausgespielt. Der verhältnismäßig leere Körper der Frau wirkt fast wie ein Loch, das in das Gewebe der Umgebung gerissen wurde. Es ist die Absicht des Künstlers, den Körper zu entstofflichen – eine spezifisch moderne Wirkung, auf die ich bereits hingewiesen habe.

Ein Kräftediagramm. Wir meinen (also) gerichtete Spannung, wenn wir von Anschauungsdynamik sprechen. Es ist eine Eigenschaft, die Formen, Farben und Bewegungen innewohnt, und nicht etwas, das durch die Vorstellungskraft eines Betrachters, der sich auf sein Gedächtnis verlässt, dem Wahrnehmungsbild hin-

Abb. 164
Henri Matisse, *Liegender Akt*. Holzschnitt von 1906
(Arnheim, R., 1978 [1954], 223–225)

zufügt wird. Die Voraussetzungen, die Dynamik entstehen lassen, müssen im Sehobjekt selbst gesucht werden.

Wenn man sich vor Augen hält, dass die Dynamik der eigentliche Kern der Wahrnehmungserfahrung ist und von Dichtern, Künstlern und Kritiker so bereitwillig anerkannt wird, dann ist es doch bemerkenswert, dass ihr von Theoretikern und Experimentatoren bisher so wenig Beachtung geschenkt worden ist. Dieses blinde Verkennen einer in die Augen fallenden Tatsache ist wahrscheinlich auf das zurückzuführen, was Psychologen den ‚Stimulusirrtum' nennen, die Annahme nämlich, dass eine Eigenschaft, die nicht im physischen Reizobjekt zu finden ist, auch nicht im Wahrnehmungsbild existieren kann.

Nähern wir uns dem Phänomen Schritt um Schritt. Objekte in der Natur besitzen oft eine starke Anschauungsdynamik, dass ihre Formen die Spuren physischer Kräfte zeigen, die die Objekte schufen. Bewegung, Ausdehnung, Zusammenziehung, der Wachstumsprozess – sie alle können sich in dynamischen Formen niederschlagen. Die höchst dynamische Kurve einer Meereswelle ist das Ergebnis des Schubes, der das Wasser nach oben wirft, und der Schwerkraft, die diesem Schub entgegenwirkt. Die Spuren von Wellen an einem nassen Sandstrand verdanken ihre geschwungenen Linien der Bewegung des Wassers; und in den gewölbten, sich ausdehnenden Formen von Wolken und in den hoch aufragenden und abfallenden Umrissen von Bergen sehen wir unmittelbar die Auswirkungen der mechanischen Kräfte, die sie entstehen ließen.

Auch in den Werken der bildenden Kunst können wir manchmal die relative Stärke der zwei Faktoren abschätzen. Zeichnungen von Picasso, die dadurch entstanden, dass er eine Taschenlampe in einem dunklen Raum bewegte, sind fotografisch festgehalten worden. Die geschwungenen Bögen zeigten ein deutliches Übergewicht des motorischen Faktors über die Wahrnehmungsorganisation und unterschieden sich damit von dem Eindruck, den die meisten Zeichnungen Picassos auf Papier vermitteln.

Als sich während und nach der Renaissance eine Tendenz herausschälte, das Kunstwerk als Ergebnis eines persönlichen Schöpfungsaktes anzusehen und zu schätzen, wurde der klar erkennbare Pinselstrich zu einem legitimen Bestandteil der künstlerischen Form, und die Fingerabdrücke des Bildhauers wurden paradoxerweise sogar an den Bronzeabgüssen von Tonmodellen beibehalten. Zeichnungen, bis dahin nur Vorstufen im Entstehungsprozess eines Werkes, wurden nun als eigenständige Kunstwerke gesammelt. Die Dynamik des Schöpfungsaktes war zu einem geschätzten Zusatz geworden, der die in den geschaffenen Formen selbst enthaltene Bewegung bereicherte.

Ein besonderes Kennzeichen der japanischen Malerei ist die Stärke des Pinselstrichs, technisch *fude no chikara* oder *fude no ikioi* genannt. Wenn ein Objekt dargestellt wird, das Kraft versinnbildlicht, also etwa Felsklippen, der Schnabel oder die Krallen eins Vogels, die Pranken des Tigers oder die Zweige oder Äste eines Baumes, dann muss in dem Augenblick, in dem der Pinsel angesetzt wird, das Gefühl der Kraft den ganzen Körper des Künstlers erfassen und durch seinen Arm und die Hand auf den Pinsel übertragen werden und so auf das zu malende Objekt überspringen. Die Leblosigkeit vieler Reproduktionen und Gipsabgüsse geht zum Teil darauf zurück, dass die Striche und Züge, Linien und Kanten nicht wie im Original durch Kräfte erzeugt worden sind, die in der Richtung der Bewegung verliefen, sondern durch den senkrechten Druck der Druckpresse oder durch die formlose flüssige Gipsmasse. (Arnheim, R. 1978, 418–421)

Wie entsteht Dynamik? Wenn in jedem Seherlebnis die Gestalt, Farbe und Bewegung dynamische Eigenschaften besitzen, müssen wir gezielter fragen: wie kommt die Dynamik in das Wahrnehmungserlebnis? Ich habe, wie ich hoffe, einleuchtend dargestellt, dass die Dynamik nicht einfach vom Betrachter subjektiv und willkürlich der Seherfahrung hinzugefügt wird. Sie ist vielmehr ein wesentlicher Bestandteil seiner Seherfahrung, solange seine natürliche Sinnesreaktion nicht durch eine Bildung verdrängt worden ist, die alles nach Metern und Zentimetern, Wellenlängen und Kilometerstunden misst. Die Dynamik ist keine Eigenschaft der physikalischen Welt; es lässt sich vielmehr nachweisen, dass die auf unsere Netzhaut projizierten Reizmuster bestimmen, welche Rolle dynamische Eigenschaften in einem Wahrnehmungsbild spielen.

Das Reizmerkmal, das unsere Augen erreicht, erhält seine Dynamik, während es vom Nervensystem verarbeitet wird. Wie ist das zu verstehen? Erinnern wir uns zuerst daran, dass das Wahrnehmungsmaterial nicht mechanisch einer passiven Receptorfläche aufgestempelt wird, so wie eingefärbte Schrifttypen Buchstaben aufs Papier drucken. Die Wahrnehmung spiegelt das Eindringen äußerer Kräfte in den Organismus, die das Gleichgewicht des Nervensystems stören. In ein widerstandsfähiges Gewebe wird ein Loch gerissen. Es muss zum Kampf kommen, da die eindringenden Kräfte versuchen, sich gegen die physiologischen Feldkräfte zu behaupten, die sich ihrerseits bemühen, den Eindringling auszuschalten oder wenigstens auf ein möglichst einfaches Muster zu reduzieren. Die relative Stärke der widerstreitenden Kräfte bestimmt das entstehende Wahrnehmungserlebnis.

Der Reiz erstarrt nie zu einer statischen Anordnung. Solange Licht die Sehzentren im Gehirn beeinflusst, dauern das Stoßen und Zerren an, und die relative Stabilität des Ergebnisses ist lediglich das Gleichgewicht der miteinander ringenden Kräfte. Gibt es einen Grund, anzunehmen, dass sich nur das Endergebnis des Ringens in der Seherfahrung widerspiegelt? Warum sollte das Spiel der physiologischen Kräfte selbst nicht ebenfalls sein Gegenstück in der Wahrnehmung finden? Ich behaupte, dass es eben diese Kräfte sind, die wir in unbeweglichen Mustern als ‚gerichtete Spannung' oder ‚Bewegung' wahrnehmen. D. h. *wir haben es hier mit dem psychologischen Gegenstück zu den physiologischen Prozessen zu tun, die die Organisation der Wahrnehmungsreize bewirken.* Diese dynamischen Aspekte sind so eng und unmittelbar mit jeder Seherfahrung verbunden wie die statischen Eigenschaften der Gestalt, Größe oder Farbe. Dem empfindlichen Auge bietet selbst das einfachste Bild – ein dunkler Fleck auf hellem Grund – das Schauspiel eines Objekts, das sich um seinen Mittelpunkt ausdehnt, nach außen drängt und von den Gegenkräften seiner Umgebung gebremst wird. Die Tatsache, dass jede sichtbare Erscheinung sichtbare Bewegung ist, ergibt den Ausdruck und macht es möglich, Wahrnehmungserlebnisse als künstlerisches Medium zu verwenden.

Ich habe bereits Experimente erwähnt, die auf einen spürbaren Einfluss von Feldkräften in der Seherfahrung schließen lassen. Ich möchte hier eine weitere Serie von Beobachtungen anführen, die besonders eng mit den gerichteten Spannungen verwandt sind, die in geometrischen Figuren wahrgenommen werden. Die sogenannte Gamma-Bewegung entsteht, wenn Objekte plötzlich auftauchen oder verschwinden. Wenn bei Nacht eine Verkehrsampel aufleuchtet, scheint sich ihr Licht vom Mittelpunkt nach außen in alle Richtungen auszubreiten. Und wenn sie verlischt, scheint ihr Licht zur Mitte hin zusammenzuschrumpfen. Versuche haben gezeigt, dass diese Bewegung mit der Gestalt und Richtung des Objektes wechselt. Sie verläuft im Wesentlichen auf den Achsen des von mir so genannten Strukturgerüsts oder, in Edwin B. Newmans Begriffen, auf den Kraftlinien. Sie geht von einem etwa kreisrunden Fleck in der Mitte aus und läuft bei einem scheibenförmigen Objekt in alle Richtungen auseinander (Abb. 274 a). In einem Quadrat oder Rechteck strebt die Bewegung auf die Seiten zu (b), aber es gibt auch eine Bewegung zu den Ecken hin (c). Ein Stern taucht auf, indem seine Zacken nach außen streben (d). Wenn ein gleichseitiges Dreieck auf einer seiner Seiten steht, bleibt die Grundlinie ruhig, während die zwei anderen Seiten kräftig nach außen und oben drücken, wobei die Spitze von der Grundlinie weg heftig nach oben drängt (f). Wenn das Quadrat oder Dreieck auf einer der Ecken steht, drücken alle Ecken mehr oder weniger symmetrisch nach außen (g, h). Die Bewegung zeigt jedoch eine Tendenz, in den horizontalen Richtungen am stärksten zu sein, und in der Vertikalen stößt sie eher nach oben als nach unten. Das wird durch das Quadrat veranschaulicht (b). Die seitliche Bewegung ist am stärksten ausgeprägt, die nach oben ist schwächer, und die nach unten fehlt fast ganz.

Die Gamma-Bewegung macht es möglich, dass wir die Wirkung der Wahrnehmungskräfte bei der Entstehung von Mustern beobachten können. Und vielleicht können wir davon ausgehen, dass sie auch eine Art Anatomie der Kräfte oder Spannungen bietet, die die Muster in Ruhestellung kennzeichnen. Bisher scheint das Verfahren experimentell nur auf einige wenige Grundformen angewendet worden zu sein. Es würde sicher im Interesse von Psychologen und auch

Kunst und Sehen 149

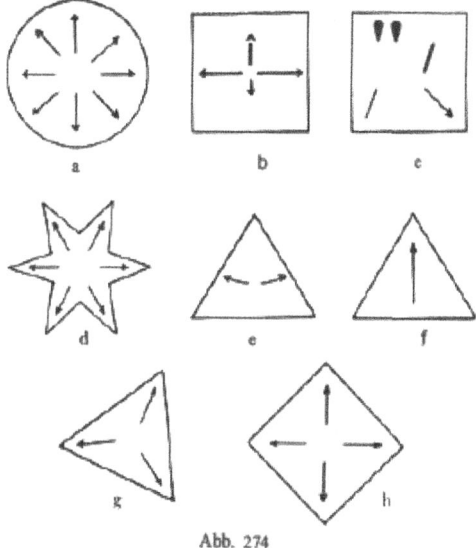

Abb. 274

Künstlern liegen, wenn diese Untersuchungen mit weniger einfachen Formen und Konfigurationen durchgeführt würden.

Die gerichtete Spannung ist eine so allgegenwärtige Wahrnehmungseigenschaft, dass sie weit über die visuellen Darstellung von bewegen Objekten hinausgeht. In einem Landschaftsbild besteht grundsätzlich kein Unterschied zwischen der Wahrnehmungsbewegung in der gewellten Küstenlinie und in der Form der Meereswellen. Die geschwungene Umrisslinie eines Baretts in einem Porträt von Rembrandt kann genauso dynamisch sein wie der Rock einer Tänzerin von Toulouse-Lautrec, obwohl wir wissen, dass das Barett bewegungslos ist und dass sich der Rock bewegt. (Arnheim, R., 1978 [1954], 439–442)

II Kognitionspsychologie

Ordnungstendenzen im Gedächtnis 1: Clusterbildung

17

(Bousfield, W. A., 1953)

Die im Folgenden berichtete frühe Untersuchung von Bousfield ergab starke Hinweise auf Ordnungstendenzen beim Abruf von eingeprägtem Material, die wohl auch auf entsprechenden Gedächtnisstrukturen basieren. Interessant ist die Methodik, mit der diese Ordnungstendenzen aufgewiesen wurden. Die Ergebnisse sind voll im Einklang mit Erwartungen, die im Anschluss an gestalttheoretische Positionen entstehen würden. Dieser Bezug wird allerdings nicht gesehen, verkannt oder nicht genannt. Das ist typisch für viele frühe kognitionspsychologische Untersuchungen. Im Text finden sich bestenfalls Erklärungsansätze, die sich aus dem Assoziationsprinzip ableiten lassen. Selbst wenn hierbei – sogar im Titel – von ‚cluster' gesprochen wird, also Mustern oder Anordnungen, in denen die Elemente aufgrund von Kategorien-Ähnlichkeit zusammengehören, wird der gestalttheoretische Bezug nicht gesehen. Das Auftreten von ‚categorial intrusions' ist ein weiterer Hinweis darauf, dass bei der Wiedergabe auf Kategorien im Gedächtnis zurückgegriffen wird, auch wenn die entsprechenden Wörter nicht in der ursprünglichen Liste enthalten waren.

The writer and Sedgewick employed a simple technique to investigate the characteristics of sequences of associative responses. The procedure was to ask subjects to list items in specified categories, e. g. animals, birds, and cities in the United States. Inspection of the data at that time revealed a significant phenomenon which, while apparent, appeared to elusive for quantification. In the lists of birds, for example, there occurred many sequences of related items such as *hawk, eagle, vulture,* and *chicken, turkey, duck, goose.* The first three may be classed as birds of prey, and the latter as domestic fowl. We shall here refer to such groups as clusters, and define a cluster as a sequence of associates having an essential relationship between its members. An examination of kymographic records showing the temporal distribution of associates revealed an apparent tendency for the members of clusters to occur in relatively rapid succession. It turned out, however, that many of the temporally distinguishable groups of items revealed no obvious basis of relationship. For example, on one instance hawk was followed by sparrow. According to our definition this pair might be a cluster since there are several ways in which they could be related. Some hawks prey on sparrows, and sparrow hawk is the name of a bird. In this situation we cannot rely on the experimenter's subjective judgment, and we would prefer not to rely on the subject's introspections.

The purpose of this paper is to describe the results of the use of a technique for quantifying clustering as here defined. The theoretical significance of this undertaking derives in part from the assumption that clustering is a consequence of organization in thinking and reveal. If clustering can be quantified, we were provided with a means for obtaining additional information on the nature of organization as it operates in the higher mental processes.

Method: A consideration of the following factors determined the choice of the method: (a) the subjects should produce sequences of verbal responses since previous work had apparently demonstrated the occurrence of clustering in data of this type; (b) the sequences should be of a nature to permit clustering within a wide range; (c) the identification of clustering should be objective. Because of the need for objectivity it was necessary to force restrictions considerably beyond those involved in the listing of items in a single general category. The method finally chosen was that of presenting subjects a prepared list of nouns, and then having the subjects list serially as many as they could recall within a period of 10 minutes. The list used throughout the experiment comprised 60 nouns made up of 15 each of four different categories, namely, *animals, names, professions* and *vegetables*. In order to insure at least a minimum of control over the associative values of the words, use was made of the Thorndike-Lorge tables. The four categories were matched as closely as possible on the basis of frequencies of occurrence per million of words in general. The words appear in Table 1. Each word was written on a small cardboards. These cards were then repeatedly shuffled in a box and then drawn one by one.

Two groups (90 and 35 subjects respectively) of undergraduate students in psychology received the following instructions. "I shall read you a list of words, and you are asked to recall as many of them as you can after I have completed the reading. You are to start writing the words as rapidly as possible when I say 'Go!' Write the words in a column at the left side of the paper that has been given to you. At intervals I shall say, 'Draw a line'. On hearing this signal please draw a short horizontal line under the last word you have written, and then continue with more words. In the event you have thought of no additional words since the last instruction, 'Draw a line', you will draw another line just the same. Are there any questions?"

TABLE 1
LIST OF STIMULUS WORDS

Animals		Names		Professions		Vegetables	
Word	Freq.	Word	Freq.	Word	Freq.	Word	Freq.
giraffe	1	Amos	1	milkman	1	eggplant	1
baboon	2	Gerald	1	typist	1	parsnip	1
zebra	2	Byron	3	florist	2	garlic	3
panther	5	Oswald	4	plumber	2	rhubarb	3
wildcat	5	Jason	5	diver	4	radish	4
leopard	6	Otto	5	druggist	4	melon	5
reindeer	6	Noah	6	broker	7	mustard	7
chipmunk	7	Wallace	7	printer	7	spinach	8
muskrat	7	Owen	7	dentist	9	parsley	8
woodchuck	7	Bernard	9	baker	10	carrot	9
otter	8	Adam	10	chemist	10	mushroom	10
weasel	9	Sherman	10	dancer	10	turnip	10
badger	11	Simon	11	grocer	11	lettuce	12
donkey	16	Moses	12	waiter	13	pumpkin	13
camel	18	Howard	19	blacksmith	19	cabbage	16
Mean Freq.	7.33		7.33		7.33		7.33

Results: The first step in the statistical treatment of the data was to determine the extent to which the subjects exceeded chance in their tendency to cluster their items in the four categories inherent in the list of stimulus words. (As a result) we are justified in regarding the four categories of the stimulus words as randomly distributed.

The data, as expected, contained errors in the form of items not appearing in the stimulus word list. When such items could be classed in the categories of the stimulus words they were labelled *categorical intrusions;* when they could not be so classed they were labelled *irrelevant intrusions*. Examples of the former were *bear, Allen, banker, clergy;* and of the latter, *number, atom, order* and *bourbon*. Apparently, *clang* associations accounted for some of the irrelevant intrusions.

Indices of repetition were competed not only for the data of the subjects, but also for data derived from a parallel artificial experiment. In this case the method involved drawing capsules at random und without replacement from a box containing 15 blue, 15 green, 15 orange and 15 white capsules. A total of 100 such sequences were thus drawn with the number in each case matching the number of items listed by a corresponding subject. To test for possible bias in this method, 1000 capsules were drawn with replacement. The result was 161 blues, 245 greens, 236 oranges, and 258 whites. The corresponding probability lies between .70 and .50 which is well within the limits of chance expectation.

The difference between the distributions of the artificial experiment and the subjects was obvious. Thus the subjects as a group not only clustered their items beyond chance expectations, but they also showed greater variability

As was expected the subjects showed appreciable variability in the number of items they listed. The range was 12 to 36, with a mean of 24.97 and a standard deviation of 5.70.

A method for appraising clustering was that of computing a simple *ratio of repetition*. This was the fraction representing the number of repetitions of items divided by the total items listed. For the subjects as a group this ratio was .45. The corresponding ratio for the artificial experiment was .24. The subjects, therefore, made nearly twice as many repetitions as were obtained in the artificial experiment.

A third method was employed for comparing the clustering tendency of the subjects with that obtained by chance. This involved the tabulation of the incidence of single (unclustered) items, and the clusters of varying size. Table 3 shows

TABLE 3
INCIDENCE OF SINGLE ITEMS AND CLUSTERS OF VARYING SIZE FOR SUBJECTS AND FOR ARTIFICIAL EXPERIMENT

	1's	2's	3's	4's	5's	6's	7's
Subjects	810	261	164	85	38	18	5
Artificial exp.	1,452	343	87	18	4	1	—

the results of this analysis. It may be noted that whereas the subjects gave fewer single items and clusters of two than were found in the artificial experiment, they greatly exceeded the chance results in die incidence of higher order clusters.

It thus appears that the use of three separate methods for appraising clustering yielded measures showing that the subjects in recall tended to cluster their items beyond chance expectation.

In following through the foregoing analysis the question arose of possible changes in the clustering tendency during the course of recall. From a priori reasoning it appeared unlikely that clustering would remain constant. It would seem reasonable to suppose that the clustering tendency should diminish as the subjects approached exhaustion of their available supplies of items. In order to investigate this problem, the Vincent method was employed by dividing each of the 100 lists of items into successive decile intervals. These results reveal several interesting facts. The clustering tendency is initially above chance. It rises to a maximum in the region of the 4th decile, and then drop progressively to the range of chance. In so far as clustering represents organization in recall, this organization broke down as the subjects approached their limits of memory for the items.

Summary:
Subjects were presented a randomized list of 60 items made up of 15 each of animals, names, professions, and vegetables. Immediately following the presentation, the subjects listed serially the items they were able to recall.

Analysis of the data from 100 subjects on the basis of three separate indices showed that the items were clustered in groups of similar categories appreciably beyond chance as indicated by a parallel artificial experiment.

The clustering tendency changed with the serial position of the items on the lists in a way to indicate that it was initially above chance expectation, rose to a maximum, and then declined to randomness.

The progressive change in the clustering tendency is explained on the basis of two assumptions, namely, habit strength and clustering increment. (Bousfield, 1953, 229–240)

Ordnungstendenzen im Gedächtnis 2: Abstraktionen

18

(Bransford, J. D. & Franks, J. J., 1971)

Die im Folgenden berichtete Untersuchung konzentriert sich auf die Abstraktion linguistischer Sinneinheiten. Es wird ausdrücklich von ‚memory for wholistic ideas' gesprochen, denen Verknüpfungs- und Ordnungsprozesse im Gedächtnis zugrunde liegen dürften. Eine solche Hypothese ist mit gestalttheoretischen Grundannahmen voll in Einklang; diese werden aber nicht erwähnt. Es stellt sich die Frage, ob hier Einflüsse des gestalttheoretischen Denkens einfach nicht bekannt waren und deswegen auch nicht erkannt worden sind. Dafür spricht, dass im Literaturverzeichnis keine Schrift eines Gestalttheoretikers aufgeführt ist, die es 1971 durchaus bereits gab.

In recent years many psycholinguistic studies dealing with the relation between language and memory have been conducted. Most of these have dealt with memory for sentences and have looked at the effect of various aspects of sentence structure on what is learned and stored in memory. Questions about the relation between syntactic structure and memory have received the most attention.

Irrespective of whether emphasis is placed on syntactic or semantic variables, all of the above studies have an important aspect in common. They all deal with memory for individual items. That is, they all study memory for individual sentences or individual words. The primary concern of the present paper is not with memory for individual words or sentences; rather it is with memory for wholistic, semantic ideas. Wholistic ideas need not be communicated by single sentences. They may result from the integration of information expressed by many different sentences experienced successively and often nonconsecutively in time. Emphasis on the acquisition and retention of wholistic ideas thus focuses on memory for sets of sentences expressing common semantic content.

The purpose of the present paper is to discuss a methodology for studying the phenomenon of idea acquisition and to demonstrate the psychological reality of "inter-sententially defined" ideas.

The studies to be presented below were designed to communicate four different ideas to each subject, where each idea could be exhaustively characterized as those semantic relations contained in a single complex sentence (e.g., The rock which rolled down the mountain crushed the tiny hut at the edge of the woods). During an acquisition phase of the experiments, Ss were never presented with sentences expressing the complete complex ideas, however, but only with sentences encompassing various subsets of the four different semantic domains (The rock crushed the tiny hut; the hut was at the edge of the woods, etc.). Idea acquisition would be demonstrated to the extent that such an acquisition procedure resulted in Ss acquiring the complete ideas defined by the integration of the information contained in related sentences.

The experiments were designed to demonstrate the fact of idea acquisition and retention in as strong a manner as possible. Thus they sought to demonstrate that Ss not only could acquire the complete ideas from exposure only to partial ideas, but also that the acquisition of ideas is so natural and compelling that Ss would actually think they had heard sentences expressing the complete ideas during acquisition when in fact they had not.

In order to test the hypothesis of idea acquisition, a recognition test was administered immediately following the acquisition procedure. Ss were told that they would be read a set of sentences, all of which were related to those just heard during acquisition. Their task was to decide which exact sentences they had heard during acquisition, which ones they had not, and how confident they felt about their answers.

Recognition sentences included sentences actually heard during acquisition (OLD sentences), sentences not actually heard during acquisition but which were consonant with the general ideas expressed there (NEW sentences), and sentences neither heard during acquisition nor consonant with the ideas presumably acquired (NONCASE sentences).

In the basic studies (Bransford and Franks, in press), we chose the complete ideas to be the semantic structures underlying certain complex, embedded sentences. For example, 'The ants in the kitchen ate the sweet jelly which was on the table'. Each complete idea that was chosen could be considered to be composed of four basic propositions, e.g. the ants were in the kitchen. This breakdown into four propositions was intuitively based; no claims are made that these propositions are necessarily linguistically basic or unique.

For terminology we refer to sentences expressing one of these basic propositions as ONES. Correspondingly, the complete ideas containing four interrelated propositions are termed FOURS. Other sentences related to a complete idea can be formed by combining ONES into combinations of two propositions or three propositions (TWOS and THREES, respectively). Table 1 presents an example of a FOUR and a set of ONES, TWOS, and THREES related to it.

Table 1 Sentences comprising an idea set

FOUR:
The ants in the kitchen ate the sweet jelly which was on the table.
ONES:
The ants were in the kitchen.
The jelly was on the table.
The jelly was sweet.
The ants ate the jelly.
TWOS:
The ants in the kitchen ate the jelly.
The ants ate the sweet jelly.
The sweet jelly was on the table.
The ants ate the jelly which was on the table.
THREES:
The ants ate the sweet jelly which was on the table.
The ants in the kitchen ate the jelly which was on the table.
The ants in the kitchen ate the sweet jelly.

In the initial studies four different complete ideas or FOURS were chosen to be communicated to the Ss. The basic experimental procedure in these studies consisted of an acquisition phase followed by a recognition test. During acquisition Ss were presented with sets of partial meanings (ONES, TWOS, and THREES) for each of the four complete ideas. The sentences relating to the different complete ideas were randomly intermixed in presentation. The acquisition task was an incidental learning procedure where Ss were asked to answer a question about a sentence after it was presented. They were not told that they were later going to be tested on the sentences nor that they were to integrate the meanings of related sentences.

Following acquisition, Ss were given a recognition test. They were presented sentences one at a time and asked to judge whether they had actually heard a given sentence in acquisition and to give a confidence rating for each judgment on a five-point scale. S's ratings were converted into numerical values. A "yes" response received a "plus"; a "no" response received a "minus." A "very high" confidence rating received a 5, a "high" confidence rating received a 4, and so on down to a 1 for "very low" confidence. Thus, a 10-point rating scale emerged ranging from plus 5 to minus 5 (excluding zero).

Results

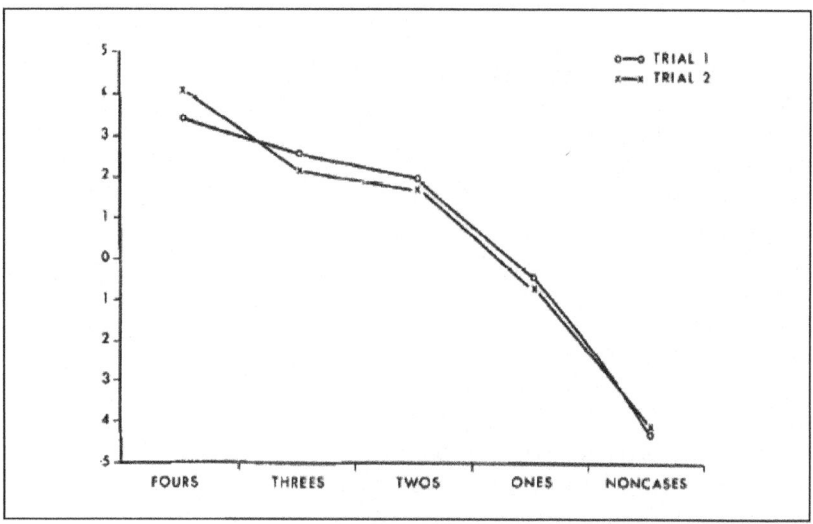

Figure 1   Mean recognition ratings as a function of sentence complexity

(One) point to consider about the data concerns the relationship between the number of semantic propositions comprising a sentence and recognition confidence ratings; that is, consider the relative recognition ratings for FOURS, THREES, TWOS, and ONES. Results of both experiments were very similar, and their combined averages are summarized in Fig. 1 (the means are represented independently for trials I and II). Recognition ratings clearly ordered FOURS > THREES > TWOS > ONES, and the NONCASE sentences from Experiment II received the lowest ratings of all. It is possible to analyze the data in a much more sensitive manner than is represented by overall mean ratings, however.

Note first the positive recognition ratings for the NEW sentences, at least the NEW FOURS, THREES, and most TWOS. Note especially the very high positive rating for the sentence expressing the complete idea (i.e. the FOUR). This sentence contained more semantic information than any sentence which occurred on acquisition, yet Ss were very sure they heard it before. These positive ratings, especially for the FOUR, suggest that Ss did indeed integrate information from various acquisition sentences to construct wholistic semantic structures and then based their recognition judgments on these structures.

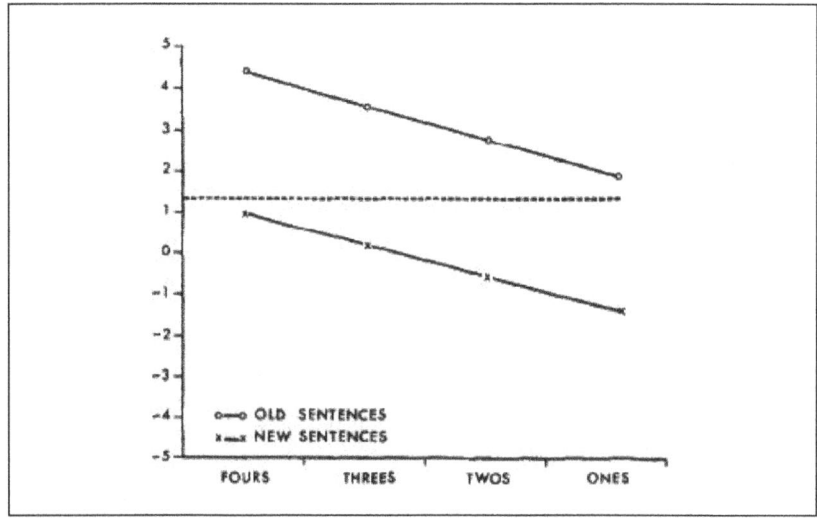

Figure 2   Mean recognitions ratings for old and new sentences

The results were even more orderly than is evident from the above description. The results (represented in Figure 2) illustrate a pattern of ratings that we find in all studies of this type that we have run. Not only do Ss think they recognize NEW sentences, but their recognition ratings order according to the semantic complexity of the sentences. That is, FOURS receive higher ratings than THREES, THREES than TWOS, and TWOS than ONES.

Discussion: The results of the (three) experiments suggest a strong, reliable phenomenon, and the experimental technique appears promising for studying the abstraction of linguistic ideas. The present paper merely scratches the surface of the problem of linguistic abstraction, however, and additional data are needed before more precise claims can be made about the phenomenon at hand. A very important problem, for example, concerns the question of what is learned in the above situations. How can one characterize the nature of the semantic ideas that are acquired?

The fact that NONCASE sentences received highly negative recognition ratings indicates that the ideas Ss acquired encompassed a considerable degree of semantic precision. For example, Ss were not simply basing their recognition ratings on identities of individual words. However, there are still a number of alternate characterizations of what is learned that could account for the present results. (Bransford & Franks, (1971, 331–350)

Der Schema-Begriff
als kognitionspsychologisches Konstrukt

19

(Bartlett, F., 1932)

Bartlett hat 1932 eine Monographie vorgelegt, die sich mit Serien von Gedächtnisversuchen befasste. Das allgemeine Muster der Untersuchungen bestand darin, dass den Versuchspersonen (Vpn) Bildvorlagen oder Texte vorgegeben wurden, und sie nach kurzer Zeit anzugeben (oder zu zeichnen) hatten, was sie erinnerten. In einigen Versuchen wurden dieselben Vpn gebeten, die Inhalte sogar mehrfach in Abständen zu reproduzieren. Zum verwandten Material sagt der Forscher selber, dass er lebensnähere – also in der Regel komplexere – Vorlagen ausgewählt hat, als in der damaligen (und oft auch heutigen) Experimentalpsychologie üblich waren und sind, wobei man sich oft sinnfreier Silben oder einfacher Zeichnungen bedient hat. Außerdem geht auf ihn die Methode der seriellen Reproduktion zurück, die im Deutschen ‚Kettenreproduktionsverfahren' genannt wird. Die Vp erhält als Vorlage die Version, die die vorige Vp reproduziert hat usw. Die Vpn prägen sich also jeweils die Vorlage der vorigen Vp ein und geben sie wieder. Es sind stets mehrere Vpn (10–15) an einem Versuch beteiligt.

In Serien von Untersuchungen mit Texten zeigten sich charakteristische Veränderungen. Neben einer Tendenz zur Verkürzung bestanden diese in der Angleichung an konventionelle Auffassungen, die sich bei dem für angelsächsische Personen etwas fremden ‚Indianermärchen' besonders deutlich zeigten.

Bartlett führte – mit Bedenken – den ‚Schema'-Begriff ein, um die beobachteten Veränderungen im Gedächtnis zu erklären. Wichtig war darüber hinaus die Feststellung von Bartlett, dass Erinnerungen nicht wort- oder bildgetreu erfolgen, sondern als konstruktiver Prozess anzusehen sind, der oft auf ‚Schemata' zurückgreift. Das Schema-Konstrukt hat sich als äußerst wichtig in der Kognitionspsychologie erwiesen, und führte zu Tausenden von experimentellen Untersuchungen. Wir konzentrieren uns in unserer Darstellung auf die Versuche mit dem ‚Indianermärchen'. Um die anschließenden Analysen besser nachvollziehen zu können, sind die Geschichtenwiedergaben übersetzt.

Auch hier sind Bezüge zur Gestalttheorie leicht herzustellen: Schemata, Skripte und verwandte Gedächtnispakete haben Ganzheits- oder gar Gestaltcharakter. Bartlett selber spricht sehr oft von ‚wholes'.

The best point of departure for an experimental investigation of those processes of remembering which we constantly utilize in everyday life is a close study of the ways in which we perceive common objects, and of the immediate recall of perceptual data. Methods for such a study are not difficult to devise, and have been used by a host of experimenters. Representations of the objects chosen, or the objects themselves, are exposed for observation under controlled conditions, and the subjects are at once asked to describe, or in some way to reproduce, what they have just seen, heard, or otherwise apprehended. A complete investigation of this kind should obviously include material which, though it may be structurally complex, is of common occurrence, as well as that far more frequently used material which is structurally simple, relatively abstract and conventionalized, such as geometrical designs, outline shapes and conventional letter forms. An experimentalist has constantly to guard against the fatal mistake of supposing that stimuli which, when considered analytically, are relatively simple and are necessarily correlated with responses that are functional starting-points, or with experiences that, regarded from the point of view of analysis, are least of all rich in detail ... I have violated the principle that psychological experiments upon perception and the higher mental processes should be as little artificial as possible. (Bartlett, F., 1964 [1932], 16 f)

The Method of repeated reproduction: A subject was given a story, or an argumentative prose passage, or a simple drawing to study under prescribed conditions. He attempted a first reproduction usually after an interval of 15 minutes, and thereafter gave further reproductions at intervals of increasing length. By using this method I hoped to find something about the common types of chance introduced by normal individuals into remembered material with increasing lapse of time. Obviously the nature of the experiment renders it rather hazardous to speculate as to the exact conditions of chance, but it is fairly easy to keep a check on the progressive natures such transformations as actually occur.

There is one difficulty which is particularly acute. I hoped to continue to get reproductions until the particular material concerned had reached a stereotyped form. If reproductions are effected frequently, however, the form tends to become fixed very rapidly, while if long intervals are allowed to elapse between successive reproductions the process of gradual transformation may go on almost indefinitely. (Bartlett, F., 1964 [1932], 63)

The method of serial reproduction: In its material form this method is simply a reduplication of *The Method of Repeated Reproduction*. The only difference is that A's reproduction is now itself reproduced by B, whose version is subsequently dealt with by C, and so on. In this way chains of reproduction were obtained: (I) of folk-stories, (II) of descriptive and argumentative prose passages and (III) of picture material. The folk stories were used, because they are predominantly a type of material which passes very rapidly from one social group to another; because most subjects regard it as interesting in itself; because stories can easily be chosen which were fashioned in a social environment very different from that of any social group that is likely to yield subjects for a given experiment; and because, both as to form as to content, they frequently contain characters which would normally be expected to undergo much change in the course of transmission. The descriptive and argumentative passages were used because they represent a type of material with which all the subjects of these experiment were already familiar so that they would provide some kind of check, or control, upon the results with the folk-tales.

In the case of the verbal passages, each subject read the material twice through, to himself, at his normal reading pace. Reproduction was effected after a filled interval of 15-30 minutes. (Bartlett, F., 1964 [1932], 119)

Es folgt die Originalversion des ‚Indianermärchens‘:

The War of the Ghosts

One night two young men from Egulac went down to the river to hunt seals, and while they were there it became foggy and calm. Then they heard war-cries, and they thought: "Maybe this is a war-party". They escaped to the shore, and hid behind a log. Now canoes came up, and they heard the noise of paddles, and saw one canoe coming up to them. There were five men in the canoe, and they said:

"What do you think? We wish to take you along. We are going up the river to make war on the people".

One of the young men said: "I have no arrows".

"Arrows are in the canoe", they said.

"I will not go along. I might be killed. My relatives do not know where I have gone. But you", he said, turning to the other, "may go with them."

So one of the young men went, but the other returned home.

And the warriors went on up the river to a town on the other side of Kalama. The people came down to the water, and they began to fight, and many were killed. But presently the young man heard one of the warriors say: "Quick, let us go home: that Indian has been hit". Now he thought: "Oh, they are ghosts". He did not feel sick, but they said he had been shot.

So the canoes went back to Egulac, and the young man went ashore to his house, and made a fire. And he told everybody and said: "Behold I accompanied the ghosts, and we went to fight. Many of our fellows were killed, and many of those who attacked us were killed. They said I was hit, and I did not feel sick".

He told it all, and then he became quiet. When the sun rose he fell down. Something black came out of his mouth. His face became contorted. The people jumped up and cried.

He was dead.

Die deutsche Übersetzung der Originalversion und der Nacherzählung der ersten und der zehnten Vp sind Mayer (1979)[1] *entnommen. Nummer 6 hat der Herausgeber (MG) übersetzt.*

Originalversion

Eines Nachts gingen zwei junge Männer aus Egulac an den Fluss, um Seehunde zu jagen. Allmählich wurde es neblig und still. Dann hörten Sie Kriegsgeschrei und dachten: „Das ist vielleicht ein Kriegsfest." Sie flüchteten sich hinter einen Baumstamm am Ufer. Jetzt näherten sich Boote, und sie hörten Paddelgeräusche. Ein Boot kam auf sie zu. Darin saßen fünf Männer, die sie ansprachen:
„Was denkt ihr denn? Wir wollen euch mitnehmen. Wir fahren flussaufwärts und greifen die Leute dort an."
Einer der jungen Männer sagte: „Ich habe keine Pfeile."
„Pfeile haben wir im Boot", entgegneten die Männer.
„Ich komme nicht mit. Ich könnte umkommen. Meine Verwandten wissen nicht, wo ich hingegangen bin. Aber du", wandte er sich an seinen Begleiter, „kannst mit ihnen gehen."
So ging einer der beiden jungen Männer mit, doch der andere ging nach Hause.
Die Krieger fuhren flussaufwärts zu einer Stadt gegenüber von Kalama. Die Leute aus der Stadt kamen zum Fluss und der Kampf begann. Viele wurden getötet. Plötzlich hörte der junge Mann einen der Krieger sagen: „Schnell, ziehen wir uns zurück; dieser Indianer ist verletzt worden." Nun dachte er: „Ach, sie sind Geister." Er fühlte keinen Schmerz, aber sie sagten, er sei angeschossen worden.
So fuhren die Boote zurück nach Egulac, und der junge Mann begab sich ans Ufer, ging zu seinem Haus und entzündete ein Feuer. Und er rief alle und sagte: „Seht her! Ich habe die Geister zum Kampf begleitet. Viele unserer Kameraden wurden getötet, und viele unserer Angreifer kamen um. Mir wurde gesagt, ich sei verletzt, aber ich fühlte keinen Schmerz."
Er erzählte alles, dann verstummte er. Als die Sonne aufging, fiel er zu Boden. Etwas Schwarzes rann aus seinem Mund. Sein Gesicht verzerrte sich. Die Leute sprangen auf und schrien. Er war tot.

---

1 Mayer, R. E. (1979). *Denken und Problemlösen.* Berlin: Springer, S. 126–127

Nacherzählung der ersten Versuchsperson

Es waren einmal zwei junge Indianer; sie wohnten in Egulac und gingen hinunter an den Fluss, um Seehunde zu jagen. Wo sie jagten, war es sehr neblig und still. Nach einer Weile hörten sie Schreie, und sie kamen aus dem Wasser und versteckten sich hinter einem Baumstamm. Dann hörten sie Paddelgeräusche und sahen fünf Boote. Ein Boot kam auf sie zu, und es saßen fünf Männer darin, welche ihnen zuriefen: „Kommt mit uns flussaufwärts und gegen die Leute dort kämpfen."

Doch einer der Indianer erwiderte: „Wir haben keine Pfeile."

„Es sind Pfeile im Boot."

„Aber ich könnte umkommen, und meine Leute brauchen mich. Du hast keine Eltern", sagte er zu dem anderen, „du kannst mit ihnen gehen, wenn du willst. Ich bleibe hier."

So ging einer der Indianer mit, doch der andere blieb zurück und ging nach Hause. Und die Boote fuhren flussaufwärts zum anderen Ufer von Kalama, um dort gegen die Leute zu kämpfen. Viele der Leute kamen um, auch viele aus den Booten.

Dann rief einer der Krieger dem jungen Indianer zu: „Geh zurück zum Boot, ein Pfeil hat dich verwundet." Doch der Indianer wunderte sich, denn er fühlte keinen Schmerz.

Und als auf beiden Seiten viele gefallen waren, kehrten sie zu den Booten zurück und fuhren flussabwärts, und so kam der junge Indianer nach Egulac zurück.

Dann erzählte er ihnen, dass dort eine Schlacht gewesen war, und wie viele umgekommen waren und wie die Krieger ihm gesagt hatten, er sei verletzt, er aber keinen Schmerz gefühlt hatte. Bei Tagesanbruch wurde er schwach; und als die Sonne aufging, fiel er zu Boden. Er stieß einen Schrei aus, und als er seinen Mund öffnete, quoll etwas Schwarzes heraus. Dann rannten sie verwundert auf ihn zu, um ihn aufzuheben. Doch er antwortete ihnen nicht. Er war tot.

Nacherzählung der sechsten Versuchsperson

Es waren einmal zwei Indianer im Momapan, die zum Robbenfangen an einem hellen nebligen Tag den Fluss hinabfuhren. Da tauchen fünf Kanus aus dem Nebel auf. Ein Mann im ersten Kanu sagte: „Komm mit uns und hilf, die weiter unten zu bekämpfen."

Aber der Indianer sagte: „Ich kann nicht. Es würde meine Eltern mit Trauer erfüllen, wenn ich umkäme."

Und der zweite Indianer sagte: „Ich kann nicht; ich habe keine Pfeile". Aber der Krieger sagte. „Ich habe welche im Boot gesehen". So sagte der Indianer: „Ich werde mitkommen".

Nach einer langen Zeit kamen sie an den Platz, wo der Kampf gegen die Feinde heftig im Gange war, und dabei wurde der junge Mann von einem Pfeil durch das Herz getroffen. Da sagte er zu dem Kämpfer: „Bring mich zurück nach Momapan; das ist, wo ich lebe".

So brachte er den jungen Mann zurück in sein Haus, und dieser sagte: „Ich bin am Herzen verwundet, und fühle keinen Schmerz, und ich werde leben" Er durchlebte die Nacht und den nächsten Tag, starb aber mit dem Sonnenuntergang und seine Seele entwich aus seinem Mund. Sie versuchten ihn aufzuheben, aber sie konnten nicht, denn er war tot.

Nacherzählung der zehnten Versuchsperson

Zwei Indianer fischten nach Seehunden in der Bucht von Manpapan, als ein Boot mit fünf anderen Indianern auf sie zukam. Sie waren auf dem Kriegspfad.

„Kommt mit uns", sagten die fünf den beiden, „und lasst uns kämpfen."

„Ich kann nicht kommen", antwortete der eine, „denn ich habe eine alte Mutter zuhause, die auf mich angewiesen ist." Der andere sagte ebenfalls, er könne nicht kommen, er habe keine Waffen. „Das ist keine Schwierigkeit", antworteten die anderen, „denn wir haben genug im Boot." So stieg er ins Boot und kam mit.

Bald darauf begann der Kampf, und dieser Indianer wurde tödlich verletzt. Er sah seine letzte Stunde gekommen und schrie laut, dass er sterben müsse. „Unsinn", sagte einer der anderen, „du stirbst nicht." Doch er starb.

Short as the last reproduction is, it has already achieved a fairly fixed form, though no doubt many minor changes might still be introduced, were the series continued. The transformations effected is already very considerable, and the story has become more coherent, as well as much shorter. No trace of an odd, or supernatural element is left; we have a perfectly straightforward story of a fight and a death. The ways in which all this change is achieved are: (i) by series of omissions, (ii) by the provision of links between one part of the story and another, and of reasons for some occurrences; that is to say, by continued rationalisation; (iii) by the transformation of minor detail.

Rationalisation. No omission has merely negative import. The story transmitted is treated as a whole, and the disappearance of any items means the gradual construction of a new whole which, within the groups concerned, has appearance of being more closely organized.

At any rate, every series obtained from a folk-story as starting-point has speedily resulted in the fashioning of a more coherent, concise and undecorated tale, so long as it has been dealt with by normal members of an adult English community.

An instance of the gradual transformation of an unusual incident occurs in the series of reproductions just quoted. In the original version the death of the Indian is described thus:

"*When the sun rose he fell down. Something black came out of mouth. His face became contorted.*"

In succession this became:

- When the sun rose he fell down. As he gave a cry, and as he opened his mouth a black thing rushed from it.
- When the sun rose he suddenly felt faint, and when he would have risen he fell down, and a black thing rushed out of his mouth.
- He felt no pain until sunrise the next day, when, on trying to rise, a great black thing flew out of his mouth.
- He lived that night, and the next day, but at sunset his soul fled black from his mouth.
- He lived during the night and the next day, but died at sunset, and his soul passed out from his mouth.
- Before the boat got clear of the conflict the Indian died, and his spirit fled.
- Before he could be carried back to the boat, his sprit had left this world.
- His sprit left the world.

The changes come gradually, but the end is foreshadowed from the beginning. First the "something black" gains a kind of force or vivacity of its own: "it rushed out"; then "it flew out". Then the activity receives explanation, for the black thing becomes the man's soul, and, by a common conventional phrase, it is said to have "passed out". Once the soul is introduced the mysterious blackness can be dropped, and this speedily occurs. Convention comes in again, and the phrase changes to "his spirit fled", and eventually to the commonplace and everyday: "his spirit left the world". (Bartlett, F., 1964 [1932], 124–126)

Einführung des Schema-Begriffs (nach Analyse der Prozesse beim Erinnern)

In remembering proper, the psychological material which persists is itself capable of being described. It does not merely help to produce a certain reaction, but its descriptive characteristics are utilized by the subject, and in the well-articulated cases its mode of organization is alleged to be known. Thus, taking any particular detail, a person who remembers can set it into relation with other detail, stating its setting *uses* the organism, so to speak, to produce a differential reaction; in remembering, the subject uses the setting, or scheme, or pattern, and builds up its characteristics afresh to aid whatever response the needs of the moment may demand. In the former there is reaction *by means of* organized psychological material; in the latter there is *reaction to* organized psychological material. Clearly, if this is the case, there is a change, not of complexity alone, but of the status of certain of the psychological factors present alike in recognizing and recall. (Bartlett, F., 1964 [1932], 196)

(Thirdly , and perhaps most important,) I strongly dislike the term 'schema'. It is at once to definite und to sketchy. The word is already widely used in controversial psychological writing to refer generally to any rather vaguely outlined theory. It suggests some persistent, but fragmentary, 'form of arrangement', and it does not indicate what is very essential to the whole notion, that the organized mass results of past changes of position and posture are actively *doing* something all the time; are, so to speak, carried along with us, complete, though developing, from moment to moment. Yet it is certainly very difficult to think of any better single descriptive word to cover the facts involved. It would probably be best to speak of 'active, developing patterns'; but the word 'pattern', too, being now very widely and variously employed, has its own difficulties; and it, like 'schema', suggests a greater articulation of detail than is normally found. I think probably the term 'organised setting' approximates most closely and clearly to the notion required. I shall, however, continue to use the term 'schema' when it seems best to do so, but I will attempt to define its application more narrowly.

'Schema' refers to an active organization of past reactions, or of past experiences, which must always be supposed to be operating in any well-adapted organic response. That is, whenever there is any order or regularity of behavior, particular response is possible only because it is related to other similar responses which have been serially organised, yet which operate, not simply as individual members coming one after another, but as a unitary mass. Determination by schemata is the most fundamental of all the ways in which we can be influenced by reactions and experiences which occurred some time in the past. All incoming impulses of a certain kind, or mode, go together to build up an active, organised setting; visual, auditory, various types of cutaneous impulses and the like, at a relatively low level; all the experiences connected by a common interest: in sport, in literature, history, art, science, philosophy and so on, on a higher level. There is not the slightest reason, however, to suppose that each set of incoming impulses, each new group of experiences persists as a isolated member of some passive patchwork. They have to be regarded as constituents of living, momentary settings belonging to the organism, or to whatever part of the organism is concerned in making a response of a given kind, and not as a number of individual events somehow strung together and stored within the organism.

Remembering and schematic determination. Remembering obviously involves determination of the past. The influence of 'schemata' is influence by the past. But the differences are at first sight profound. In its schematic form the past operates *en masse*, or, strictly, not quite *en masse*, because the latest incoming constituents which got to build up a 'schema' have a predominant influence. In remembering, we appear to be dominated by particular events. Thus the active organized setting looks as if it has somehow undergone a change, making it possible for parts of which are remote in time to have a leading role to play. If only the organism could hit upon a way of turning round upon its own 'schemata' and making the objects of its reactions, something of the sort might perhaps become possible. An organism which had discovered how to do this might be able, not exactly to analyse the settings, for the individual details that have built them up have disappeared, but somehow to construct or to infer from what is present the probable constituents and their order which went to build them up. It would then be the case that the organism would say, if it were able to express itself: "This and this and this must have occurred, in order that my present state should be what it is". And, in fact, I believe this is precisely and accurately just what does happen in by far the greatest number of instances of remembering, and it is to the development of a theory along these lines that the evidence which I have marshalled in the preceding chapters seems to point.

The constructive character of remembering. We must then consider what does actually happen more often than not when we say that we remember. The first notion to get rid of is that memory is primarily or literally reduplicative, or reproductive. In a world of constantly changing environment, literal recall is extraordinarily unimportant. It is with remembering as it is with the stroke in a skilled game. We may fancy that we are repeating a series of movements learned a long time before from a text-book or from a teacher. But motion study shows that in fact we build up the stroke afresh on a basis of the immediately preceding balance of postures and the momentary needs of the game. Every time we make it, it hast its own characteristics.

The long series of experiments which I have described were directed to the observation of normal processes of remembering. I discarded nonsense material, because, among other difficulties, its use almost always weights the evidence in favour of mere rote recapitulation, and for the most part I used exactly the type of material that we have to deal with in daily life. In the many thousands of cases of remembering which I collected, a considerable number of which I have recorded here, literal recall was very rare. With few exceptions, the significance of which I will discuss shortly, re-excitement of individual traces did not look to be in the least what was happening. Consider particularly the case in which a subject was remembering a story which he heard, say, five years previously, in comparison with the case in which he was given certain outline materials and constructs what he calls a new story. I have tried the latter experiment repeatedly, and not only the actual form and content of the results, but what is of more significance for the moment, the attitudes of the subject in these two cases were strikingly similar. In both cases, it was common to find the preliminary check, the struggle to get somewhere, the varying play of doubt, hesitation, satisfaction and the like, and the eventual building up of the complete story accompanied by the more and more confident advance in a certain direction. In fact, if we consider evidence rather than presupposition, remembering appears to be far more decisively an affair of construction rather that one of mere reproduction. The difference between the two cases, if it were put in Head's terminology, seems to be that in remembering a man constructs on the basis of one 'schema', whereas in what is commonly called imaging he more or less freely builds together events, incidents and experiences that have gone to the making of several different 'schemata' which, for the purposes of automatic reaction, are not normally in connexion with one another. Even this difference is largely only a general one, for as has been shown again and again, condensation, elaboration und invention are common features of ordinary remembering, and these all very often involve the mingling of materials belonging originally to different 'schemata'. (Bartlett, F., 1964 [1932], 200–204)

Skripte als Unterform der Schemata

(Bower, G. H., Black, J. B. & Turner, T. J., 1979)

Die Untersuchungen von Bower, Black & Turner (1979) befassen sich mit ‚Skripten', einer Unterform der Schemata. Es handelt sich um immer wiederkehrende Ereignisse (wie Restaurant-, Arzt-, Vorlesungsbesuch etc.), für die wir Muster im Gedächtnis gespeichert haben. Der Begriff ‚script' (‚Drehbuch') weist darauf hin, dass diese Ereignisse meist in einer Abfolge von Teilereignissen bestehen und auch bestimmte Rollen enthalten. Die Autoren sprechen von ‚Handlungsstereotypien'.

Die Untersuchungen belegen, dass viele dieser Skripte weit verbreitet sind und dass Personen hinsichtlich der Merkmale und der Teilkomponenten stark übereinstimmen. In Texten, die wir lesen, verarbeiten und behalten, sind oft solche Ereignisse enthalten oder beschrieben, aber selten in voller Ausführlichkeit. Haben wir Skripte für solche Ereignisfolgen gebildet, so sind wir in der Lage, die fehlenden Informationen zu ergänzen. Allein ein Satz wie „er ließ das Steak zurückgehen" führt zur Aktivierung des Restaurant-Skripts und damit zu einem ganzen Komplex nicht genannter Informationen: dass sich die Person in einem Restaurant befindet, mit Tischen, Stühlen, Bedienung, Speisen, Köchen, Getränken etc. und dass das Steak wohl nicht angemessen zubereitet war.

Ein weiterer in diesem Artikel berichteter (aber nicht dokumentierter) Versuch geht von der Annahme aus, dass diese Möglichkeiten der Ergänzung sich auch beim Erinnern von Texten zeigen können. Wenn in der Erzählung auf ein Skript zurückgegriffen werden kann, und die Erzählung reproduziert werden soll, dann könnte es sein, dass das Original nach einiger Zeit verblasst ist, und die Personen auf ihr Skriptwissen zurückgreifen. Dies führt zu ‚Intrusionen', d.h. also Angaben über Inhalte, die nicht im Text enthalten waren, aber zum Skript gehören. Im entsprechenden Versuch zeigte sich, dass solche Intrusionen unter den gegebenen Umständen zwischen 20 und 30 % der Textwiedergaben ausmachten. Was sehr viel ist, wenn man bedenkt, dass bei wortgetreuer Wiedergabe des Originaltextes solche Angaben gar nicht hätten auftauchen sollen.

Der Artikel befasst sich mit weiteren Fragestellungen, und es werden Überlegungen angestellt, welche Gedächtnismodelle man für die Wirkung dieser Art von Schemata annehmen kann.

We are interested in how people understand and remember narratives since this seems a promising way to investigate cognitive processes. A persistent problem for theories of narrative comprehension is to specify how people use their knowledge to expand upon what they are reading or hearing. Texts are usually elliptical and abbreviated, suggesting far more than they say explicitly. A conversational postulate to "avoid prolixity and boring redundancy" may force such brevity. To understand a text fully, then, a model of comprehension must have methods for expanding upon an abbreviated text. Further, the model needs an organized knowledge store surrounding the topic of the text, which serves as a base for the elaborations.

Schank and Abelson (1977) proposed their "script theory" as a partial solution to the elaboration problem. They propose that part of our knowledge is organized around hundreds of stereotypic situations with routine activities. Examples are riding a bus, visiting a dentist, placing an operator-assisted telephone call, asking for directions, and so on.

Through direct or vicarious experiences, each person acquires hundreds of such cultural stereotypes along with his idiosyncractic variations. Schank and Abelson use the term "script" to refer to the memory structure a person has encoding his general knowledge of a certain situation-action routine. The script theory is a specific elaboration of the frame theory of Minsky (1975).

The parts of a script are illustrated by the restaurant script in Table 1. As with other scripts, the restaurant script has standard roles to be played, standard props or objects, ordinary conditions for entering upon the activity, a standard sequence of scenes or actions wherein one action enables the next, and some normal results from performing the activity successfully. The information surrounding any one of these roles, props, or actions is assumed to be stored at varying levels of abstraction. For example, the Server Role in the restaurant must be a human, can be a male or female, and is usually dressed "appropriately" (e.g., is not wearing a suit of armor), and so on. The Server Role may be thought of as a list of alternative feature packages, with some features obligatory (e.g., must be alive), some optional (e.g., male or female), and some with weakly bound ranges (e.g., age and style of dress).

A person's scripts are supposedly used in several ways. First, they aid planning and execution of conventional activities. The entering conditions and normal outcomes of scripts are examined during planning; the planner selects from memory a script whose normal result matches the current goal (e.g., satisfy hunger), then tries to bring about the entering conditions so she can perform the script. Second, scripts enable understanding when the person observes or reads about someone performing another instance of a conventional activity. We shall focus on this second use of scripts.

Whenever a text mentions a script-header (e.g. "The Restaurant") or a few lines that match parts of the memory script, the reader can "instantiate" the general script by filling in its variables (or "slots") according to the details mentioned. To illustrate, consider this vignette:

> John went to a restaurant.
> He ordered lasagna.
> Later, he paid and left.

Table 1 Theoretical Restaurantscript (adapted from Schank & Abelson, 1977)

Name: Restaurant
Props: Tables, Menu, Food, Bill, Money, Tip
Roles: Customer, Waiter, Cook, Cashier, Owner
Entry Conditions: Customer hungry, Customer has money
Results: Customer has less money, Owner has more money, Customer is not hungry

Scene 1: Entering: Customer enters restaurant, Customer looks for table, Customer decides where to sit, Customer goes to table, Customer sits down

Scene 2: Ordering: Customer picks up menu, Customer looks at menu, Customer decides on food, Customer signals waitress, Waitress comes to table, Customer orders food, Waitress goes to cook, Waitress gives food order to cook, Cook prepares food

Scene 3: Eating: Cook gives food to Waitress, Waitress brings food to customer, Customer eats food

Scene 4: Exiting: Waitress writes bill, Waitress goes over to customer, Waitress gives bill to customer, Customer gives tip to waitress, Customer goes to cashier, Customer gives money to cashier, Customer leaves restaurant

The first line activates the restaurant script. John instantiates the role of the customer and lasagna is the food ordered. Because the brief text calls forth the full script, the reader can elaborate many objects and connections that are implied but not stated. The availability of these connections is suggested by the reader's ability to answer such questions as: Did John eat? What did he eat? Did he talk to a waiter or waitress? Did he receive a bill? What for? Such elaborated connections are frequently useful in understanding later parts of the story. For example, if later in the story John is found to have tomato stains on his shirt or professes not to be hungry, readers can guess how this came about from the restaurant scene.

Our experiments investigate some psychological implications of Schank and Abelson's script theory. Experiment 1 and 2 examines the organization of people's knowledge about stereotyped activities. What actions, roles, and props do people mention and how do they group or cluster these into subscenes?

Experiment 1: Script generation

Materials. Each student generated events or actions for one situation. The five situations were attending a lecture, visiting a doctor, shopping at a grocery store, eating at a fancy restaurant, and getting up in the morning and getting off to school. Each subject received a blank sheet with appropriate instructions at the top. For example, the instructions for eliciting the lecture script were as follows:

"Write a list of actions describing what people generally do when they go to a lecture in a course. We are interested in the common actions of a routine lecture stereotype. Start the list with arriving at the lecture and end it with leaving after the lecture. Include about 20 actions or events and put them in the order in which they would occur."

Subjects. The subjects were Stanford undergraduates fulfilling a course requirement for their Introductory Psychology class. We handed out different scripts to differing numbers of subjects during one mass testing session with a group of 161 students. The numbers of subjects filling out and turning in the various scripts were as follows: grocery 37, getting up 35, restaurant 33, lecture 32, and doctor 24. The data were edited and tabulated according to frequency of citation of specific events, and their associated roles and props. Paraphrases and synonyms were lumped together.

Results: The issue is whether people agree in the actions they mention. The maximum diversity would be if all subjects generating a particular script mentioned once 20 or so completely unique events. But what is surprising is how much agreement there is in the "basic action" language that people use to describe the activities. This uniformity is reflected in how few of the events were mentioned by only one person. For example, in the restaurant script, of 730 actions mentioned in total (types times tokens), only four were completely unique (given by a single person). Similarly, the ratio of unique mentions to total events was 4/704 for Lecture, 26/814 for Grocery, 26/770 for Getting up, and 36/528 for Doctor (which had the fewest subjects and least chances for overlap). So there is at least someone who agrees with nearly every action that any subject writes for a script.

Furthermore, there is high reliability in the frequency with which particular actions of a script are mentioned. We divided each group in half and correlated the frequencies of mentioning specific actions by the two halves. The Pearson correlations were Restaurant .88, Lecture .81, Grocery .85, Getting up .87, and Doctor .80. Thus, the frequency norms are reliable, at least with a homogeneous group like Stanford undergraduates.

Experiment 2: Constituent structure of scripts

The events within a lengthy ordered script appear to be segmented naturally into several major chunks or constituents. The script is not an undifferentiated, linear chain, but rather seems organized into major scenes, with those composed of subsequences of actions. Thus, eating in a restaurant may have as major scenes entering, ordering, eating, paying, leaving. But ordering requires being seated, getting and reading a menu, having a waitress come to take your order, and so on. To check our intuitions we asked subjects if they thought there was a "natural segmentation" of the lower-level action sequences in a script. If they segmented the actions into chunks, we were then interested in whether they agreed on the location of the chunk boundaries.

Ten texts were written by converting all of the actions in 10 underlying scripts into actual story statements. The texts ranged in length from 148 to 254 words. The scripts used were going to a restaurant, getting up in the morning, attending a lecture, going to a birthday party, going swimming, grocery shopping, making coffee, visiting a doctor, attending a movie, and playing football.

Thirty Stanford undergraduates were given a booklet containing the 10 stories, each on a different page. They were told that some people felt that each story had several natural parts; they were to read the stories, decide whether a story had some parts and, if so, identify these parts by placing a slash line in the texts marking the end of each part. They were given no hint as to how many slashes (chunk boundaries) to place in each text, if any.

Table 2 The Chunk Judgements of Experiment 2

The Doctor
Diane was feeling very bad today, [0] so she decided to go see the family doctor. [7] Therefore she had her husband take her to the doctor's office. [17] / When she arrived at the doc-

tor's office, [l] she went into the waiting room. [1] Once inside she walked over and checked in with the receptionist [0] and then sat down to wait her turn. [4] As she waited she read some old medical magazines that were on the table [0] and looked at the colorful medical posters that adorned the wall [17] / Finally the nurse came in and called her name, [0] so she went into the examination room with the nurse. [7] The nurse closed the door and asked her to take off her clothes. [0] The nurse then weighed her and took her blood pressure. [0] When these preliminaries were completed the nurse left [7] and a short while later the doctor came in. [5] The doctor was very nice to her, so she calmed down a little bit. [15] / As the doctor started to make various examinations of her [3] she wondered what he was doing [0] and what he was finding. [5] Finally he looked directly at her and told her that she had the flu and could expect to be laid up in bed for a few days. [0] Then he wrote a prescription for some pills [0] and left [22]. / She got dressed [0] and made another appointment with the receptionist [0] on her way out of the doctor's office.

The Restaurant
David noticed that his stomach was emitting hunger pains, [l] so he decided to go out to a restaurant to eat. [6] Therefore he drove to the local French restaurant. [19] / He arrived at the restaurant a little before the dinner rush hour, [l] so as he entered the restaurant [0] he noticed that there were plenty of empty tables. [0] He decided to sit at a window table, [5] so he went over [0] and sat down. [20] / A waitress came up [0] and gave him a menu. [l] He carefully perused the menu [0] and decided what he wanted. [4] The waitress came back [0] and he gave her his order. [13] / After a short wait [0] during which he nibbled on bread and butter [l], his dinner arrived. [13] / He proceeded to eat the dinner with gusto. [2] The food here was really excellent [0] and not too expensive either. [16] / Finally he finished [0] and asked the waitress for the check. [9] He left the waitress a tip on the table [0] and went over to the cashier. [2] He paid the cashier [l] and went home quite satisfied.

The numbers in brackets indicate the number of subjects (out of 30) who marked those locations as boundaries between parts of the story. Slashes mark the major constituent boundary locations (i.e., those marked by 10 or more people).

Results and discussion: Clearly, our subjects agreed with our intuitions that a continuous script activity can be segmented into chunks or scenes. And they agreed with one another where the scene boundaries were located in the event sequence.

Thus, the script is not a linear chain of actions at one level but rather a hierarchically organized "tree" of events with several levels of subordinate actions. That activities are decomposable into a hierarchy of subactions is a recurrent theme in cognitive psychology (e.g., see Bower, 1975; Goodman, 1970; Miller, Galanter, & Pribram, 1960; Pew, 1974).

Actions may be identified with their intended goals or subgoals. From this perspective, the activity hierarchy is really a goal tree, wherein a top goal is decomposed into a series of subgoals. Thus, the top goal of eating in a restaurant script can be decomposed into the subgoals of getting inside a restaurant, sitting down and ordering, eating the food received, paying the bill, and leaving. In turn the subgoal of ordering the food can be decomposed into events of getting a menu, reading it, getting the waiter to your table and telling him what food you want. The relevance of such goal hierarchies is that they are frequently useful for answering questions about specific actions or events. (Bower, G. H., Black, J. B. & Turner, T. J., 1979, 177–187)

General discussion

We may view our results from two perspectives. The first considers them as empirical investigations of a previously unexplored domain of semantic knowledge; the second assesses their articulation with the general script-theory of Schank and Abelson (1977).

From the empirical perspective, we have explored the properties of scripts considered as concepts about routine activities. Just as concepts like birds or weapons have culturally agreed upon attributes and instances, so do activities like eating in a restaurant or visiting a doctor.

These activities have conventional roles, props, event-sequences, standard entering conditions, and standard outcomes. Not only did our subjects largely agree on what these are but also on how to segment the event sequences into constituent scenes or chunks. We found that in remembering script-based texts subjects confused what was said with what the script strongly implied.

From the theoretical perspective, our results are generally consistent with current script theory. Some results are not specifically addressed by script theory (e. g., how different instantiations of a script interfere with one another in memory, or how people remember texts with out-of-order actions). Further, our results do not address many problems of language processing which script theory was proposed to solve. (Bower, G. H., Black, J. B. & Turner, T. J., 1979, 212–213)

References

Bower, G. H. Cognitive psychology: An introduction. In W. K. Estes (Ed.) Handbook of learning and cognitive processes (Vol. 1). Hillsdale, NJ: Lawrence Erlbaum Associates, 1975.

Goodman, A. I. A theory of human action. Englewood Cliffs, NJ: Prentice Hall. 1970.

Miller, G. A., Galanter, E., & Pribram, K. H. Plans and the structure of behavior. New York: Hoh, Rinehart & Winston, 1960.

Minsky, M. A framework for representing knowledge. In P. H. Winston (Ed.) The psychology of computer vision. New York: McGraw-Hill, 1975

Pew, R. W. Human perceptual-motor performance. In B. H. Kantowitz (Ed.) Human information processing: Tutorials in performance and cognition. Hills&&, NJ: Lawrence Erlbaum Assoc., 1974.

Schank, R. C., & Abelson, R. P. Scripts, plans, goals, and understanding. Hillsdale, NJ: Lawrence Erlbaum Associates, 1977.

Perspektive und Erinnerung 21

(Anderson, R. C. & Pichert, J. W., 1977)

Der folgende Artikel belegt, welche Bedeutung das Schema-Konzept auf Diskussion und Forschung hatte. Hier werden differenzierte Hypothesen entwickelt und überprüft, wie sich diese kognitiven Strukturen auf Behalten und insbesondere Erinnern (einer Geschichte) auswirken. Experimentell wurden verschiedene Perspektiven vorgegeben, mit der berechtigten Annahme, dass eine Änderung der Perspektive auch zur Änderung herangezogener Schemata führt, was Auswirkungen auf die erinnerten Details haben sollte. Die experimentellen Ergebnisse stützen die Annahme, dass Schemata auch eine Auswirkung auf die Abrufprozesse haben, indem sie einen Abrufplan bereit stellen. Zugleich ist die Untersuchung ein sehr schönes Beispiel für den Einfallsreichtum der Experimentatoren, der viele frühe Untersuchungen zur kognitiven Psychologie auszeichnet. Diese Untersuchung ist eine der seltenen, die auch Explorationsangaben der Versuchspersonen berücksichtigt haben.

It has been known since the turn of the century that the important elements of a prose passage are more likely to be learned and remembered than the unimportant elements (Binet & Henri, 1894; Thieman & Brewer, in press). Recent years have seen increasingly precise formulations of the notion of importance in terms of story schemata (Mandler & Johnson, 1977; Rumelhart, 1975), propositional analysis schemes (Kintsch, 1974), and text grammars (Grimes, 1975; Meyer, 1975; Van Dijk, 1972). These systems yield structural descriptions of the content of a text, but they do not pinpoint the mechanisms by which importance has its effect. Possible explanations for the primacy of important text information abound in the literature. However, these explanations are notable for their informality and vagueness, and there has not yet been research that permits a confident choice among competing accounts.

In this paper we will enumerate possible explanations for the primacy of important text information. The explanations are of two classes: those that suppose processes acting at the time of encoding are responsible and those that presume that the effect is due to processes acting later when information is retrieved and used. Next we shall summarize findings from previous research, paying special attention to evidence that would seem to support a distinction between encoding and retrieval. Finally we will report two experiments on possible retrieval mechanisms. Our treatment will be couched in terms of schema theory. Schemata are abstract knowledge structures whose elements are other schemata, and slots, placeholders, or variables which can take on a restricted range of values (Minsky, 1975; Rumelhart & Ortony, 1977; Schank & Abelson, 1975). A schema is structured in the sense that it indicates typical relationships among component elements. In the simplest case the reader or listener will have a preformed schema adequate to subsume a text.

We turn now to the possibility that schemata facilitate information retrieval instead of, or in addition to, information storage. Again there is more than one plausible mechanism. Several investigators (Bower, 1977; Mandler & Johnson, 1977; Pichert & Anderson, 1977) have speculated that a schema might provide a retrieval plan. The idea is that memory search proceeds from the generic knowledge incorporated in the schema to the particular information stored when the text was read. A top-down schema-based search is very likely to give access to structurally important information but cannot turn up information unconnected to the schema.

Thus, the latter categories of information are relatively inaccessible. A second possibility is that schemata guide "output editing." This would require postulating that a schema contains within itself an index of importance which, in consort with the demand characteristics of the recall situation, causes the person to establish a response criterion. A person may terminate memory search when the criterion is reached. Or, when information occurs to a subject that falls below the criterion, he or she may not write it into the protocol.

A final possible retrieval process is "inferential reconstruction" (Spiro, 1977). Suppose that a subject was attempting to recall a story about a meal at a fine restaurant (Anderson et al., 1977; Schank & Abelson, 1975). He or she might fail to remember whether a drink was served with dinner, but since there is a slot in his or her schema for a beverage during the meal the subject is led to try to reconstruct this element. If the subject recalls that a beef dish was the entree, red wine becomes a candidate beverage. At this point red wine could be produced as a plausible guess; though after a long retention interval a subject may not be able to distinguish between an element that was in the text and an element produced by inference (Spiro, 1977).

The purpose of the experiments described in this paper was to attempt to provide incontestable grounds for the operation in prose recall of retrieval mechanisms distinct from storage mechanisms. Earlier, reasoning within a schema framework, we argued that people may store information when reading a text which they fail to produce when recalling that text. The theory also predicts that if people are caused to change schemata after reading a passage then they will recall additional information, specifically information important to the new schema but unimportant to the schema operative when the passage was read.

Subjects directed to take either a burglar or a homebuyer perspective read the story described earlier about two boys playing hooky from school. Everyone attempted to recall the story twice. Half of the subjects were directed to take a new perspective (from burglar to home buyer or vice versa) before the second attempt. If these subjects were to recall additional information important to the new perspective this would be unequivocal evidence for a retrieval process. We, at least, have been unable to think of an explanation for such a result solely in terms of encoding mechanisms.

Materials. Two passages that could be viewed in terms of two more high level schemata were constructed. The first story ostensibly was about two boys playing hookey from school, as follows:

The two boys ran until they came to the driveway. "See, I told you today was good for skipping school," said Mark. "Mom's never home on Thursday," he added. Tall hedges hid the house from the road so the pair strolled across the finely landscaped yard. "I never knew your place was so big," said Pete. "Yeah, but it's nicer now than it used to be since Dad had the new stone siding put on and added the fireplace. There were front and back doors and a side door which led to the garage which was empty except for three parked 10-speedbikes. They went in the side door, Mark explaining that it was always open in case his younger sisters got home earlier than their mother. Pete wanted to see the house so Mark started with the living room. It, like the rest of the downstairs, was newly painted. Mark turned on the stereo, the noise of which worried Pete. "Don't worry, the nearest house is a quarter of a mile away," Mark shouted. Pete felt more comfortable observing that no houses could be seen in any direction beyond the huge yard. The dining room, with all the china, silver and cut glass, was no place to play so the boys moved into the kitchen where they made sandwiches. Mark said they wouldn't go to the basement because it had been damp and musty ever since the new plumbing had been installed. "This is where my Dad keeps his famous paintings and his coin collection," Mark said as they peered into the den. Mark bragged that he could get spending money whenever he needed it since he'd discovered that his Dad kept a lot in the desk drawer.

There were three upstairs bedrooms. Mark showed Pete his mother's closet which was filled with furs and the locked box which held her jewels. His sisters' room was uninteresting except for the color TV which Mark carried to his room. Mark bragged that the bathroom in the hall was his since one had been added to his sister's room for their use. The big highlight in his room, though, was a leak in the ceiling where the old roof had finally rotted.

Procedure. Each subject received an envelope containing two booklets, one for each story. Each booklet consisted of an instruction page, the story with its idea units indicated by parentheses and a number above each, and pages upon which the idea units could be rated. The instruction page told subjects that "Whenever someone reads a story or paragraph, some ideas stick out as being more important to the story than others." Subjects then read instructions specific to the condition assigned to them. There were three conditions for each story. For the House passage, one third of the subjects were instructed to read the story from the perspective of a potential home buyer, one third were to read it from the perspective of a burglar, and one third, a control group, were given no special perspective. For the Island story, one third of the subjects were told to take the perspective of an eccentric florist who desired an out-of-the-way place to raise flowers, one third were to read the story from the perspective of a shipwrecked person eager to stay alive and get home, and one third were controls. Subjects were told to read through the story once before rating the idea units. Subjects rated each idea unit on a five point scale in which "5" meant "essential" and "1" meant "easily" eliminated due to its unimportance." Subjects were exhorted to keep their role in mind as they rated the idea units. The rating task was subject paced. When all subjects had finished the first story they were instructed to go on to the second story, reading the new instructions and proceeding as before. Order of the stories was counterbalanced.

Experiment

Subjects. Thirty-nine introductory educational psychology students participated in this experiment in order to fulfill a course requirement.

Materials. The experimental passage was a narrative about what two boys did at one of the boys' homes while they were skipping school. It contained a number of points of interest to a burglar or a real estate prospect. The story was 373 words long and contained 72 idea units which previously had been rated for their relative importance to a burglar and to a prospective homebuyer.

Design and procedure. Subjects were run in groups of three to eight. Subjects were told that the study concerned "how people think about and remember stories ... primarily in memory for the ideas in a story." Subjects were randomly assigned envelopes, which contained instructions, the story, and a test booklet. They read instructions assigning them the burglar or homebuyer perspective and were then given 2 minutes to read the passage.

Next, 12 minutes were allowed to do 84 items from the Wide Range Vocabulary Test (French, Ekstrom, & Price, 1963). Only the first 48 items were scored. The additional 36 items were employed to keep the retention interval uniform. All subjects finished the first 48 items and no subjects finished all 84 in the 12-minute period.

After the vocabulary test subjects turned to two blank pages and read instructions which emphasized, "Please write down as much of the exact story as you can on these two sheets of paper. If you cannot remember the meaning, write down a sentence or part of a sentence as close to the original as possible.

It is extremely important that you write down every bit of the story which you can remember."

When everyone had completed the first recall, 5 minutes were allowed to do six items from the Surface Development Test (French et al., 1963). This test requires subjects to mentally "fold" a two-dimensional figure to match a three-dimensional representation. The task is to match numbered edges on the twodimensional figure with lettered edges on its three-dimensional representation.

Next, subjects turned to an instruction page which asked them to recall the story a second time. Half did so from the same perspective and half from the other. Subjects in the no-change condition were told the study was being done to determine whether or not people can remember things about a story they thought they had forgotten if they are given a second chance. Their original perspective instructions were then repeated. Subjects in the change-of-perspective condition were told, "This study is being done to determine whether or not people can remember things about a story they thought they had forgotten if they are given a new perspective on that story ... Please try to think of the story you read from this new perspective." The new perspective was then described exactly as it has been for those subjects given it originally.

Recall instructions were repeated for both groups and the experimenter stressed that "this study is attempting to determine differences in persons' recall from one time to the next so please write down every bit of the story which you can remember."

Following the second recall subjects completed a debriefing questionnaire and were thanked for their cooperation and dismissed.

Results

Table 3 Proportions recalled of idea units whose importance varied as a function of perspective, experiment 1

	Information cluster			
	Burglar		Homebuyer	
First/second perspective	First recall	Second recall	First recall	Second recall
Homebuyer/burglar	.51	.61	.59	.48
Burglar/homebuyer	.68	.36	.40	.50

Difference between first and second recall.
The recall data are summarized in Table 3. On the second test, subjects recalled 10 % more information important to the new perspective which had been unimportant to the perspective operative when the passage was read, $t(15) = 3.02$, $p < .01$. They recalled 21 % less of the information that became unimportant in the light of the changed perspective, $t(15) = 5.36$, $p < .01$. Since there was no same-perspective control group in this experiment, these are tests against the null hypothesis of zero change.

Interview protocols. The tallies reported in this section should be regarded as rough indications of the trends in the data. The interviewer did not always ask a question or ask it in the same way of every subject. Furthermore, subjects, particularly those interviewed in pairs, did not always give direct and responsive answers to questions.

In reply to questions such as "How did the perspective affect your reading?" every one of the twelve subjects asked the question who gave an interpretable answer described a process of directing attention to important elements. Sample responses:

- I spent most of the time looking for different items to be interested in when buying a house. So, I noticed the large size of the yard because I'm one who likes area. And then I noticed the new things the father did to the house – the siding, the plumbing. And then the basement was damp. That's one thing I wouldn't like. You know, how the house looked.
- Yeah, I had it [the perspective] in mind all the way through. I kept in mind all the critical things a burglar would be looking for such as getting in and out, the items that it would be easy to move and take from the building itself.

- First, I read it straight through without concentrating on anything and then I whipped through it again and scanned it, and I blocked out everything except the specific things a homeowner would be looking for in order to decide whether to buy the house or not.

The interviewer attempted to determine whether subjects suppressed information, asking questions of the form, "Were there things you remembered but did not write down on the first recall?" Of the twelve subjects who were asked this question and provided an answer, nine insisted that they wrote down everything they could remember. For instance, one said:

- No, I tried to write everything down, even if it seemed stupid, you know. I generally wrote what I could remember.

Three gave an affirmative answer but only one of them presented a convincing description of output editing, as follows:

- Yeah, I remembered a couple of things but I didn't write them down because I didn't think they were important. It wasn't what I was looking for. It wasn't related to buying a house. The possessions, like the jewels, I remember weren't important because they wouldn't go with the house.

Subjects were asked to describe their recall strategies. The interviewer probed to determine why they thought they had recalled new information the second time. Seven subjects described mental processes consistent with the notion of the schema as retrieval plan. Subjects were counted among this group only if they expressly stated that considering superordinate categories of information significant in the light of the perspective caused them to recall particular items of information from these categories. For instance, one subject who shifted from the burglar to the homebuyer perspective offered the following reflection:

- I only remembered one other thing, the basement. I had forgotten all about that in the first one.

[Q: Why didn't you remember that the first time?]

I don't know. When I remembered it was when I was upstairs – thinking about the upstairs – in the girl's bedroom and thinking, was there anything wrong with the rug? Was there anything wrong with the house? And then I remembered the basement was damp. Two subjects who changed from homebuyer to burglar described the process as follows:

- I just thought of myself as a burglar walking through the house. So I had a different point of view, a different objective point of view for different details, you know. I noticed the door was open, and where would I go here, go there, take this, take that, what rooms would I go to and what rooms wouldn't I go to. Like, you know, who cares about the outside and stuff? You can't steal a wall or nothing ... I remembered [the color TV] in the second one, but not in the first one. I was thinking about things to steal, things you could take and steal. In the den was the money. China, jewelry, other stuff in other places.

  [Q: Why do you think you remembered the color TV the second time and not the first time?]

  Because I was thinking of things to steal, I guess. – You say "OK, I'm a burglar, now what do I want to get out of this house," and then you write it down ... I knew that there were a lot of things, like furs and stuff, that had been described, but I couldn't remember them because I wasn't programmed that way the first time ... I ended up putting pretty much what I put the first time. I remembered that one of the doors was kept unlocked. I hadn't remembered that the first time but when it said I was supposed to be a burglar that popped into my head.

  [Q: Why do you think that popped into your head?]

  Well, because a burglar would want to know that!

Six other subjects said that the new perspective "jogged" their memories or that when given the new perspective additional information "popped" into their heads. However, this group was not explicit about the reasons additional information was recallable. Several expressly denied self-knowledge of the process.

Sample comments:

- Well, I remembered a couple more items that were of value and I remembered that the door was unlocked or something, so that would help you get in ...

  [Q: Why do you think you remembered these other items?]

  I don't know. I just remembered it as soon as you said to think of it as a burglar. I don't really know what triggered that.

- Well, a funny thing happened. When he gave me the homebuyer perspective, I remembered the end of the story, you know, about the leak in the roof. The first time through I knew there was an ending, but I couldn't remember what it was. But it just popped into my mind when I thought about the story from the homebuyer perspective.

- I forgot about the glass and stuff, though, but remembered it in the second one for some reason.

  [Q: Do you know why?]

  No, I have no idea. All of a sudden it just popped into my head

Summary

College undergraduates read a story about two boys playing hooky from school from the perspective of either a burglar or a person interested in buying a home. After recalling the story once, subjects were directed to shift perspectives and then recall the story again. In two experiments, subjects produced on the second recall significantly more information important to the second perspective that had been unimportant to the first. They also recalled less information unimportant to the second perspective which had been important to the first. These data clearly show the operation of retrieval processes independent from encoding processes. An analysis of interview protocols suggested that the instruction to take a new perspective led subjects to invoke a schema that provided implicit cues for different categories of story information.

Discussion

In the present studies people recalled additional, previously unrecalled information following a shift in perspective. There was a significant increase in recall of information important to the new perspective but unimportant to the one operative when the passage was read. It would appear to be impossible to explain this phenomenon in terms of an encoding process, since the perspective shift occurred after the passage had been read and recalled once. A retrieval process seems to be implicated, therefore.

On the basis of previous research there is good reason to believe that schemata also affect encoding or storage processes but, as already noted, the recall data from the present studies did not permit a sensitive, unconfounded test of possible encoding benefits.

The interview protocols, however, clearly suggest that readers selectively attend to elements of a story that are significant in terms of an operative perspective. Appropriately designed experiments would probably show evidence in recall of both encoding and retrieval effects.

It appears, instead, that at least some "irrelevant" information is encoded, and that this information may become available later if a schema to which it connects is invoked.

Among the retrieval explanations for the increment in recall, subject's self-reports supported the idea that a high-level schema provides the rememberer with a retrieval plan.

Seven subjects described a process that fits this hypothesis. They said that they thought of particular information because the perspective led them to think of the general category subsuming this information. Six other subjects, who displayed less metamemorial awareness, made statements consistent with the retrieval plan hypothesis.

A plausible alternative explanation of the fact that subjects recalled previously unrecalled information is that they edited their output according to shifting criteria of importance.

Information remembered during the first recall might have been suppressed because it was unimportant to the perspective operative at that time. By and large, the protocol data were not consistent with this interpretation.

Most subjects insisted that on the first recall they wrote down everything they could remember. The recall data also showed decreased recall of information unimportant to the second perspective, again a fact consistent with either a retrieval plan, an output editing, or a reconstructive process.

Psychologists will have varying degrees of enthusiasm for the method of attempting to illuminate a process by the simple expedient of having subjects talk about it. We find compelling the argument that there is no good a priori reason to suppose that when a person tells you his mind worked in such and such a way that he is mistaken or lying. Many subjects told us that a perspective provided them with a plan for searching memory, specifically that considering the generic concerns of a burglar or homebuyer allowed them to access information relevant to these concerns. (Anderson, R. C. & Pichert, J. W., 1978, 1–12)

References

AUSUBEL, D. P. The psychology of meaningful verbal learning. New York: Grune and Stratton, 1963.

BARTLETT, F. C. Remembering. Cambridge, England: The Cambridge University Press, 1932.

BINET, A., & HENRI, V. La memoire des phrases. L'annee Psychologique. 1894, 1, 24–59.

BOWER, G. H. Comprehending and recalling stories. Division 3 Presidential Address, Annual Meeting of the American Psychological Association, Washington, D. C., 1976.

BOWER, G. H. Experiments on story understanding and recall. Quarterly Journal of Experimental Psychology, 1977, 28, 511–534.

FRENCH, J. W., EKSTROM, R. B., & PRICE, L. A. Kit of reference tests for cognitive factors. Princeton, N. J.: Educational Testing Service, 1963.

GRIMES, J. The thread of discourse. The Hague: Mouton, 1975.

KINTSCH, W. The representation of meaning in memory. Hillsdale, N. J.: Erlbaum, 1974.

MANDLER, J. M., & JOHNSON, N. S. Remembrance of things parsed: Story structure and recall. Cognitive Psychology, 1977, 9, 111–151.

MEYER, B. J. F. The organization of prose and its effects on memory. Amsterdam: North-Holland, 1975,

MINSKY, M. A framework for representing knowledge. In: P. H. Winston (Ed.), The psychology of computer vision. New York: McGraw-Hill, 1975.

PICHERT, J. W., & ANDERSON, R. C. Taking different perspectives on a story. Journal of Educational Psychology, 1977, 69, 309–315.

RUMELHART, D. E. Notes on a schema for stories. In D. Bobrow & A. Collins (Eds.), Representation and understanding: Studies in cognitive science. New York: Academic Press, 1975.

RUMELHART, D. E., & ORTONY, A. The representation of knowledge in memory. In R. C. Anderson, R. J. Spiro, & W. E. Montague (Eds.), Schooling and the acquisition of knowledge. Hillsdale, N. J.: Eflbaum, 1977.

SCHANK, R., & ABELSON, R. P. Scripts, plans, and knowledge. Proceedings of the Fourth International Joint Conference on Artificial Intelligence. Tblisi, Georgia: U. S. S. R., 1975.

SPIRO, R. J. Remembering information from text: Theoretical and empirical issues concerning the 'State of Schema' reconstruction hypothesis. In R. C. Anderson, R. J. Spiro, & W. E. Montague (Eds.), Schooling and the acquisition of knowledge. Hillsdale, N. J.: Erlbaum, 1977.

THIEMAN, T. J., & BREWER, W. J. Alfred Binet on memory for ideas. Genetic Psychology Monographs, in press.

VAN DIJK, T. Some aspects of text grammers. The Hague: Mouton, 1972.

Entscheidungszeiten als Hinweise auf Gedächtnisprozesse

(Meyer, D. E. & Schvaneveldt, R. W., 1971)

Der folgende Beitrag von Meyer & Schvaneveldt (1971) gehört in die Reihe von frühen, kognitionspsychologisch sehr wichtigen Untersuchungen, deren Ziel es war, Aufschluss über Gedächtnisstrukturen und die zugrundeliegenden Prozesse zu erhalten. Als Kriterien wurden meist Antwortlatenzen verwandt, also etwa die Reaktionszeiten bei bestimmten semantischen Entscheidungen. Der dokumentierten Studie ist die Untersuchungsanordnung entnommen, die gerne in Lehrbüchern dargestellt wird. Man bietet Paarkombinationen dar, die aus sinnvollen Wörtern oder vergleichbaren sinnfreien Buchstabenreihen oder Kombinationen aus beiden bestehen, und lässt die Versuchspersonen entscheiden, ob es sich jeweils um sinnvolle Wörter handelt. Dabei sind die Reaktionszeiten bei zwei sinnvollen Wörtern am kürzesten, besonders dann, wenn diese eine Beziehung zueinander haben. Das folgende Beispiel wird oft zitiert: Wenn die Kombination ‚Butter-Bread' dargeboten wird, so reagieren die Versuchspersonen schneller als wenn ‚Butter-Nurse' vorgegeben wird. In der theoretischen Diskussion spielte die ‚Spreading-Activation-These' als eine plausible Erklärung für solche Befunde eine Rolle. Sie besagt, dass sich die Aktivierung im Gedächtnis bevorzugt zwischen semantisch verwandten Items ausbreitet. (Übrigens eine Hypothese, die sehr gut mit gestalttheoretischen Annahmen in Einklang ist.) ‚Butter' würde Inhalte des Gedächtnisbereichs aktivieren, die eine Beziehung dazu haben, also Essen, Milch, Brot, Kuh etc., sodass etwa die Verknüpfung mit ‚bread' sehr schnell abgelesen werden kann.

Dies ist übrigens auch die theoretische Begründung für die Wirkung von ‚priming', also Voraktivierung bestimmter Inhalte, einer experimentelle Prozedur, die in Tausenden von empirischen Untersuchungen angewandt wurde. Etwa auch in der Sozial- oder Motivationspsychologie. So hat sich gezeigt, dass Adjektive wie ‚faltig', ‚grau', ‚langsam', ‚besorgt' etc. das Stereotyp vom ‚alten Menschen' zu aktivieren in der Lage sind. Oder: dargebotene Begriffe wie ‚Erfolg', ‚Leistung' etc. führten sogar zur Mobilisierung von Kräften in entsprechenden Aufgabensituationen.

Several investigators recently have studied how Ss (= Subjects) decide that a string of letters is a word (Landauer & Freedman, 1968; Meyer & Ellis, 1970; Rubenstein, Garfield, & Millikan, 1970). They typically have presented a single string on a trial, measuring reaction time (RT) of the lexical decision as a function of the string's meaning, familiarity, etc. In one such experiment, RT varied inversely with word frequency (Rubenstein et al., 1970).

When word frequency was controlled, lexical decisions were faster for homographs (i.e., words having two or more meanings) than for nonhomographs. To explain these results, Rubenstein et al. proposed that word frequency affects the order of examining stored words in long-term memory and that more replicas of homographs than of nonhomographs are stored in longterm memory.

In another experiment, Meyer and Ellis (1970) measured both the time taken to decide that a string of letters (e.g., HOUSE) is a word and the time taken to decide that it belongs to a prespecified semantic category. When the category was relatively small (e.g., BUILDINGS), the latter type of semantic decision was significantly faster than the former lexical decision.

However, when the category was relatively large (e.g., STRUCTURES), the semantic decision was slightly slower than the lexical decision. To explain these and other results, Meyer and Ellis suggested that the semantic decision may have involved searching through stored words in the semantic category and that the lexical decision did not entail a search of this kind among the set of all words in memory.

The present paper provides further data about the effect of meaning on lexical decisions.

To deal with this problem, we have extended the lexical-decision task by simultaneously presenting two strings of letters for S to judge. The stimulus may involve either a pair of words, a pair of nonwords, or a word and a nonword. In one task, S is instructed to respond "yes" if both strings are words, and otherwise to respond "no."

We reasoned that the response might involve separate, successive decisions about each of the two words. By varying the degree of association between the words, we then hoped it would be possible to test for a dependence between memory-accessing components of the two decisions. The presented Experiment reports the results of such variation in the context of the yes-no task.

Experiment

Subjects. – The Ss were 12 high school students who served as paid volunteers.

Stimuli. – The following test stimuli were used: 48 pairs of associated words, e.g., BREAD-BUTTER and NURSE-DOCTOR, selected from the Connecticut Free Associational Norms (Bousfield, Cohen, & Whitmarsh, 1961); 48 pairs of unassociated words, e.g., BREAD-DOCTOR and NURSE-BUTTER, formed by randomly interchanging the response terms between the 48 pairs of associated words so that there were no obvious associations within the resulting pairs; 48 pairs of nonwords; and 96 pairs involving a word and a nonword. Within each pair of associated words, the second member was either the first or second most frequent free associate given in response to the first member. Within each pair of unassociated words, the second member was never the first or second most frequent free associate of the first member. The median length of strings in the pairs of associated words and pairs of unassociated words was 5 letters and ranged from 3 to 7 letters; the median word frequency was 59 per million, and ranged from 1,747 to less than 1 per million (Kucera & Francis, 1967). A separate set of 96 words was used for the pairs involving a word and a nonword.

These words were similar to the associated words in terms of frequency, length, and semantic classification. Nonwords were constructed from common words, e.g., MARK, replacing at least one letter with another letter. Vowels were used to replace vowels, and consonants were used to replace consonants. The resulting strings of letters, e.g., MARB, were pronounceable and were equal in average length to the words paired with them. A majority of the nonwords differed by only a single letter from some English word, and the differences were not systematically associated with any one letter position.

In addition to the test stimuli, 24 pairs of words, 8 pairs of nonwords, and 16 pairs involving a word and a nonword were constructed as practice stimuli. Degree of association was not varied systematically among the pairs of practice words.

Procedure and design. – The Ss were run individually during one session involving a series of discrete RT trials. The S was seated in front of the darkened screen throughout the session. At the beginning of each trial, the word READY was presented briefly as a warning signal on the screen. A small fixation box, which subtended approximate visual angles of 3°40' horizontally and 1°50' vertically, then appeared during a 1-sec. foreperiod. Following the foreperiod, the stimulus was displayed horizontally in (white) capital letters in the middle of the box, with one string of letters centered above the other. If both strings were words, S pressed a

Table 1 Mean reactions times of correct responses and mean percent errors in the yes-no task

Type of stimulus pair		Correct response	Mean RT (msec.)	Mean % errors
Top string	Bottom string			
word	associated word	yes	855	6.3
word	unassociated word	yes	940	8.7
word	nonword	no	1087	27.6
nonword	word	no	904	7.8
nonword	nonword	no	884	2.6

key labeled "yes" with his right index finger, otherwise pressing a "no" key with the left index finger. Reaction time was measured from stimulus-onset to the response, which terminated the stimulus display. During an approximate 2-sec. interval when the screen was blank after each trial, S was informed of whether his response had been correct. The session lasted about 45 min. and included a short instruction period and two blocks of 24 practice trials, followed by four blocks of 24 test trials. After each block, S was informed of his mean RT and total number of errors for the block, while he rested for about 2 min. This feedback was intended to encourage fast and accurate responses.

Tables 1 summarizes mean RTs of correct responses and mean percent errors averaged over Ss.

The results suggest that degree of association is a powerful factor affecting lexical decisions in the yes-no task. For example, the effect of association appears to be on the order of two or three times larger than the average effect of homography reported by Rubenstein et al. (1970). This effect of association occurred consistently across Ss, and 11 of the 12 Ss showed it in excess of 30 msec.

Discussion

The effect of association on RT does not necessarily imply that the meaning of a word is retrieved to make a lexical decision. To understand why, consider the following elaboration of the serial-decision model, which may explain the effect. First, suppose that long-term memory is organized semantically, i.e., that there is a structure in which the locations of two associated words are closer than those of two unassociated words. Evidence from other studies of semantic memory suggests that this assumption is not totally unreasonable (Collins & Quillian, 1969; Meyer, 1970). Let L1 and L2 denote the memory locations examined in the first and second decisions, respectively. Second, suppose that the time taken to make the second decision depends on where L2 is relative to L1. In particular, let us assume that the time taken accessing information for the second decision varies directly with the "distance" between L1 and L2. Then responses to pairs of associated words would be faster than those to pairs of unassociated words. This follows because the proximity of associated words in the memory structure permits faster accessing of information for the second decision. The argument holds even if the accessed information is (a) sufficient only to determine whether a string is a word and (b) does not include aspects of its meaning.

The present data do not provide a direct test between this location-shifting model and the spreading-excitation model.

Regardless of whether spreading excitation, location shifting, comparison of meanings, or some other process is involved, the effects of association appear limited neither to semantic decisions nor to same-different judgments. At present we do not have ways to test all the possible explanations of these effects. However, procedures like the ones we have described may provide a way to study relations between retrieval operations that are temporally contiguous. We may therefore be able to learn more about both the nature of individual memory processes and how they affect one another. (Meyer,D. E. & Schvaneveldt, R. W., 1971, 227-234)

References

BOUSFIELD, W. A., COHEN, B. H., WHITMARSH, G. A., & KINCAID, W. D. The Connecticut free associational norms. (Tech. Rep. No. 35) Storrs, Conn.: University of Connecticut, 1961.
COLLINS, A. M., & QUILLIAN, M. R. Retrieval time from semantic memory. Journal of Verbal Learning and Verbal Behavior, 1969, 8, 240-247.
COLLINS, A. M., & QUILLIAN, M. R. Facilitating retrieval from semantic memory: The effect of repeating part of an inference. In A. F. Sanders (Ed.), Attention and performance III. Amsterdam: North-Holland Publishing Company, 1970.
KUCERA, H., & FRANCIS, W. N. Computational analysis of present-day American English. Providence, R. I.: Brown University Press, 1967.
LANDAUER, T. K., & FREEDMAN, J. L. Information retrieval from long-term memory: Category size and recognition time. Journal of Verbal Learning and Verbal Behavior, 1968, 7, 291-295.
McCORMICK, E. M. Digital computer primer. New York: McGraw-Hill, 1959.

MEYER, D. E. On the representation and retrieval of stored semantic information. Cognitive Psychology, 1970, 1, 242–300.

MEYER, D. E. Dual memory-search of related and unrelated semantic categories. Paper presented at the meeting of the Eastern Psychological Association, New York, April 1971.

MEYER, D. E., & ELLIS, G. B. Parallel processes in word recognition. Paper presented at the meeting of the Psychonomic Society, San Antonio, November 1970.

NORMAN, D. A. Comments on the information structure of memory. In A. F. Sanders (Ed.), Attention and performance HI. Amsterdam: North-Holland Publishing Company, 1970.

OLDFIELD, R. C. Things, words and the brain. Quarterly Journal of Experimental Psychology, 1966, 18, 340–353.

RUBENSTEIN, H., GARFIELD, L., & MILLIKAN, J. A. Homographic entries in the internal lexicon. Journal of Verbal Learning and Verbal Behavior, 1970, 9, 487–494.

SCHAEFFER, B., & WALLACE, R. Semantic similarity and the comparison of word meanings. Journal of Experimental Psychology, 1969, 82, 343–346.

SCHAEFFER, B., & WALLACE, R. The comparison of word meanings. Journal of Experimental Psychology, 1970, 86, 144–152.

SHIFFRIN, R. M., & ATKINSON, R. C. Storage and retrieval processes in long-term memory. Psychological Review, 1969, 76, 179–193.

SWANSON, J. M., & WICKENS, D. D. Preprocessing on the basis of frequency of occurrence. Quarterly Journal of Experimental Psychology, 1970, 22, 378–383.

STERNBERG, S. Memory scanning: Mental processes revealed by reaction-time experiments. American Scientist, 1969, 57, 421–457.

WARREN, R. E. Stimulus encoding and memory. Unpublished doctoral dissertation, University of Oregon, 1970.

WINER, B. J. Statistical principles in experimental design. New York: McGraw-Hill, 1962.

Quellennachweise

1 Prinzipielle Bemerkungen zur gestalttheoretischen Programmatik
Wertheimer, M., (1922). Untersuchungen zur Lehre von der Gestalt. I. Prinzipielle Bemerkungen. *Psychologische Forschung 1*, 47–58.

2 Was ist Gestalttheorie?
Guss, K. (1977). Über die gestalttheoretischen Grundlagen der Integrativen Pädagogik. In: H. G. Petzold & G. I. Brown (Hrsg.) *Gestalt-Pädagogik. Konzepte der Integrativen Erziehung*, 76–87, München: Pfeiffer.

3 Zur Geschichte der Gestalttheorie in Deutschland
Metzger, W. (1963). Zur Geschichte der Gestalttheorie in Deutschland. *Psychologia 6*, 11–21.

4 Wieso sehen wir die Welt außerhalb von uns?
Köhler, W. (1929). Ein altes Scheinproblem. *Die Naturwissenschaften, 17*, 395–398.

5 Gestalteigenschaften
Metzger, W. (1954) *Psychologie*. Darmstadt: Steinkopff (Kap. 2).

6 Optische Wahrnehmung
Koffka, K. (1931). Psychologie der optischen Wahrnehmung. In: *Handbuch der normalen und pathologischen Physiologie 12*, 1215–1271.

7 Prägnanzaspekte
Rausch, E. (1966). Das Eigenschaftsproblem in der Gestalttheorie. In: W. Metzger & H. Erke (Hrsg.) *Wahrnehmung und Bewusstsein*. Handbuch der Psychologie, Bd. 1., 1. Halbband. S. 866–953. Göttingen: Hogrefe.

8 Intelligenzprüfungen an Menschenaffen
Köhler, W. (1973). *Intelligenzprüfungen an Menschenaffen*. Berlin: Springer (3. unveränderte Auflage der 2. durchgesehenen Auflage der ‚Intelligenzprüfungen an Anthropoiden I' aus den Abhandlungen der Preuss. Akademie der Wissenschaften, Jahrgang 1917, physikalisch-mathematische Klasse, Nr. 1, 1921).

9 Zwei Kinder spielen Federball
Wertheimer, M (1964²). *Produktives Denken*. Frankfurt am Main: Waldemar Kramer (ursprünglich 1945. *Productive thinking*. New York: Harper, Deutsch 1957, *Produktives Denken*. Frankfurt am Main: Kramer).

10 Gestalttheorie des Ausdrucks
Arnheim, R, (1980). Die Gestalttheorie des Ausdrucks. In *Zur Psychologie der Kunst*. Hrsg. R. Arnheim, 54–81. Wien: Ullstein (ursprünglich 1949 *Psychological Review 56*, 156–171).

11 Bezugsphänomene
Rausch, E. (1949). Variabilität und Konstanz als phänomenologische Kategorien. *Psychologische Forschung, 23*, 69–114.

12 Erziehung: Merkmale der Arbeit am Lebendigen
Metzger, W. (1962). *Schöpferische Freiheit*. Frankfurt/M: Waldemar Kramer.

13 Feldtheorie
Lewin, K. (1963a). Formalisierung und Fortschritt in der Psychologie. In: K. Lewin, *Feldtheorien in den Sozialwissenschaften*, 47–85. Bern, Stuttgart: Huber (ursprünglich: 1940, Formalization and progress in psychology. Studies in topological and vector psychology I. University of Iowa Studies of Child Welfare, 16, 9–42).

Lewin, K. (1963b). Definition des ‚Feldes zu einer gegebenen Zeit'. In: K. Lewin, *Feldtheorie in den Sozialwissenschaften*, 86–101. Bern, Stuttgart: Huber (ursprünglich: 1943, Defining the ‚field at a given time'. *Psychological Review 50*, 292–310).

14 Lebensraum
Lewin, K. (1963c), Verhalten und Entwicklung als eine Funktion der Gesamtsituation. In: K. Lewin, *Feldtheorie in den Sozialwissenschaften*, 271–329. Bern, Stuttgart: Huber
(ursprünglich: 1946. Behavior and development as a function oft the total situation. In *Manual of child psychology*. Ed. Carmichael. New York: Wiley).

15 Das Behalten von erledigten und unerledigten Handlungen
Zeigarnik, Bluma (1927). Das Behalten von erledigten und unerledigten Handlungen. *Psychologische Forschung 9*, 3–84.

16 Kunst und Sehen
Arnheim, R. (1978). *Kunst und Sehen*. Eine Psychologie des schöpferischen Auges, Berlin: de Gruyter (ursprünglich 1954, 1974. *Art and Visual Perception*. University of California Berkeley and Los Angeles).

17 Ordnungstendenzen im Gedächtnis 1: Clusterbildung
Bousfield, W. A. (1953). The occurrence of clustering in the recall of randomly arranged associates. *The Journal of General Psychology, 49*, 229–240.

18 Ordnungstendenzen im Gedächtnis 2: Abstraktionen
Bransford, J. D. & Franks, J. J. (1971). The abstraction of linguistic ideas. *Cognitive Psychology 2*, 331–350 (1971).

19 Der Schema-Begriff als kognitionspsychologisches Konstrukt
Bartlett, F. (1932, 1964²). *Remembering*. Cambridge: University Press.

20 Skripte als Unterform der Schemata
Bower, G. H., Black, J. B. & Turner, T. J. (1979). Scripts in memory for text. *Cognitive Psychology 11*, 177–220.

21 Perspektive und Erinnerung
Anderson, R. C. & Pichert, J. W. (1978). Recall of previously unrecallable information following a shift in perspective. *Journal of Learning and Verbal Behavior 17*, 1–12.

22 Entscheidungszeiten als Hinweise auf Gedächtnisprozesse
Meyer, D. E. & Schvaneveldt, R. W. (1971). Facilitation in recognizing pairs of words: Evidence of a dependence between retrieval operations. *Journal of Experimental Psychology 90*, 227–234.

The manufacturer's authorised representative in the EU is Springer Nature Customer Service Centre GmbH, Europaplatz 3, 69115 Heidelberg, Germany. If you have any concerns regarding our products, please contact ProductSafety@springernature.com

Printed and bound by CPI Group (UK) Ltd, Croydon, CR0 4YY

23/03/2026

02076674-0004